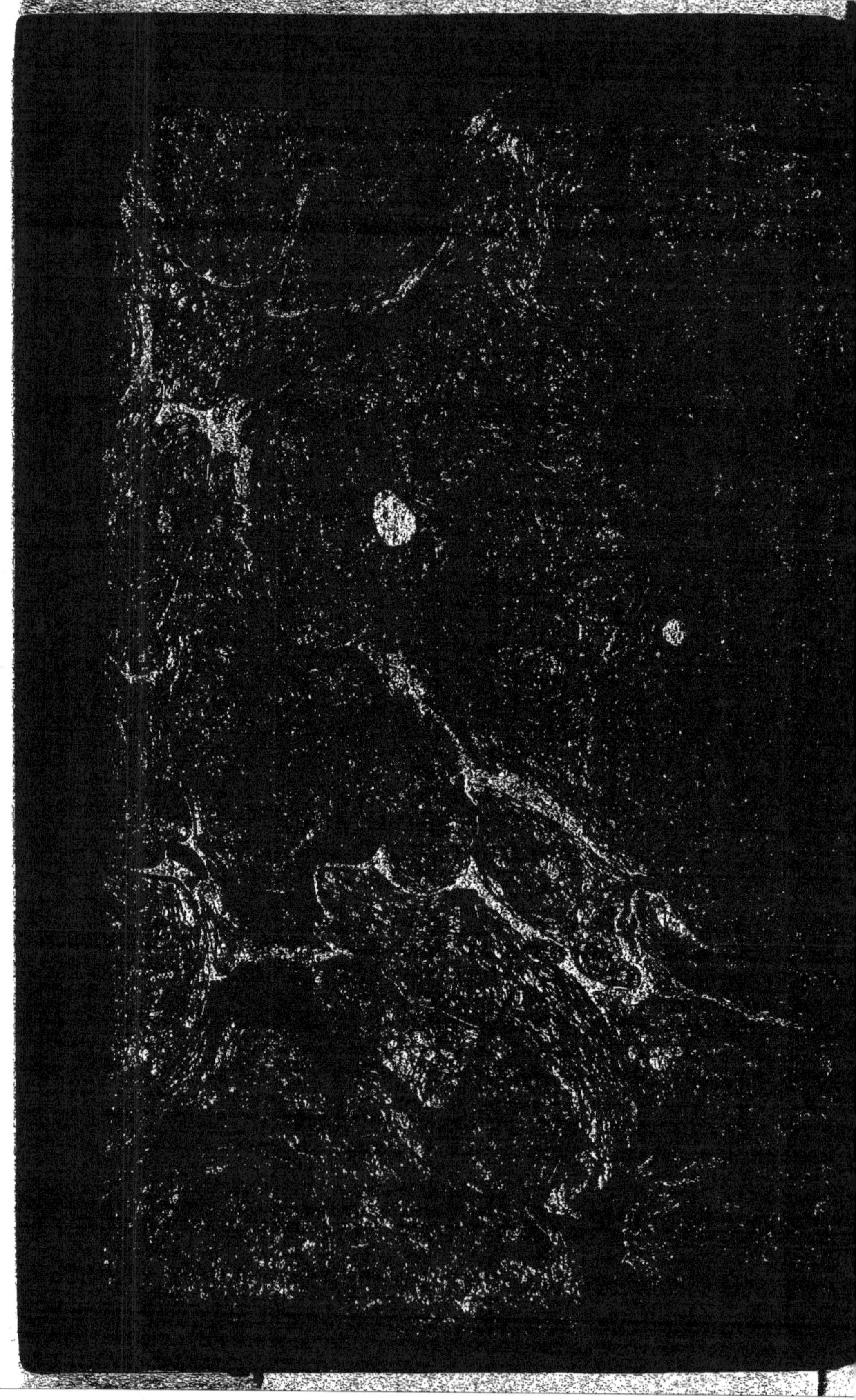

L'ÉGYPTE

SOUS

LES PHARAONS.

I.

À GRENOBLE,

DE L'IMPRIMERIE DE LA V.e PEYRONARD.

L'ÉGYPTE

SOUS

LES PHARAONS,

OU

RECHERCHES

Sur la Géographie, la Religion, la Langue, les Écritures et l'Histoire de l'Égypte avant l'invasion de Cambyse;

Par M. CHAMPOLLION le jeune,

Docteur ès-Lettres, Professeur d'Histoire, Bibliothécaire-Adjoint de la ville de Grenoble, membre de la Société des Sciences et des Arts, etc.

DESCRIPTION GÉOGRAPHIQUE,

TOME PREMIER.

A PARIS,

Chez de Bure frères, Libraires du Roi, et de la Bibliothèque du Roi, rue Serpente, n.° 7.

1814.

AU ROI.

SIRE,

Un de vos augustes Ayeux, LOUIS-LE-GRAND, *assura pour jamais, en fondant l'Académie Royale des Belles-Lettres, les progrès des Etudes qui ont pour objet l'Histoire, la Littérature ancienne, et les Documens qui leur sont propres. C'est par elles, que le présent s'instruit aux dépens du passé, et que notre esprit se reporte jusques aux temps de l'existence d'un peuple qui a laissé pour souvenir de son passage sur la terre, une réputation de sagesse et de science, que les observations modernes ne permettront plus de lui contester.*

C'est l'Histoire de ce Peuple que j'ai entrepris d'écrire d'après les Monumens de sa Langue, de sa Littérature et des Arts qu'il cultiva.

En daignant agréer l'hommage de mon travail, VOTRE MAJESTÉ *prévient en quelque sorte mes services par un bienfait; jeune encore, je reçois le plus flatteur de tous les encouragemens. Il m'impose l'obligation de me rendre digne d'une aussi illustre protection : je ne puis répondre que de mon zèle, de ma reconnaissance, et du très-profond respect avec lequel j'ai l'honneur d'être,*

SIRE,

DE VOTRE MAJESTÉ,

Le très-humble, très-obéissant serviteur et fidèle sujet,

J. F. CHAMPOLLION LE JEUNE.

TABLE ANALYTIQUE.

TOME PREMIER.

TOME DEUXIÈME.

PRÉFACE.

Je puis enfin soumettre au jugement du public la première partie d'un ouvrage que j'ai entrepris avant d'avoir terminé mes études classiques, et qui, par sa nature, peut occuper encore cinquante années de ma vie (1). J'ose espérer qu'on ne lui contestera pas du moins l'intérêt du sujet. Le titre en fait connaître les diverses parties; il indique encore exactement les limites dans lesquelles j'ai voulu me renfermer, et dont les points extrêmes sont, d'une part, les tems primitifs de l'Égypte;

(1) Le 1.er septembre 1807, le plan général de l'ouvrage, l'*Introduction* à la partie géographique et la carte générale de l'Égypte, des Pharaons, furent présentés à la Société des sciences et des arts de Grenoble, qui voulut bien en faire mention sur ses registres. Peu de jours après, je quittai le Lycée de la même ville, où j'étais élève impérial; et le 13 du même mois, j'eus l'honneur de communiquer ces mêmes documens à M. Langlès, à Paris, et presque en même tems à M. Silvestre de Sacy que j'eus dès-lors l'avantage d'entendre à l'école spéciale des langues orientales pour le cours d'arabe, comme M. Langlès pour le cours de persan. L'impression de l'ouvrage a été commencée le 1.er septembre 1810.

plus près de nous, l'invasion de Cambyse. Ce période historique est sans contredit l'un des plus mémorables dont les annales des tems aient conservé le souvenir. L'ensemble des faits qui le caractérisent, l'ensemble des monumens qui leur servent de preuves, sont également dignes des méditations du sage ; il trouvera long-tems encore une source féconde en résultats du plus haut intérêt, dans cette *Égypte des Pharaons*, si différente de l'Égypte des Perses, de l'Égypte des Grecs, surtout de l'Égypte moderne bien digne d'un meilleur sort.

Entraîné par l'importance de ce sujet, et consultant moins mes forces que mon zèle, je me suis livré sans réserve aux travaux assidus qu'il exigeait. J'ai eu pour but, dans la première partie, de faire connaître les noms égyptiens, grecs, arabes et vulgaires ainsi que la véritable position des lieux principaux de l'Égypte, et les monumens remarquables qui y existaient. La partie relative à la religion servira peut-être à fixer l'opinion générale sur ce point important des institutions sociales d'un peuple célèbre. Les recherches relatives à la langue et aux écritures diverses de l'ancienne Égypte, présenteront, sur les Manuscrits égyptiens en lettres alphabétiques, des notions exactes qui, si je ne m'abuse point, permettront de tirer quelque parti de ces précieux monumens; et sur les Manuscrits qu'on appelle hiéroglyphiques, quelques données relatives à ce grand sujet; et par là, il est facile de concevoir que l'histoire de l'Égypte pendant l'espace de tems déjà indiqué, puisse trouver, dans la suite de ces recherches, des faits nouveaux propres à accroître encore l'intérêt qu'elle ne cessera d'exciter.

Tels sont l'ensemble et le plan de mon travail. Si je n'ai pu m'en déguiser ni l'étendue, ni les difficultés, je puis encore ajouter que personne ne sent mieux que moi combien je dois peu me flatter de les avoir toutes surmontées; et à cet égard, je n'ai d'autre certitude que celle de m'être entouré de tous les conseils, de tous les moyens qui pouvaient du moins m'en faire concevoir l'espérance. Le public jugera si je ne me suis point trompé.

Bien persuadé d'abord, et depuis, convaincu chaque jour davantage à mesure que mon plan se développait, que le guide le plus sûr, le seul peut-être auquel on puisse se livrer avec confiance dans les études égyptiennes, était la connaissance approfondie de la langue primitive de l'Égypte, j'ai fait de cette langue l'objet spécial de mes premiers travaux. Plusieurs années passées à Paris, entièrement consacrées aux langues orientales en général et à la langue copte en particulier (1), des leçons de maîtres non moins habiles que célèbres, les ont singulièrement favorisés. J'ai successivement parcouru la riche collection de Manuscrits coptes de la Bibliothèque impériale; j'ai fait des extraits de presque tous

(1) On sait généralement que la langue copte n'est autre chose que la langue égyptienne mêlée de quelques locutions grecques, et écrite avec les caractères de l'alphabet grec augmenté de sept signes de l'ancien alphabet égyptien. Voyez, *tome* 1.er, *pages* 48 et 49.

et des copies de quelques-uns. A ces précieux matériaux, j'ai réuni, à Grenoble, un bon nombre de livres orientaux et la collection presque complète des livres coptes ou relatifs à la langue copte, qui ont été imprimés dans les diverses parties de l'Europe.

Leur étude m'a bientôt convaincu de l'insuffisance des Grammaires et des Lexiques de cette langue publiés jusqu'à ce jour. Les premières, en effet, s'éloignent entièrement de l'ordre que prescrit à cet égard la nature même de la langue, laquelle exige impérieusement une méthode pour ainsi dire toute opposée à celle qui est particulière aux langues de l'Europe; aussi, n'ai-je pas tardé à m'apercevoir que les grammaires coptes rédigées par des Arabes, et dont quelques-unes existent parmi les Manuscrits de la Bibliothèque impériale de Paris (1), étaient, mieux que les grammaires européennes, appropriées à la nature de cette même langue.

---

(1) Mss. coptes, Bibl. impér., n.° 44, ancien fonds, fol. 23 et fol. 130.

Elle est toute monosyllabique; ses règles de combinaison sont fixes, constantes, immuables : résultat de longues méditations, elle a ce caractère d'*inaltérabilité* (1) qui est propre à toutes les institutions de la primitive Égypte (2); elle se prête avec une admirable facilité à la formation des mots composés, et la disposition de ses élémens est telle, sous ce rapport, qu'on doit regarder comme composés tous les mots qui n'ont même que deux syllabes. Cette remarque, si essentielle dans l'objet présent, n'avait pas échappé au respectable M. Valperga de Caluso, et il s'en est servi le premier dans son utile et savante grammaire (3). Nous devons ajouter, comme une singularité bien

---

(1) Je prie que l'on veuille bien me pardonner ce mot; je n'en abuserai point.

(2) Cette langue est une de celles qui, par leur contexture, ne peuvent point se corrompre. On peut donc avancer que le long espace de tems pendant lequel elle a été parlée, n'a pu aucunement l'altérer, et qu'elle nous est parvenue, pour ainsi dire, dans toute sa pureté; c'est ce que je me propose de développer dans ma *Grammaire égyptienne.*

(3) Didymi Taurinensis *Litteraturæ Copticæ Rudimentum;* Parmæ, ex regio typographo, M. DCC. LXXXIII, in-8.° et in-4°.

digne de remarque et sur laquelle nous reviendrons ailleurs, que la langue égyptienne, dans la combinaison de ses élémens grammaticaux, a des analogies matérielles avec les principes de l'écriture chinoise, sans toutefois que l'on puisse tirer de cette analogie fortuite aucune induction en faveur de la commune origine des Égyptiens et des Chinois systématiquement énoncée par quelques écrivains.

Ce qu'on vient de lire suffira peut-être pour faire voir que, de toutes les manières de classer dans une seule et même série les mots simples et composés de la langue égyptienne, l'ordre alphabétique est le moins convenable, et que *leur classification par rapport au mot radical et primitif de chacun d'eux, selon un certain ordre réglé lui-même par leur composition*, est la seule qui soit appropriée au génie de la langue.

Ces considérations ont dû me servir de règle, et telle a été celle que j'ai suivie, dans la rédaction d'une *Grammaire de la langue égyptienne*, et du *Dictionnaire* de cette même langue, que je publierai incessamment. Celui-ci, divisé en trois parties selon les trois dialectes de l'Égypte, le thébain, le baschmourique et le memphitique (1), forme trois volumes in-4.°, où tous les mots renfermés dans le Lexique de Lacroze et le bien plus grand nombre de ceux que j'ai extraits des vocabulaires copto-arabes ou des manuscrits de la Bibliothèque impériale, sont rangés à la suite du mot radical avec leur signification latine et française; quelquefois aussi, et lorsque je l'ai cru nécessaire, la signification que je donne à un mot est justifiée par la citation des textes qui me l'ont fournie. Ce long travail est terminé.

---

(1) Dans mes *Observations sur le Catalogue des manuscrits coptes du musée Borgia à Velletri*, publié par Zoëga (*Magasin Encyclopédique*, octobre 1811, et *Paris*, *Sajou*, 1811, in-8.°), j'ai cherché à démontrer que le dialecte baschmourique était celui de la province du Fayyoum. La suite de mes recherches m'a fourni de nouvelles preuves de cette opinion que je développerai dans la partie de cet ouvrage relative à la langue égyptienne et à ses dialectes.

Soutenu par ces premiers résultats de mes études, fort de ces ressources qu'il a fallu me créer, j'ai osé espérer d'être heureusement conduit au seul but éminemment utile qu'on doive se proposer dans l'étude de la langue égyptienne, je veux dire la lecture des Manuscrits égyptiens alphabétiques, puisqu'il est vrai que, si l'on en excepte les mots grecs qu'on rencontre dans les manuscrits coptes, il n'y a, relativement à la langue, entre ceux-ci et les Manuscrits égyptiens d'autre différence, que celle des signes alphabétiques qui y sont employés. Le premier pas à faire, et sans doute le plus facile, dans cette étude si importante par son objet, était la lecture du texte égyptien de l'inscription de Rosette : j'ai eu le bonheur de voir mes efforts couronnés d'un succès presque complet ; plusieurs passages du texte égyptien sont cités dans les deux volumes que je publie, en attendant que l'ordre que j'ai adopté appelle l'ensemble de mon travail sur ce précieux monument. Les résultats que j'ai obtenus doivent également s'appliquer à la lecture des Manuscrits alphabétiques; mes premiers apperçus ne me permettent point d'en douter, et j'en dois la certitude à l'avantage d'avoir réuni des copies fidèles, gravées ou dessinées, de tous les Manuscrits égyptiens qui existent en Europe, collection précieuse, dont l'étude suivie fortifie chaque jour davantage l'espérance flatteuse, illusoire peut-être, qu'on retrouvera enfin sur ces tableaux où l'Égypte n'a peint que des objets matériels, les sons de la langue et les expressions de la pensée.

Le plan que j'avais formé me rendant également nécessaire la connaissance des monumens figurés de l'ancienne Égypte, j'ai consulté à cet effet tous les recueils archæographiques. Je dois placer au premier rang l'ouvrage vraiment impérial que publie la Commission d'Égypte, et dont j'ai eu l'avantage de connaître d'avance la plus grande partie des matériaux qui doivent le composer, graces aux bontés de M. Jomard, l'un des plus savans et des plus utiles collaborateurs de cette inimitable collection (1). Je dois encore beaucoup, sous ce rapport, à M. le baron Fourier qui a bien voulu me communiquer plusieurs mémoires imprimés pendant la célèbre expédition dont il a si dignement tracé le précis historique (2), mémoires contenant des détails topographiques, des noms de lieux anciens ou modernes, de courtes descriptions de monumens, dont la connaissance m'a été également utile. Quelquefois j'ai pu comparer les monumens qui ont été le sujet de mes études, avec les figures trop souvent infidèles que renferment la plupart de nos livres; je n'ai jamais négligé cet avantage, et à ce sujet je dois rappeler ici avec reconnaissance la faculté qu'a bien voulu m'accorder M. Millin, de consulter librement la riche collection qui

---

(1) On ne saurait trop louer le zèle infatigable de M. Jomard pour l'exécution de l'ouvrage; ses travaux en qualité de commissaire du gouvernement près la commission chargée de la diriger, et les mémoires importans qu'il a fournis, lui donnent des droits multipliés à la reconnaissance publique.

(2) Voyez la *Préface historique* de la *Description de l'Égypte*, rédigée par M. le baron Fourier.

fait partie du cabinet impérial de Paris. J'ai aussi trouvé d'utiles documens dans quelques cabinets particuliers, et par un bonheur inespéré, celui des Antiques dépendant de la riche et nombreuse Bibliothèque publique de Grenoble dont la conservation m'est confiée sous le titre de Bibliothécaire-adjoint, m'a offert encore plusieurs objets du plus grand intérêt.

On s'appercevra facilement que je n'ai point négligé leur étude; heureux si j'ai pu le faire avec quelque fruit. Je l'ai toujours associée à celle des Classiques anciens et modernes, et le devoir que je me suis imposé, d'indiquer par des citations exactes le texte de ceux que j'ai consultés, fera voir que leur nombre est très-considérable, en même tems, que j'ai toujours recouru aux ouvrages originaux. Pour que celui que j'ai entrepris ne manquât point de la physionomie qui doit lui être propre, j'ai eu la satisfaction de pouvoir offrir aux lecteurs les textes coptes et grecs imprimés avec leurs caractères particuliers, en ayant le soin d'ajouter aux premiers, peu connus encore en Europe,

la

la transcription de ces textes en lettres latines; et comme je ne désespère pas de présenter, dans la suite de cet ouvrage, les textes égyptiens que j'y cite, avec les signes mêmes de l'alphabet égyptien, on me permettra peut-être de répéter que je n'ai négligé aucun des moyens qui pouvaient me flatter de l'espoir que mon travail ne serait pas tout-à-fait inutile aux lettres.

Les savans et le public peuvent en juger par les deux volumes que je leur soumets aujourd'hui (1). Ils contiennent la description géographique de l'Égypte des Pharaons; des discussions exigées par le sujet lui-même précèdent, amènent et justifient pleinement les résultats que je présente sur l'Égypte elle-même, ses limites, ses divisions naturelles qui étaient invariables, ses divisions politiques connues sous la dénomination grecque de

(1) Les parties subséquentes, et qui sont presque toutes terminées, seront publiées sans interruption et avec toute la promptitude que permettra d'y apporter la lenteur inévitable de l'exécution typographique.

Nomes, leur nombre, leurs limites respectives, enfin l'état ancien et moderne et le nom égyptien de chaque lieu principal. La description des monumens égyptiens qu'on y voit encore devait faire partie des recherches relatives à chaque article, et en effet, elle leur sert très-souvent d'éclaircissemens et de preuves. J'ai pris pour guide, dans cette partie de mon travail, les observations les plus authentiques et les plus récentes : celles des collaborateurs de la *Description de l'Égypte* réunissant au plus haut degré ces deux conditions essentielles, et présentant une mine inépuisable de faits bien constatés, de matériaux encore vierges, je n'ai pas dû négliger l'avantage de pouvoir, le premier, consulter les uns, employer les autres, et tirer de leur ensemble de précieux résultats. Je m'en suis servi très-utilement dans cet ouvrage.

Le premier volume contient la haute Égypte renfermée entre l'île de Philæ au sud, et le village de Busiris un peu plus au nord que Memphis. La basse Égypte occupe le second volume. Les recherches relatives aux anciennes *branches du Nil* et à leur nom égyptien, tendent à concilier les divers auteurs grecs et latins qui en ont parlé, et les résultats que je présente à ce sujet sont fondés sur la connaissance exacte de l'état actuel des lieux, d'où l'on a pu déduire facilement leur état ancien. La *carte* que j'en ai dressée en présente la disposition; elle ne contient pas les *dépendances de l'Égypte*, parce qu'elles n'appartenaient pas exclusivement à l'Égypte inférieure. Ces dépendances sont indiquées dans le *tableau* des noms égyptiens, grecs, arabes et vulgaires des lieux de l'Égypte, qui est placé à la suite de leur description; cette synonymie, entièrement neuve, m'a paru un complément nécessaire de mon travail. L'*appendix* qui le termine en renferme des preuves, et parmi elles, on peut remarquer une *hymne en vers coptes*, que j'ai rapportée toute entière, voulant en cela faire une chose agréable aux personnes que ce genre de composition peut intéresser. On en trouvera plusieurs autres fragmens dans le cours de l'ouvrage, extraits d'un manuscrit copte que j'ai entre les mains; ils ne peuvent manquer d'attirer l'attention, puisque c'est pour la première fois qu'on cite des strophes en vers coptes rimés. La *table alphabétique* a été rédigée de manière à rendre facile et commode l'usage de ces deux premiers volumes.

Je devrais sans doute être rassuré sur leur sort beaucoup plus que je ne le suis, en me rappelant l'extrême indulgence avec laquelle fut accueillie l'*Introduction* qui est en tête, lorsqu'en 1811 j'en détachai quelques exemplaires que j'eus l'honneur d'adresser à des personnes et à des corps littéraires français ou étrangers, dont il m'importait de consulter l'opinion. Leur suffrage honorable, publiquement exprimé, pour la plupart, dans les journaux du tems, fut pour moi un précieux encouragement, et parmi eux, je dois citer un des plus flatteurs et des plus nécessaires, celui de M. le baron Silvestre de Sacy, qui a justifié, de tout le poids de son opinion, la base première de mon travail, lorsqu'il a dit que *citer les noms coptes des lieux de l'Égypte, c'était aussi citer les noms égyptiens* : tel est le but principal de mes recherches.

Quoique très-étendues et long-tems méditées, elles paraîtront peut-être encore insuffisantes dans leur ensemble, ou erronées dans quelques-unes de leurs parties : déjà M. Quatremère, dont j'ai cité plusieurs fois, et avec un éloge mérité, les utiles travaux sur la langue copte, s'est imposé la tâche pénible de relever publiquement dans ses *Observations sur quelques points de la géographie de l'Égypte* (1), les inexactitudes qu'il a cru découvrir dans l'*Introduction* dont j'ai parlé et qu'il appelle *une espèce de prospectus* (2). J'ai lu sa brochure avec attention, et j'éprouve le regret de ne pouvoir témoigner à M. Quatremère la reconnaissance que m'inspireront toujours des critiques fondées, des observations exactes, lors même qu'elles manqueront de cette bienveillance que les gens de lettres

(1) Paris, Schoelh, 1812, in-8.°

(2) Page 3.

se doivent mutuellement, et que je ne cesserai de réclamer.

Je n'ose me flatter d'avoir pleinement justifié celle qu'ont bien voulu me témoigner, dans cette circonstance, des personnes qui portent des noms justement célèbres dans les lettres, ou que l'honorable confiance du Souverain a revêtues des fonctions les plus éminentes, des titres les plus respectés. J'ai senti vivement le prix de leur obligeante attention à m'encourager; elles ont bien voulu juger mon essai d'après leurs espérances, me tenir compte du présent en faveur de l'avenir, et croire que si j'ai mal fait à vingt ans, je ferai peut-être mieux à quarante. Puisse leur utile indulgence me donner quelques droits à celle du public!

L'ÉGYPTE

MÉDITERRANÉE
TSAKHÊT
OU
BASSE EGYPTE
SOUS LES PHARAONS
Lac de Marê
PTENETO
SJEMNOUTI
SCHMOUN-an-Erman
SAI
SJANI
Lac Sorbonis
Poubasti
Phelbès
Pithom
Canal des Rois
Branche Pélusiaque
Mer Rouge
MEFI
ON
Lieues de 25 au degré

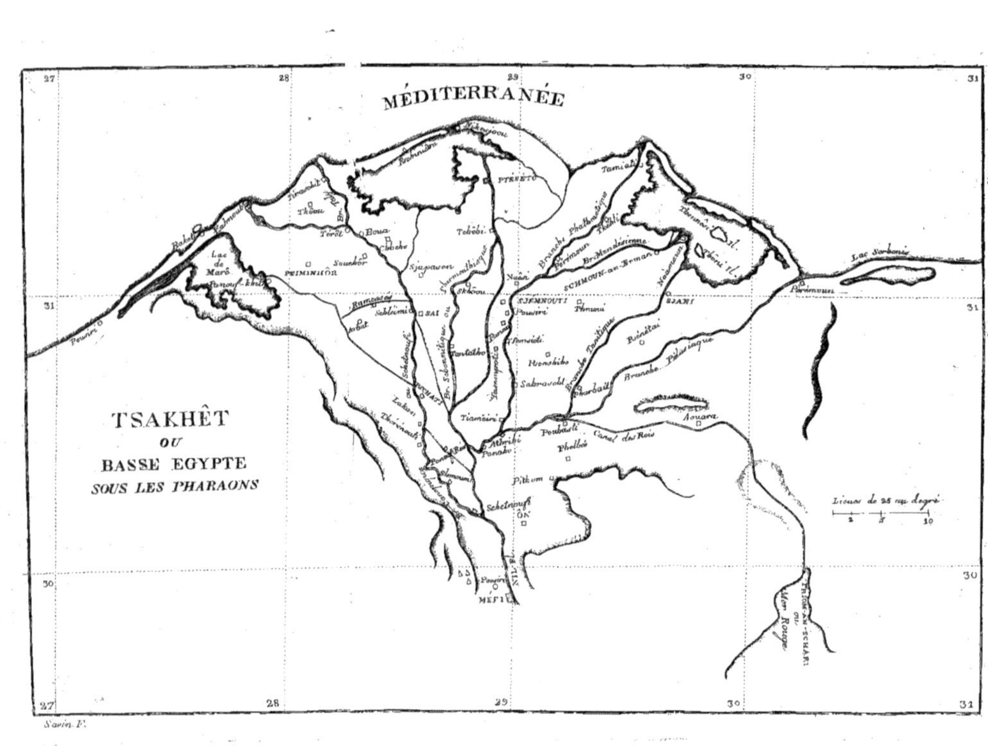

Savin F.

L'ÉGYPTE

SOUS

LES PHARAONS.

PREMIERE PARTIE.

DESCRIPTION GÉOGRAPHIQUE.

INTRODUCTION.

Le nom de l'Égypte rappelle de grands souvenirs, et se rattache aux plus mémorables époques de l'histoire. Cette contrée célèbre fut le berceau des sciences et des arts de l'Europe. Plusieurs peuples de l'Orient et presque toutes les nations européennes étaient encore plongés dans les ténèbres de la barbarie, lorsque l'Égypte, parvenue à son plus haut point de splendeur et de gloire, voyait dans son sein des monarques puissans veiller à l'exécution de ses lois qu'avait dictées la sagesse la plus profonde, et des colléges nombreux de prêtres assurer de tous leurs efforts les progrès des lumières et le bonheur des peuples ; et lorsque, sous Psamménite, l'Empire égyptien qui, plusieurs siècles auparavant, avait été ébranlé par les incursions successives des Arabes et des Éthiopiens, fut entièrement renversé par les armes victorieuses des Perses, l'Europe ressentait à peine les effets bienfaisans de la civilisation naissante.

L'Égypte était habitée par un peuple sage, qui ne fut étranger à aucune espèce de gloire. Subjuguée par un conquérant qui lui fit perdre tous ses avantages, en détruisant ses institutions politiques et religieuses ; soumise ensuite par Alexandre, après la mort duquel elle reçut une nouvelle existence ; courbée sous le joug des Romains, conquise par les Arabes, et tombée enfin au pouvoir de la nation ignorante qui la possède encore, elle fut tour-à-tour le théâtre des lumières et du bonheur, de la barbarie et de l'infortune.

Rien n'est plus intéressant que de connaître à fond l'histoire ancienne de l'Empire égyptien. Les tems où il brilla d'un si vif éclat sont déjà bien loin de nous, et cette haute antiquité semble attacher à tout ce qui se rapporte à l'Égypte une espèce de merveilleux, qui affaiblit en quelque sorte l'admiration et l'intérêt qu'elle excite à un si haut degré. Cependant les monumens gigantesques dont son sol est couvert, ceux que des circonstances diverses ont fait transporter en Europe, attesteront encore aux siècles à venir que les auteurs grecs et latins qui se sont plus à vanter l'antiquité, la sagesse et les connaissances scientifiques des Égyptiens, ne nous ont point fait sur ce peuple des rapports exagérés ou dictés par l'enthousiasme, mais que ce qu'ils en ont écrit est même au-dessous de la réalité.

En nous livrant à des recherches sur les points les plus importans de l'histoire de l'ancienne Égypte, nous avons été soutenus et encouragés par la grandeur du sujet, et, d'après le plan que nous nous sommes tracé, nous avons dû nous occuper d'abord de sa description géographique. Nous avons eu pour but principal de faire connaître ce pays par lui-même : nous avons essayé de rédiger une *géographie égyptienne de l'Égypte;* il n'en existait pas jusqu'à présent.

En effet, l'Égypte a toujours été couverte d'un voile mystérieux, et ce n'est qu'à travers ce voile épais que les anciens ont pu en prendre les notions qu'ils nous en ont transmises. Ignorant la langue du pays, et repoussés par les difficultés que les Égyptiens opposaient aux étrangers qui voulaient pénétrer dans leurs provinces (1), leurs récits sur cette contrée ne peuvent être que peu satisfaisans.

Les anciens rois d'Égypte, dit Strabon (2), éloignaient soigneusement les étrangers de l'intérieur de

---

(1) Hérodote, liv. II; Genèse, chap. 43 et 46; Diodore de Sicile, liv. I, sect. II.

(2) Strabon, liv. XVII.

leur royaume, parce qu'ils étaient contens de leurs richesses. Ce fut l'exécution rigoureuse de cette mesure politique, qui livra aux Phéniciens une grande partie du commerce maritime de l'Égypte.

Ses prêtres, qui tenaient le premier rang dans l'État et occupaient les premières magistratures (1), persuadés que le bonheur du peuple était attaché à la conservation de ses usages éprouvés par l'expérience et établis pour la plupart, comme ceux des autres Orientaux, d'après l'état physique des lieux, contribuèrent éminemment à prévenir toute communication entre les nations étrangères et les Égyptiens. Cette maxime fondamentale de la politique égyptienne s'est conservée jusqu'à nos jours chez les Chinois, et les événemens désastreux qui, dans la suite, anéantirent pour toujours la liberté de l'Égypte, justifièrent pleinement cette opinion des prêtres, et confirmèrent leurs craintes.

La chute de cet Empire fut en effet préparée par le relâchement du peuple dans l'exécution de ses antiques lois; elle fut certaine lorsque Psammouthis I.er (2) et Amasis eurent facilité les relations des Égyptiens avec les étrangers. Sous les rois qui régnèrent avant eux, l'ordre sacerdotal, nombreux et puissant, usait de toute son influence pour empêcher ces rapports avec l'extérieur. Il ne lui était pas difficile d'atteindre à ce

(1) Diodore de Sicile, liv. I.

(2) Le Psammitichus des Grecs.

but, puisque, comme les Brahmes dans l'Inde, cette classe était dépositaire de la religion et du savoir, tenait les rois sous une espèce de subjection et de tutelle, et constituait ainsi le gouvernement de l'Égypte en une sorte de gouvernement théocratique (1).

De ces circonstances réunies résultèrent l'éloignement qu'eurent les premiers Égyptiens pour la marine, et les obstacles qu'ils opposèrent constamment à ceux que le desir de s'instruire conduisait dans cette contrée mystérieuse.

Mais lorsque Cambyse eut renversé la monarchie égyptienne, ravagé les villes, brûlé les temples et dispersé les prêtres, ce pays, naguères la patrie des sciences et des arts, fut courbé sous le joug despotique des Perses, et perdit son bonheur avec ses connaissances, sans perdre sa célébrité.

Dans le laps de tems qui s'écoula depuis Cambyse jusques à Alexandre, il devint le théâtre fréquent de guerres civiles. Les efforts sans cesse renaissans de plusieurs chefs égyptiens pour délivrer leur patrie d'une domination étrangère, attirèrent sur cette terre malheureuse les désastres et les fléaux, suites inévitables des révolutions et de la résistance opiniâtre d'un peuple qui conservait le souvenir de sa gloire et de son indépendance. Au milieu de leurs infortunes, les Égyptiens, gouvernés par des rois qui n'étaient

---

(1) Diodore de Sicile, liv. I, sect. II.

pas nés au milieu d'eux, oublièrent peu à peu les institutions et les coutumes de leurs ancêtres ; dès ce moment les anciens usages se perdirent, et rien ne s'opposa plus à la curiosité des étrangers qui abordèrent en Égypte.

C'est alors qu'Hérodote y parut ; il vit dans toute son abjection ce peuple si renommé pour sa sagesse et son savoir. Il en prit cependant une haute idée : les ruines d'un temple magnifique inspirent toujours le respect et l'admiration.

Dès lors les Grecs se rendirent en foule en Égypte, pour être instruits dans cette sagesse autrefois si célèbre. C'est à l'école des prêtres que se formèrent leurs philosophes, leurs législateurs et leurs sages. On peut dire cependant que peu de voyageurs de ces tems pénétrèrent au-delà de Memphis (1). Leur desir de s'instruire put souffrir de ces obstacles; mais ils ne donnèrent point eux-mêmes une haute opinion de leurs connaissances, et les prêtres de Saïs, voyant leur légèreté et les taxant d'inaptitude à l'étude des sciences profondes, les regardèrent comme *des enfans* (2) ; et cependant ceux des prêtres égyptiens qui vivaient à cette époque, n'étaient que les échos passifs de leurs prédécesseurs. Ceux-ci étaient versés dans la connaissance de l'astronomie, de la géométrie, de la mécanique,

---

(1) Diodore de Sicile, liv. I, sect. II.

(2) Platon, *in Philæbo*.

de la physique et de la plupart des sciences exactes et naturelles ; et leurs successeurs, contemporains d'Hérodote et de Platon, en conservaient à peine les premiers principes ; ils les transmirent aux Grecs que l'amour de l'étude et l'ambition de savoir amenèrent en Égypte avant Alexandre. Ainsi la Grèce recueillit les débris des sciences de l'Égypte.

Plusieurs de ces Grecs, tels qu'Hérodote et Platon, de retour dans leur patrie, écrivirent ce qu'ils avaient vu et entendu dire pendant leur voyage en Égypte, et Hérodote donna une courte description de cette contrée. C'est dans ses écrits que nous trouvons pour la première fois des noms de villes égyptiennes traduits en langue grecque. On peut avancer qu'Hérodote fit le premier de semblables traductions, parce qu'il est celui dans les écrits duquel on trouve le moins de ces traductions et le plus de noms égyptiens conservés, quoique corrompus. Parmi le nombre considérable de noms de lieux appartenans à l'Égypte, qui sont cités dans son histoire, cinq seulement ont été traduits en grec ; ce sont Ηρμησπολις, Πηλουσιος, Ηλιουπολις, Κροκοδείλωνπολις, Ερμεωπολις, *Hermopolis-Parva*, *Pelusium*, *Heliopolis*, *Crocodilopolis*, *Hermopolis-Magna*, des Latins. Tous les autres noms sont égyptiens (1). Le nombre de ces mots égyptiens traduits

(1) Deux seulement sont douteux, *Naucratis* et *Anthylla*.

est beaucoup plus considérable dans les auteurs grecs postérieurs à Hérodote ; ainsi la confusion qui en naissait alla toujours croissant : Strabon donna les noms grecs Αφροδιτηςπολις et Πανοσπολις aux deux villes qu'Hérodote avait désignées par leur nom égyptien Χεμμις et Αθαρβηχις, corruption de ⲬⲘⲒⲘ *Chmim* et de ⲀⲐⲰⲢ ⲂⲀⲔⲒ, *Athôr-Baki*. Diodore a suivi la même méthode. Il en est résulté des difficultés considérables pour retrouver les noms égyptiens, et ces difficultés s'accroissent à mesure que les Grecs sont plus répandus en Égypte.

Alexandre, vainqueur des Perses, y conduisit les Grecs, et sous leur empire disparurent peu à peu les traces de l'ancien gouvernement et des coutumes égyptiennes. Tout prit une physionomie grecque : le sang égyptien dégénéra, par son mélange avec celui des Macédoniens ; cet ancien amour pour les sciences s'éteignit parmi les naturels ; les colléges furent déserts ; la classe sacerdotale elle-même ne s'occupa plus que des choses sacrées (1), et négligeant tout-à-fait les études qui avaient occupé ses devanciers pendant tant de siècles, elle perdit de vue l'un des buts principaux de son institution.

Dès que la puissance grecque fut bien établie en Égypte, il s'y opéra de grands changemens ; les Grecs traduisirent dans leur langue les noms de la plupart des

---

(1) Strabon, liv. XVII.

villes égyptiennes, et on ne les connut bientôt plus parmi eux que sous ces dénominations le plus souvent infidèles.

On doit regarder comme une des causes principales de cette infidélité, les efforts que faisaient les Grecs pour trouver des rapports entre leur religion et celle des autres peuples, et pour en établir entre leurs divinités et celles des nations étrangères. A les en croire, les Babyloniens, les Perses et même les Indiens adoraient Kronos, Zéüs, Athêné, Apollon, Aphrodite (1). Par une suite du même principe, ils cherchèrent leurs dieux dans la religion égyptienne, et crurent les y reconnaître. Ainsi *Athôr* des Égyptiens leur parut être leur Aphrodite, *Amoun* leur Zéüs, *Phtha* leur Héphaïstos (2), *Néith* leur Athêné, *Hôr* (Horus) leur Apollon, *Thôouth* (Thoth) leur Hermès (3); enfin, *Isis* et *Osiris* furent pour eux les noms de la lune et du soleil.

Ces observations sont ici de la plus haute importance, parce que c'est d'après ces mêmes principes que les Grecs traduisirent dans leur langue les noms des villes égyptiennes. Quelques-unes d'entr'elles portaient en effet des noms de *divinités* (4) ou d'animaux

---

(1) Saturne, Jupiter, Minerve, Apollon, Vénus des Latins.

(2) Vulcain des Latins.

(3) Mercure des Latins.

(4) Nous prions le lecteur de ne pas prendre ce mot dans un sens trop absolu. Nous l'expliquerons dans la partie de cet ouvrage relative à la religion égyptienne.

sacrés (1), et c'est dans l'influence qu'exerçaient les prêtres sur tout ce qui concernait l'Égypte, où tout se rattachait à la religion, qu'il faut chercher l'origine de cet usage. Mais les Grecs en abusèrent, et cet abus les entraîna dans de graves erreurs.

Ils n'entendaient point la langue égyptienne, parlée et écrite même long-tems après la chute de leur puissance dans cette contrée, et par conséquent ils ne pouvaient orthographier ni traduire exactement les noms des villes de l'Égypte, semblables en cela aux voyageurs européens des derniers siècles qui allèrent parcourir l'Orient sans en connaître les langues, et insérèrent dans leurs relations des noms orientaux qu'il est presque impossible de reconnaître, tant ils sont défigurés. Ainsi, sous le règne de Louis XIV, Paul Lucas fit présenter à ce monarque une carte d'Égypte où l'on trouve les noms monstrueux de *Barbambou* pour Barbandah, *Manfallu* pour Manfélouth, *Échasse* pour Ekhsas, et *Guisse* pour Djizah (2). On peut dire que quelquefois les Grecs ne furent pas plus heureux, quoique en général l'altération des noms égyptiens orthographiés ou traduits en grec ait été moins grande.

Il en résulte néanmoins, qu'étudier l'Égypte par les

---

(1) Hérodote, liv. II; Strabon, liv. XVII; Diodore de Sicile, liv. I; Plutarque, *d'Isis et d'Osiris.*

(2) Lucas, 1.er Voyage, tom. I, pag. 155.

Grecs seuls, c'est la voir sous le point de vue le moins étendu, et à travers le prisme des préventions si ordinaires aux Grecs dans tout ce qui intéressait leur orgueil national. Ce qu'ils ont dit n'est pourtant point à dédaigner ; mais il est un choix à faire, puisque rarement ils ont parlé de l'Égypte autrement que dans leur langue, par rapport à eux et par rapport à l'époque où ils en étaient les maîtres. Cependant l'Égypte avait compté plusieurs siècles de gloire et de prospérité avant même que Cambyse la soumît à sa domination. C'est à l'époque qui précéda l'invasion de ce prince, à celle où l'Empire égyptien était à son plus haut point de splendeur, que nous nous arrêtons dans cet essai. Nous cherchons à faire connaître les noms égyptiens du royaume, du fleuve, des provinces et des villes d'Égypte.

Tel est le but que nous nous sommes proposé. L'importance de ces recherches n'avait pas échappé à plusieurs savans qui se sont adonnés à l'étude de l'archéologie égyptienne. Mais ces auteurs n'en ont point fait l'objet spécial d'un travail particulier, et n'en ont traité que partiellement dans le cours de leurs ouvrages. Tel fut le jésuite Kircher; l'Europe savante lui doit en quelque sorte la connaissance de la langue copte, et il mérite, sous ce rapport, d'autant plus d'indulgence pour les erreurs nombreuses qu'il a commises dans ses écrits sur l'Égypte, que les monumens littéraires des Coptes étaient plus rares de son tems. Dans la nouveauté de cette étude, on devait naturellement s'attendre qu'un homme qui trop rarement faisait usage d'une critique sévère, et qui trop souvent sacrifiait à l'esprit de système, donnerait souvent de fausses interprétations, et serait trompé par des apparences. Tout en respectant ses travaux et en rendant justice à ses connaissances, on peut lui reprocher, avec fondement, la manie de tout expliquer; et cette manie a souvent mis sa bonne foi en défaut, en le forçant à inventer ce que ses recherches ne pouvaient lui faire découvrir.

Dans son *Œdipus Ægyptiacus* (1), Kircher a placé une géographie de l'Égypte; il a pour but de présenter les noms coptes ou égyptiens des anciens nomes de ce royaume et de leur capitale. Ce travail, sans résultats pour la géographie, renferme toutes les erreurs commises par ses contemporains, dont les connaissances sur la topographie de l'Égypte étaient pour ainsi dire nulles. Ainsi il place Thèbes au midi d'Hermonthis, de Latopolis et d'Appollinopolis-Magna; Abydus au sud de Latopolis; Coptos au nord-est de Tentyra; Oxyrinchus à l'orient du Nil (2). Quant à la basse Égypte, il y règne le plus grand désordre. Il devait en être ainsi en raison de la pénurie de notions exactes

(1) Tome I, *Templum Isiacum*, *syntagma* 1, *Chorographia Ægypti*.

(2) Voyez sa carte, *Œdip. Ægypt.*, *tom. I*, *pag.* 8.

qu'éprouvait le père Kircher ; il lui était donc difficile, impossible peut-être de faire connaître les noms égyptiens des villes, puisque d'ailleurs, ayant fondé son travail sur les rapports des Grecs, il n'avait pas assez fait attention que les Coptes avaient donné des listes de noms égyptiens avec leur équivalent en arabe, et que les noms arabes devaient être son guide et le conduire aux noms égyptiens. Outre cela, lorsque Kircher publia sa *Chorographia Ægypti*, il n'avait probablement entre les mains qu'un vocabulaire copte peu étendu, d'où il put à peine extraire les noms égyptiens d'*Alexandrie*, d'*Athribis*, d'*Héliopolis* et de *Coptos*, les seules villes dont Kircher ait présenté le véritable nom égyptien. Quant aux autres noms, son imagination suppléa au manque de matériaux.

C'est ainsi qu'il avança que les anciens Égyptiens donnaient aux préfectures de l'Égypte, appelées Νομος par les Grecs, le nom de Ⲡⲓⲧⲁⲃⲓⲣ, *Pitabir*. Ce mot manque dans le Lexique égyptien de Lacroze ; nous l'avons vainement cherché dans tous les vocabulaires coptes de la Bibliothèque impériale de Paris : il ne se trouve donc que dans la *Scala Magna* de Kircher (1), où il signifie *Prætorium, locus juri dicundo destinatus ; Prétoire, siège d'un tribunal*, et non pas *Province*, *Préfecture* ou *Nome*. D'ailleurs, tous les manuscrits coptes qui nous restent, rendent toujours

---

(1) *Scala Magna*, pag. 225, copiée par Rossi, au mot ⲧⲁⲃⲓⲣ.

le mot grec Νομος par Ⲡⲑⲱϣ ou Ⲡⲑⲟϣ, *Pthôsch*, ou *Pthosch*. Ce mot égyptien dérive de la racine ⲑⲱϣ *Tôsch*, *ordinare*, *statuere*, *discernere;* ainsi on trouve dans les Martyrologes coptes : Ϣⲉⲧⲛⲟⲩϥⲓ ϧⲉⲛ ⲡⲑⲟϣ Ⲡϣⲁϯ, c'est-à-dire, la ville de *Schetnouphi dans le nome de Pschati* (1) ; Ⲡⲓϩⲟⲣⲙⲉⲥⲧⲁⲙⲟⲩⲁ ϧⲉⲛ ⲡⲑⲟϣ Ⲧⲁⲙⲓⲁϯ, *Pihormestamoua dans le nome de Tamiati* (2) ; Ⲁⲡⲁ Ⲉⲡⲓⲙⲉ ⲡⲓⲣⲉⲙⲡⲁⲛⲕⲱⲗⲉⲩⲥ ϧⲉⲛ ⲡⲑⲟϣ Ⲡⲉⲙϫⲉ, *le père Épime, habitant* ou *originaire de Pankôleus dans le nome de Pemsjè* (3). Nous pourrions multiplier ces exemples, mais nous pensons qu'ils suffisent pour prouver que les Égyptiens et les Coptes se servirent du mot Ⲡⲑⲟϣ, *Ptosch*, et non de Ⲡⲓⲧⲁⲃⲓⲣ, *Pitabir*, pour désigner les préfectures de leur pays.

Parmi les noms que Kircher croit que les Égyptiens donnèrent à leurs villes, il en est qui méritent d'être cités à cause de leur composition bizarre et de leur étymologie aussi singulière que contraire au génie de la langue égyptienne. Selon lui, Ⲃⲩⲧⲟⲥⲓ et Ⲃⲟⲩⲃⲁⲥϯ, *Butosi* et *Boubasti*, désignaient parmi les Égyptiens les villes que les Grecs appelèrent *Boutos* et *Bubastis*. Il traduit (4) Ⲃⲩⲧⲟⲥⲓ par *donum bovis*, *don*

(1) *Mss. copt.*, Bib. imp., n.° 61, fonds du Vatican, f.° 70, rectò.

(2) *Mss. copt.*, Bibl. imp., n.° 66, in-f°. On trouve aussi ce nom de lieu orthographié Ⲡⲓϩⲟⲣⲙⲉⲥⲧⲁⲙⲟⲩⲗ.

(3) *Mss. copt.*, Bibl. imp., n.° 66, in-f.°, Martyre de St. Épime.

(4) *Œdip. Ægypt.*, *chorograph. Ægypt.*, nomus 11, p. 16 et 17.

du Bœuf, et Ⲃⲟⲩⲃⲁⲥϯ, par *elle donna deux Bœufs*, et il suppose que le second ⲃ de ce dernier mot était la lettre numérique ⲃ̄ mise à la place de ⲥⲛⲁⲩ, *snau*, qui signifie *deux*. Mais en observant que Ⲃⲩ et Ⲃⲟⲩ ne signifient point *Bœuf* en copte ou en égyptien, et que Kircher les dérive du grec *βους*, il s'en suit nécessairement que les Égyptiens n'orthographiaient pas ainsi les noms de ces deux villes de la basse Égypte, et que les explications de Kircher sont insoutenables. Le nom de la fameuse Thèbes fut, selon lui, Ⲥⲩⲁⲛ, *Suan* (1), tandis que ce mot est le nom corrompu de la ville de Syène ; dans les travaux de Kircher, *Heracléopolis* est appelée Ⲙⲟⲗⲟⲭ, *Moloch* (2), nom d'une idole des Cananéens (3) ; *Appollinopolis* porte celui de Ϣⲣⲟⲥ (4), *Horos*, avec une terminaison grecque. Il en est ainsi d'un grand nombre d'autres.

En 1643 Kircher publia, sous le titre de *Lingua Ægyptiaca restituta* (5), un ouvrage qui répandit en Europe les premières notions exactes de la langue copte. Il renferme aussi les noms coptes de plusieurs villes de l'Égypte, avec leurs noms correspondans en arabe. Ce travail de Kircher a été sans contredit

(1) *Œdip. Ægypt.*, tom. I, cap. v, pag. 38.

(2) *Id.*, pag. 46.

(3) Lévitique XVIII, 21, et XX, 12; Jérémie XLIX, 1, etc.

(4) *Id.*, pag. 47.

(5) Romæ, 1643, in-4°.

très-utile. Veyssière-Lacroze a inséré ces noms dans son Dictionnaire égyptien, que Scholtz et Woide publièrent en 1775 (1). Lacroze, qui n'avait pas une grande opinion des connaissances de Kircher dans la langue copte (2), les rapporte tels qu'il les a trouvés dans l'ouvrage du Jésuite allemand. Ce dernier ne s'attacha point à donner le nom grec de la ville dont il produisait le nom copte, et s'il l'a fait quelquefois, il a commis plus d'une erreur.

Le célèbre philologue Paul-Ernest Jablonski, élève de Lacroze, a aussi cherché l'explication de plusieurs noms égyptiens de villes dans la langue copte (3). Dans un ouvrage publié en 1699, le père Bonjour (4), religieux Augustin de Toulouse, indiqua quelques noms égyptiens de villes, déjà cités par Kircher.

---

(1) *Oxoniæ, e Typographæo Clarendoniano*, 1775, in-4°.

(2) On lit dans la préface de son dictionnaire le jugement suivant sur cet ouvrage de Kircher : « *Tentata est sanè hœc lingua à pluribus eruditis, sed ut plurimùm frustrà : nec ulli eorum conatus sui deterius cessere quàm Athanasio Kirchero, qui in hoc studiorum genere nihil omnino vidit. Itaque Scala ejus, quam vocat copticam, et si eam, ut pote è manuscripto derivatam, negligendam non censui, parcè admodùm usus sum. Tot enim ejus errata in singulis ferè quibusque paginis deprehendi, ut fidem ei nullo loco temere habendam esse censeo.* Extrait du Mss. de Lacroze, conservé à la Bibliothèque impériale de France.

(3) *Pantheon Ægyptiorum*, et *Opuscula*, passim.

(4) *Exercitatio in monumenta coptica seu ægyptiaca bibliothecæ vaticanæ*. Romæ, 1699, in-4.°

Kircher. Cet opuscule est plein de critique et d'une saine érudition.

Le père Georgi, dans la neuvième section de sa Préface des Miracles de Saint Coluthus (1), présente la liste des noms coptes de villes qu'il a rencontrés dans la traduction de ce fragment écrit en dialecte thébain, et dans plusieurs autres manuscrits du Vatican ; mais il n'a donné que l'équivalent grec de quelques noms égyptiens déjà connus. Nous aurons occasion d'en parler plus au long dans le cours de nos recherches.

Un savant estimable, dont les Lettres regrettent la perte récente, le danois Georges Zoëga, dans son excellent ouvrage *de Origine et usu Obeliscorum* (2), a disserté très au long sur les monolythes de plusieurs anciennes villes de l'Égypte, et les noms égyptiens de deux d'entr'elles. Nous reviendrons sur cette partie de l'ouvrage de Zoëga, lorsque nous nous occuperons des deux villes qu'il indique.

Pendant que les Français étaient les maîtres de l'Égypte, on imprima au Kaire un journal littéraire dans lequel tout ce qui concernait cette contrée, sa topographie, ses antiquités, sa législation et son économie politique était publié périodiquement. C'est dans ce journal, intitulé *Décade Égyptienne* (3), que

(1) *De Miraculis Sancti Coluthi.* Romæ, 1793, in-4.°, p. CXC.

(2) Romæ, 1797, in-f.°

(3) *La Décade Égyptienne, journal littéraire et d'économie politique.* Au Kaire, de l'imprimerie Nationale, ann. VII et VIII.

M. Marcel, l'un des directeurs actuels de l'imprimerie Impériale, et alors directeur de celle du Kaire, inséra des extraits de l'ouvrage du géographe arabe *Abd-Arraschid-al-Bakoui*. Ces extraits, épars dans les trois volumes qui composent cette précieuse et rare collection (1), présentent aussi quelquefois, outre le nom arabe des villes de l'Égypte, le nom copte de ces mêmes villes, tiré probablement de quelque vocabulaire copte et arabe manuscrit; mais l'auteur n'y discute pas les rapports que ces noms coptes peuvent avoir avec les anciens noms égyptiens et grecs.

M. Ignace Rossi a répandu quelques notes sur ce sujet dans son ouvrage intitulé *Etymologiæ Ægyptiacæ* (2), par lequel ce savant italien s'efforce de prouver que les mots coptes ne sont que des mots arabes corrompus; il en cite un assez grand nombre dont il croit avoir trouvé la racine dans les idiomes orientaux, tels que l'Arabe, le Syriaque, le Chaldéen, le Samaritain et l'Éthiopien. Dans ses recherches étymologiques, M. Rossi émet son opinion sur les noms égyptiens de plusieurs dieux et de plusieurs villes.

Mais les travaux de ces auteurs ne suffisent point pour faire connaître l'Égypte avant l'invasion de

---

(1) Le premier se trouve vol. I.er, page 248; le second, même volume, page 276; le troisième, vol. III, page 145.

(2) *Ignatii Rossii Etymologiæ Ægyptiacæ*. Romæ, 1808, in-4°.

Cambyse (1), puisqu'ils n'ont point indiqué les noms grecs correspondans aux noms véritablement égyptiens qu'ils avaient rencontrés dans les livres coptes. Aucun d'eux n'a eu le dessein de réunir les noms indigènes, grecs, latins et arabes, de les comparer, d'en démontrer les rapports ou les différences.

L'exécution d'un semblable ouvrage offrait de grandes difficultés. L'intérêt qu'il présente nous a paru plus grand encore, et nous nous sommes livrés aux recherches qui pouvaient nous donner les moyens de l'entreprendre avec quelque succès. Les matériaux que nous avons recueillis sont peu nombreux sans doute, mais tous sont authentiques, et ils nous ont paru être du plus grand prix.

En effet la langue copte, qui est la langue de l'ancienne Égypte écrite avec les caractères de l'alphabet grec, existe dans de nombreux manuscrits. Presque tous, il est vrai, contiennent les liturgies ou les martyrologes des Chrétiens jacobites; mais on connaît aussi des versions coptes de l'ancien et du nouveau

---

(1) Dans le mois de septembre dernier, M. Akerblad, ancien secrétaire des Commandemens de S. M. le Roi de Suède, a adressé à la 3.e Classe de l'Institut de France un *Mémoire sur le nom copte de quelques villes et villages de l'Égypte.* La connaissance de ce Mémoire nous eût été sans doute très-utile, mais l'auteur ne l'a pas encore publié.

Testament (1), des grammaires coptes en arabe (2), et des vocabulaires coptes et arabes (3).

Quelques savans, et entre autres Vossius et le père Hardouin, ont nié l'identité du copte et de l'ancien égyptien ; mais lorsqu'ils émirent cette opinion, l'Égypte n'était point connue comme elle l'est de nos jours ; ses monumens littéraires étaient alors peu nombreux en Europe, ils n'avaient point été étudiés et comparés avec autant de soin qu'ils l'ont été depuis. Il en est résulté cette conviction, que la langue copte est la langue des anciens Égyptiens.

Les monumens et les auteurs témoignent également qu'elle se conserva en Égypte sous la domination des Perses, des Grecs, des Romains, des Arabes, des sulthans Mamlouks, des Turcs, et jusques dans le

---

(1) La version copte du Nouveau Testament a été publiée par David Wilkins, sous ce titre : ϯⲇⲓⲁⲑⲏⲕⲏ ⲙ̀ⲃⲉⲣⲓ ϧⲉⲛ ϯⲁⲥⲡⲓ ⲛ̀ⲧⲉ ⲛⲓⲣⲉⲙ ⲭⲏⲙⲓ ; *Hoc est : Novum Testamentum Ægyptium vulgo copticum, ex Mss. Bodlejanis descripsit, cum Vaticanis et Parisiensibus contulit, et in latinum sermonem convertit* David Wilkins, *ecclesiæ anglicanæ presbyter. Oxonii, e theatro Sheldoniano, typis et sumptibus Academiæ*, 1716, in-4°.

(2) Mss. copt., Bibl. Imp., n.° 44, depuis le feuillet 23 versò, jusques au feuillet 30 versò ; etc.

(3) Mss. copt., Bibl. Imp., fonds de Saint-Germain, suppl., n.° 17 ; *Id.* Saint-Germain, n.° 500 ; Bibl. Imp., n.os 44, 48, etc.

XVI.e siècle, tems où elle était encore parlée dans les parties les plus reculées de la haute Égypte.

M. Étienne Quatremère (1) a prouvé, d'une manière péremptoire, que la langue égyptienne s'était conservée en Égypte jusqu'au VIII.e siècle environ après la conquête de ce pays par *Amrou-ben-Alâs*, c'est-à-dire jusqu'au XV.e siècle de l'ère vulgaire, et il reste bien démontré maintenant que *la langue copte* est cette même *langue égyptienne*.

Tous ceux qui connaissent le copte et qui se sont occupés de l'étude de cette langue, sont intimement convaincus de son identité avec la langue des anciens habitans de Thèbes et de Memphis. La plus grande partie des mots que les anciens écrivains grecs ont consignés dans leurs écrits comme étant propres à la langue égyptienne, se retrouvent dans la langue copte avec la même signification (2).

Sans rappeler ici les raisons solides et les preuves irréfragables apportées en preuve de cette opinion par mon illustre maître M. Silvestre de Sacy, dans la

---

(1) Voyez l'utile ouvrage de M. Quatremère, intitulé : *Recherches sur la langue et la littérature de l'Égypte*. Paris, 1808, in-8.°, pag. 4 et suivantes.

(2) Dans nos recherches sur l'histoire de l'Égypte, nous ferons voir que les noms de la plus grande partie des Rois du canon chronologique de Manéthon, trouvent leur interprétation dans la langue copte ou égyptienne.

Notice qu'il a faite de l'ouvrage précité de M. Quatremère (1), nous invoquerons seulement le témoignage de l'inscription de Rosette. Ce monument intéressant est un décret des prêtres de l'Égypte, qui décerne de grands honneurs au jeune roi Ptolémée Épiphane. Ce décret est écrit en hiéroglyphes, en langue et en écriture alphabétique égyptiennes, et en grec.

M. Silvestre de Sacy a publié le premier (2), sur le texte égyptien de cette inscription, une lettre qui sera très-utile à ceux qui voudront étudier ce monument. M. Akerblad que nous avons déjà cité, et qui s'est occupé de la langue copte avec beaucoup de succès, essaya de lire et d'interpréter le texte égyptien de cette inscription par la langue copte. En 1802, il fit part au public du résultat de son travail, dans une lettre adressée à M. Silvestre de Sacy (3). Les mots

---

(1) Notice de l'ouvrage intitulé : *Recherches critiques et historiques sur la langue et la littérature de l'Égypte*, par *Etienne Quatremère*, insérée dans le Magasin Encyclopédique, et tirée à part. Paris, Sajou, 1808, in-8.°

(2) *Lettre au citoyen Chaptal*, *Ministre de l'Intérieur*, *au sujet de l'Inscription égyptienne de Rosette*. Paris, de l'imprimerie de la République, an X, 1802, in-8°.

(3) *Lettre sur l'Inscription égyptienne de Rosette*, *adressée au citoyen Silvestre de Sacy*, *professeur de langue Arabe à l'École spéciale des langues Orientales vivantes*, *etc.*, *etc.* Paris, de l'imprimerie de la République, an X, 1802, in-8°.

Ⲭⲏⲙⲓ, *Chêmi*, Égypte ; Ⲫⲟⲩⲣⲟ, *Phouro*, Roi ; ⲛⲓⲉⲣⲫⲏⲟⲩⲓ, *Nierphêoui*, Temples ; Ⲟⲩⲏⲃ, *Ouêb*, Prêtre, qu'il trouva dans le texte égyptien ; ceux de Ⲧⲟⲩⲏⲃ, *Touêb*, Prêtresse ; ⲏⲡ, *êp*, tribut ; ⲙⲉⲥ, *mes*, engendrer ; ⲛ̀ⲛⲟⲩϯ, *annouti*, divin, que nous y avons lus ensuite (1), étant des mots purement coptes, et plusieurs phrases que nous y avons analysées, étant entièrement et rigoureusement conformes à la grammaire copte, il est bien évident que ce dernier idiome est l'ancienne langue des Égyptiens. D'ailleurs la grammaire de cette langue, vraiment philosophique et unique dans ses règles, porte l'empreinte d'une antiquité très-reculée ; elle est le type admirable de la perfection que peut acquérir le mécanisme du langage.

Si elle ne devait nous conduire qu'à la connaissance des liturgies et des martyrologes, qui sont presque les seuls ouvrages écrits en copte, l'étude de cette langue ne serait pour nous que d'un bien faible intérêt ; mais lorsque l'on considère que ce n'est que par elle qu'on peut parvenir à la lecture des manuscrits égyptiens que

(3) Ce n'est pas ici le lieu de rendre compte du résultat de l'étude suivie que nous avons faite du texte égyptien de l'Inscripti[illegible] de Rosette, et de l'alphabet que nous avons adopté. Nous [illegible] occuperons de cet important sujet dans la suite de cet ouvrage. En attendant, nous prions le lecteur de regarder comme exacts les résultats que nous lui présentons ici.

possèdent divers cabinets de l'Europe, que peut-être elle peut nous conduire à l'interprétation des Hiéroglyphes avec lesquels elle dut avoir quelque rapport (1), et qu'enfin la connaissance de la religion, des symboles et des mystères des Égyptiens en dépend pour ainsi dire, cette langue se présentant dès-lors avec tous ces avantages, ouvre en quelque sorte une carrière nouvelle, et se place à la tête des langues savantes.

C'est en l'étudiant et en lisant ses monumens écrits, que nous avons eu l'idée de faire connaître l'Égypte par les Égyptiens eux-mêmes, et c'est dans les écrits des Coptes que nous avons recueilli les noms de la plupart des anciennes villes de cette intéressante contrée. Ces noms diffèrent essentiellement de ceux que les Grecs donnèrent à ces villes. Nous avons déjà fait connaître les causes de cette différence; les réflexions suivantes vont prouver que les noms consignés dans les livres des Coptes furent les véritables noms égyptiens.

Dans tous les tems, les Orientaux ont été regardés comme les peuples qui conservaient le mieux les noms et les coutumes, et beaucoup de villes anciennes de l'Orient sont encore connues sous les dénominations qu'elles reçurent dès les tems les plus éloignés. Quoique soumises plusieurs fois à des peuples étrangers,

(1) Ceci n'est point un paradoxe.

leur langue n'ayant point changé, ces nations n'altérèrent pas ces dénominations locales. Iamblique, dans son Traité des Mystères, assure que les peuples asiatiques persévéraient dans leurs usages, que leurs mœurs ne changeaient point, et que les noms de lieux ou autres qu'ils avaient adoptés restaient constamment les mêmes (1). Les Grecs au contraire, dit-il, amis de la nouveauté, ne faisaient qu'effleurer les choses sans rien approfondir; méprisant les autres peuples, ils altéraient tout ce qu'ils en empruntaient, et le présentaient sous une forme nouvelle (2).

Cette opinion est confirmée par les faits, et plus particulièrement en Égypte qu'ailleurs.

Sous la domination des Perses, des Grecs et des Romains, les faibles restes de la nation égyptienne conservaient aux villes de leur pays les noms que leur avaient donnés leurs ancêtres. Les dénominations grecques furent seulement en usage chez les Grecs établis en Égypte, et chez ceux qui habitaient l'Europe.

---

(1) βαρβαροι δε μονιμοι τοις ηθεσιν οντες, και τοις λογοις βεβαιως τοις αυτοις εμμενουσι. *Iamblich. de Myster.*, sect. VII, cap. v, pag. 155 et 156.

(2) Φυσει γαρ Ελληνες εισι νεωτεροποιοι, και αττοντες φερονται πανταχη· ουδεν εχοντες ερμα εν εαυτοις, ουδε οπερ αν δεξωνται παρα τινων διαφυλαττοντες· αλλα και τουτο οξεως αφεντες, παντα κατα την αστατον ευρεσιλογιαν μεταπλαττουσι. *Id.*, cap. V, pag. 155.

Les Romains les adoptèrent ensuite, et comme l'on n'a étudié jusqu'ici l'Égypte que par ces mêmes Grecs et par ces mêmes Romains, les noms que les Indigènes donnaient à leurs villes n'ont pu parvenir jusqu'à nous. Mais lorsque sous le khalifat d'Omar fils de Khatthab, Amrou-ben-Alâs se rendit maître de l'Égypte, la vingtième année de l'hégire (1), les Arabes n'ayant eu que très-peu de rapports avec les Grecs et les Romains, ils laissèrent aux villes les noms égyptiens que les Coptes leur avaient conservés. Ce fut l'analogie de leur prononciation avec celle des Égyptiens qui les leur fit adopter de préférence ; par la même raison, les Romains avaient conservé les dénominations grecques. Outre cela, les Coptes ou les Chrétiens jacobites haïssant les Grecs leurs maîtres, et professant une doctrine différente de celle des Grecs qui étaient melkites, ils facilitèrent beaucoup aux Arabes la conquête de l'Égypte. Amrou reconnaissant, et plus guerrier qu'administrateur, confia aux Coptes le soin de lever les tributs et les impôts qu'il répartit sur toutes les villes de l'Égypte. Les rôles étant faits par des Coptes (2), ils y employèrent les noms égyptiens, et les Arabes les adoptèrent en leur faisant subir cependant quelques légères

(1) Vers l'an 640 de l'ère vulgaire.

(2) Les Coptes remplissent encore ces fonctions en Égypte.

modifications. Ceci explique pourquoi les noms arabes des villes et des villages de l'Égypte ressemblent aux noms égyptiens ou coptes, et diffèrent entièrement des noms grecs et latins.

En citant ici les noms coptes, c'est donc les vrais noms égyptiens que nous ferons connaître. Les sources où nous les avons puisés sont authentiques, puisque ce n'est qu'en compulsant les manuscrits coptes de la Bibliothèque impériale, que nous sommes parvenus à recueillir les noms égyptiens de la plus grande partie des villes mentionnées dans Hérodote, Strabon, Diodore de Sicile, Pomponius-Mela et Ptolémée.

Les manuscrits que nous avons consultés pour la géographie égyptienne sont en assez grand nombre (1). Nous citerons principalement un vocabulaire copte en dialecte memphitique, provenant de la bibliothèque de Saint-Germain (2), qui contient (3) une liste très-considérable de noms de villes égytiennes avec le nom arabe actuel. Les noms égyptiens des villes ne sont point rangés alphabétiquement; mais par une heureuse

---

(1) Voici les principaux d'entr'eux : n.° 61, fonds du Vatican, Martyre de Saint Apa-Ari; n.° 62, Martyre de Pierre, archevêque de Rakoti; n.° 64, *Hist. Lausiaca;* n.° 66, in-f.°; n.° 68, fonds du Vatican; n.° 500, fonds de St.-Germain; n.° 46, Mss. Thébain, etc.

(2) Supplément, n.° 17.

(5) F.° ⲣϥⲃ, versò, et ⲣϥⲅ, etc.

précaution du copiste ou de l'auteur, ces noms se trouvent classés selon la situation géographique des villes de l'Égypte sur les rives du Nil. Cette nomenclature commence à Ϯⲣⲁϣⲓⲧⲧⲉ, *Ti Raschitté*, Raschid ou Rosette, et se termine à Ⲥⲟⲩⲁⲛ, *Souan*, Syène (1).

Un second manuscrit, en dialecte thébain (2), plus intéressant encore que le précédent, quoique moins riche en notions géographiques, offre la même disposition quant à la classification des noms de villes et de provinces, avec cette différence que ces noms sont classés dans un ordre inverse. Le premier est Ⲡⲕⲁϩⲛ̄ⲛ̄ϭⲟⲟϣ, *Pkahannsoosch*, nom égyptien de l'Éthiopie; le second est ⲧⲁⲛⲟⲩⲃⲁⲧⲓⲁ, *Tanoubatia*, la Nubie; ensuite est le nom de Syène. Cette liste est terminée par celui d'Alexandrie.

Le grand intérêt qu'offre ce manuscrit, consiste en ce qu'on y trouve le nom grec écrit en caractères coptes, le nom égyptien et le nom arabe de presque toutes les villes qui y sont citées (3) ; mais ces noms grecs sont défigurés. Le tableau suivant, où nous avons rétabli les mots grecs, le prouvera.

On ne doit point s'étonner de la manière dont ces noms de villes furent altérés par le Copte qui écrivit ce

---

(1) Voyez l'Appendix n.° 1.

(2) N.° 44, ancien fonds, f.° 79 versò et 80 rectò.

(3) Voyez l'Appendix n.° 2.

volume : la source où il les puisa pouvait ne pas être pure ni exempte de vices d'orthographe ; car les mots grecs qui se sont introduits en grand nombre dans l'idiome des Coptes, sont assez exactement écrits (1). Rarement ils sont défigurés de manière qu'on ne puisse point les reconnaître ; mais le tableau que nous présentons ici ne contenant que des noms propres de villes, ils doivent nécessairement être plus altérés.

Nom Grec *du manuscrit.*	*Nom Grec* *rétabli.*	*Nom Égyp.* *ou Copte.*	*Nom* *Arabe.*
ⲤⲈⲚⲞⲚ	Συενη.	ⲤⲞⲨⲀⲚ . .	*Asouan.*
ⲖⲀⲦⲞⲚ	Λατοπολις.	ⲤⲚⲎ	*Asna.*
ⲀⲢⲘⲞⲚⲒⲔⲎ . .	Ερμονθις.	ⲀⲢⲘⲞⲚⲦ	*Arment.*
ⲦⲒⲞⲤⲠⲞⲖⲒⲤ . .	Διοςπολις.	ⲀⲚⲞ	*Madinat Hou.*
ⲠⲀⲚⲞⲤ	Πανωνπολις. . .	ϢⲘⲒⲚ . .	*Akhmim.*
ⲖⲈⲄⲞⲨ.	Λυκωνπολις. . .	ⲤⲒⲞⲞⲨⲦ. .	*Osiouth.*
ⲐⲈⲨⲆⲞⲤⲒⲞⲨ . .	Θεωδοσιουπολις.	ⲦⲞⲨϨⲞ .	*Tahha.*
ⲜⲈⲢⲒⲬⲞⲨ. . . .	Οξυρυγχος. . . .	ⲠⲈⲘϪⲈ. .	*Albahnasa.*
ϨⲢⲞⲔⲈⲖⲈⲞⲨ . .	Ηρακλεωπολις .	ϨⲚⲎⲤ . . .	*Ahnas.*
ⲀⲢⲤⲈⲚⲰⲈ. . . .	Αρσινοη.	ⲠⲒⲞⲘ. . .	*Fayyoum.*
ⲔⲨⲠⲦⲞⲚ	Αιγυπτος	ⲘⲈⲘⲂⲈ. .	*Masr* ou *Misr.*
ⲀⲖⲈⲜⲀⲚⲆⲢⲒⲀ.	Αλεξανδρεια. . .	ⲢⲀⲔⲞⲦⲈ.	*Iskandériah.*

(1) C'est dans les textes égyptiens en dialecte thébain qu'on trouve le plus de mots grecs.

Le Copte qui a écrit cette nomenclature curieuse, n'a mis très-souvent que le commencement du nom grec, comme par exemple, λεγε, au lieu de Λυκωνπολις, Πανος pour Πανωνπολις. Cet usage avait pris naissance chez les Romains et les Grecs du bas Empire qui, dans leurs itinéraires, n'ont donné qu'une portion du nom des villes. Ainsi, l'on y trouve Lyco, Laton, Panos, Héracléo, à la place de Lycopolis, Latopolis, Panopolis, Héracléopolis. Les anciens Égyptiens eurent aussi cet usage. L'on remarque, par exemple, ϩⲟⲩ, *Hou,* et ⲁⲛⲟ, *Ano* en dialecte thébain, pour ϯⲃⲁⲕⲓⲛ̀ϩⲟⲩ, *Tibaki-an-Hou*, ϯⲃⲁⲕⲓⲁⲛⲟ, *la ville de Hou*, la Διοςπολις des Grecs, qui dans notre manuscrit se trouve orthographié Τιοςπολις.

Un des avantages propres au tableau que nous venons de présenter, c'est de fixer irrévocablement la situation des villes qui y sont comprises et dont l'emplacement était incertain, ou n'était pas démontré d'une manière incontestable. Ces renseignemens sont d'autant plus précieux qu'ils sont plus sûrs.

Outre les manuscrits coptes de la Bibliothèque impériale, nous avons eu le soin de compulser ceux de la bibliothèque du chevalier Nani de Venise, publiés par le père Jean Mingarelli (1). Ces fragmens, écrits

(1) *Ægyptiorum Codicum reliquiæ Venetiis in bibliothecâ Nanianâ asservatæ*, Bononiæ, 1785, in-4.°

en dialecte thébain, sont tous relatifs à la religion, et contiennent des vies de Saints, des parties des Évangiles, et des exhortations chrétiennes. Les Miracles de Saint Coluthus et le Martyre de l'abbé Panesniv (1), nous ont fourni quelques indications. Ces fragmens en dialecte thébain existaient dans la riche collection de manuscrits égyptiens qu'avait formée dans son musée de Velletri le célèbre et respectable cardinal Étienne Borgia, un des plus zélés protecteurs de la littérature et de l'archéologie égyptiennes. Ce fut le père Georgi, augustin, qui les publia, comme nous l'avons déjà dit, en 1793.

Tels sont les principaux écrits égyptiens dans lesquels nous avons été à portée de puiser les précieux matériaux que nous cherchons à mettre en œuvre dans cet ouvrage. Leur authenticité est incontestable, puisqu'ils nous ont été fournis par des descendans des Égyptiens, qui parlaient leur ancienne langue et qui rédigèrent leurs écrits en Égypte même.

On observera sans doute que les noms égyptiens des villes, que nous avons extraits des manuscrits coptes, ressemblent rarement à ceux que les Grecs leur ont donnés, et que la traduction qu'ils en ont faite, constamment infidèle, ne repose presque jamais sur aucune base solide, et n'est motivée par aucune

(1) Publiés par le père Georgi déjà cité.

circonstance locale. Nous avons déjà dit que les Grecs cherchèrent à retrouver leurs dieux dans le culte religieux des Égyptiens, et que leurs préventions et leur orgueil national leur persuadèrent qu'ils les y avaient trouvés : ils n'avaient aucune notion de la langue égyptienne ; les noms des villes de l'Égypte leur paraissant barbares, extraordinaires et trop durs pour leurs oreilles habituées aux sons euphoniques d'une langue mélodieuse, ils voulurent donner à ces villes des noms plus conformes à leur idiome et à leurs idées ; et recherchant avec soin quelle était la principale divinité qu'adorait chaque ville de l'Égypte, ils donnèrent à chacune de ces villes le nom de la divinité grecque qu'ils croyaient correspondre à celui du dieu égyptien dont le culte y était établi. Il en résulta ce fait bien remarquable, que deux villes qui, parmi les Grecs, portaient un nom semblable, en avaient un bien différent chez les Égyptiens. Ainsi Ηρμηςπολις de la basse Egypte était connu, parmi les naturels, sous le nom de Ⲡϯⲙⲉⲛϩⲱⲣ, *Ptimenhôr;* et Ϣⲙⲟⲩⲛ, *Schmoun*, était celui de la grande Ηρμησπολις de l'Heptanomide. Les trois Αφροδιθηςπολις des Grecs furent dans le même cas. Celle du delta s'appelait Ⲁⲑⲱⲣⲃⲁⲕⲓ, *Athor-Baki*, celle de l'Heptanomide Ⲧⲡⲏϩ, *Tpih*, et la troisième, située dans la Thébaïde, était appelée *Asphoun*. Sans multiplier les preuves de ce ce que nous venons d'avancer, il nous suffira de faire remarquer que les noms grecs Λεωντοσπολις, Πηλουσιος, Ηλιουπολις, sont les seuls qui rendent exactement la signification du vrai nom égyptien de ces trois villes célèbres.

Quant à ceux qu'ils n'ont point tenté de traduire et qu'ils ont voulu orthographier comme ils les entendaient prononcer, ils n'ont pu éviter de les défigurer et de les corrompre.

La différence de prononciation est une des grandes causes de l'altération de presque tous les noms étrangers que les Grecs ont conservés dans leurs écrits. Leur alphabet, très-borné par rapport à celui des nations orientales, n'avait point de signes propres à exprimer toutes les inflexions de la langue des Égyptiens (1). Plusieurs lettres de l'alphabet de ces derniers étant étrangères aux Grecs, ceux-ci se virent dans la nécessité de leur en substituer d'autres qui leur étaient propres, et qui rendaient à-peu-près le même son. L'aspiration égyptienne ϩ, *h*, appelée ϩⲟⲣⲓ, *Hori*, par les Coptes, leur était inconnue. Le ϫ, *genga* égyptien, qui tient le milieu entre un S doux et notre J français, ne pouvait se rendre par aucun des caractères de l'alphabet des Grecs; ils y substituèrent tantôt un T, tantôt un Σ, comme on le

(1) Aristides orat. *Ægyptiaca*, tome II, page 360.

voit par les noms de Ϫⲉⲙⲛⲟⲩϯ, *Sjemnouti* (où l'on doit remarquer le ⲙ, *m*, changé en *b* par les Grecs), et de Ϫⲁⲛⲓ, *Sjani*, orthographiés par les Grecs Σεβεννυτος et Τανις.

Quelques autres lettres, particulières à l'alphabet égyptien, n'ont pu être exprimées par les Grecs; tel est le ϣ, *Schei*, *Ch* français, auquel ils ont substitué leur χ, *Chi* (1), comme dans Ϣⲙⲓⲛ, *Schmin*, qu'ils ont écrit Χεμμις. Nous citerons encore un passage de Plutarque qui, dans son Traité d'Isis et d'Osiris, nous fournit un second exemple du χ grec, mis à la place du ϣⲉⲓ, *Schei* des Égyptiens. « Les Grecs, dit cet auteur, consacrent le lierre à » Dionysos (2); cette plante s'appelle dans la langue » des Égyptiens Χηνοσειρις, ce qui, selon eux, signifie » *Plante d'Osiris.* » On reconnaît en effet dans le mot grec orthographié Χηνοσειρις, le mot égyptien Ϣϣⲏⲛ, *Schên*, *plante* (3), qui, réuni au nom d'Osiris, Ⲟⲩⲥⲓⲣⲓ, donnait Ϣϣⲏⲛⲟⲩⲥⲓⲣⲓ, *Schênousiri*, ou

---

(1) Les Grecs modernes prononcent le χ comme le *ch* allemand dans les mots ACHTUNG, *respect;* STOECHEN, *piquer*, *percer* : s'il en était ainsi chez les anciens Grecs, la différence entre le nom grec et le nom égyptien ne serait pas très-grande.

(2) Bacchus des Latins.

(3) Ce mot se trouve employé avec cette signification dans la version copte de la Genèse, XXII, 13, et ailleurs.

plus régulièrement Ϣⲉϣⲏⲛⲛⲟⲩⲥⲓⲣⲓ, *Schênnousiri*, avec l'article indicatif du génitif, *Plante d'Osiris*.

Quant aux lettres égyptiennes ϧ, *Khei*, et ϥ, *Fei*, elles se trouvent rarement employées dans les noms égyptiens des villes. Nous observerons seulement qu'à la place du ϥⲉⲓ, *Fei*, égyptien, les Grecs se servirent de leur Φ *Phi*, comme dans Μεμφις, en égyptien Ⲙⲉϥⲓ, *Méfi*, et dans Ονȣφις, en égyptien Ⲡⲁⲛⲟⲩϥ, *Panouf*. L'articulation du ϧⲉⲓ manquait à leur alphabet.

Les articles égyptiens ⲡ, ⲫ et ϯ furent orthographiés par les Grecs de diverses manières. Ils rendaient très-bien par leur Φ le ⲫ égyptien, mais il n'en était point de même de ⲡ ou ⲡⲓ : tantot ils l'ont exactement exprimé par leur Π, tantot ils l'ont corrompu en y substituant B ou Bȣ, comme dans Βουβαςις, la Ⲡⲓⲃⲁⲥϯ, *Pibasti*, des Égyptiens; enfin au ϯ, *ti*, ils ont très-souvent substitué leur T ou leur Θ, soit qu'il se trouve au commencement d'un mot comme article, soit au milieu ou à la fin comme simple lettre ou comme abréviation ; car il ne nous paraît pas encore décidé si ϯ n'est pas une véritable lettre égyptienne, ou bien si, comme le *lam-alif* des Arabes, ce n'est que la réunion de deux signes alphabétique, ainsi que l'assurent quelques grammairiens.

Parmi les Égyptiens, les articles employés sous une

forme particulière tenaient lieu du mot πολις, qui se trouve toujours à la fin des noms grecs des villes de l'Égypte. Ainsi le nom égyptien de la Λεωντοςπολις des Grecs, *la ville du Lion*, était le mot ⲙⲟⲩⲓ, *moui*, Lion, précédé de l'article féminin ⲧ ou ⲑ, qui indiquait que Ⲑⲙⲟⲩⲓ se disait pour Ⲑⲃⲁⲕⲓ ⲛ̀ⲙⲟⲩⲓ, *Thbaki anmoui, la ville du Lion.* Il se pourrait aussi que le ⲑ fût mis au commencement du mot, à la place de ⲑⲁ, espèce de pronom qui quelquefois indique la possession; (1) ainsi Ⲑⲁⲙⲟⲩⲓ, *Thamoui*, ou en abrégé, Ⲑⲙⲟⲩⲓ, aurait signifié *celle qui appartient au Lion*, Ⲃⲁⲕⲓ, *Baki*, ville, étant toujours sous-entendu. Ce qui rend cette explication assez plausible, c'est qu'on trouve en Égypte deux villes appelées Ⲡⲁⲛⲟⲩϥ, *Panouf;* et dans ce mot, ⲡⲁ, qui est masculin, semble indiquer que ⲙⲁ, *ma*, ou ⲕⲁϩⲓ, *kahi*,

(1) Dans l'évangile de Saint Mathieu, ch. I, vers. 6, on trouve un exemple de Ⲑⲁ, employé dans le sens que nous lui donnons: ⲓⲉⲥⲥⲉ ⲇⲉ ⲁϥϫⲫⲉ ⲇⲁⲩⲓⲇ ⲡⲟⲩⲣⲟ, ⲇⲁⲩⲓⲇ ⲇⲉ ⲁϥϫⲫⲉ ⲥⲟⲗⲟⲙⲟⲛ ⲉ̀ⲃⲟⲗϧⲉⲛ ⲑⲁⲟⲩⲣⲓⲁⲥ ; Jessè engendra le roi David, et David engendra Salomon, ⲉ̀ⲃⲟⲗϧⲉⲛ ⲑⲁⲟⲩⲣⲓⲁⲥ, *de celle qui appartenait à Uri*, sous-entendu ⲥϩⲓⲙⲓ, *femme*, de la femme d'Uri.

lieu, est sous-entendu, et qu'on disait Ⲡⲁⲛⲟⲩϥ (1), *Panouf*, *celui du Bon*, au lieu de Ⲡⲓⲙⲁⲛⲛⲟⲩϥⲓ, *Pimannoufi*, *locus Boni*, *le lieu du Bon*, ou bien simplement Ⲙⲁⲛⲟⲩϥⲓ, *Manoufi*, *lieu du Bon* ou *lieu bon*. Le nom de Manouf, que porte encore une de ces deux villes que nous trouvons appelées *Panouf* dans les vocabulaires coptes, nous autorise à croire que les anciens Égyptiens l'appelèrent indifféremment Ⲡⲁⲛⲟⲩϥ, *Panouf*, ou bien Ⲙⲁⲛⲛⲟⲩϥⲓ, *Mannoufi*, mots qui ont la même signification.

Si les Grecs ont altéré les noms égyptiens, parce que leur alphabet n'était pas assez nombreux pour rendre tous les sons de la langue égyptienne, il n'en a point été ainsi des Arabes.

Ce peuple, voisin de l'Égypte, eut avec elle, dès les tems les plus reculés, des relations commerciales, et fut tantôt son allié, tantôt un de ses ennemis les plus redoutables. Les rapports intimes qui existèrent entre les Égyptiens et les Arabes, firent que plusieurs mots leur furent communs ; et c'est de ces mots propres

---

(1) C'est ainsi qu'est formé ⲡⲁⲧϣⲉⲗⲉⲧ, *époux*. ϯϣⲉⲗⲉⲧ ou ⲧϣⲉⲗⲉⲧ signifie *épouse ;* par conséquent ⲡⲁ, *celui qui appartient à*, placé devant ⲧϣⲉⲗⲉⲧ, formera ⲡⲁⲧϣⲉⲗⲉⲧ, *celui qui appartient à l'épouse*, c'est-à-dire l'*époux*. Nous citerons encore ⲫⲁⲕⲁϯ, *intellectuel*, formé de ⲕⲁϯ, *intellect ;* etc.

aux langues de ces deux peuples, que quelques savans ont cru pouvoir conclure que le copte n'était qu'un jargon informe, un composé irrégulier de grec, de latin et d'arabe. Mais cette opinion n'a aucun fondement, et les mots qu'on remarque dans l'égyptien et dans l'arabe, et avec la même acception, sont justement attribués au voisinage des deux nations. Il en est de même par-tout ailleurs.

A l'époque où les Arabes firent la conquête de l'Égypte, ils avaient un alphabet qui contenait les équivalens de presque tous les élémens de celui des Égyptiens; et l'on peut remarquer ici que les alphabets des Orientaux ont presque tous le même nombre de lettres, et que leur ressemblance est parfaite, considérés dans les signes destinés à rendre ces inflexions gutturales qui manquent ordinairement aux alphabets de l'Europe.

Nous avons déjà dit pourquoi les Arabes adoptèrent les noms égyptiens des villes que les Coptes avaient conservés, plutôt que les noms qui leur avaient été donnés par les Grecs. Toutefois, en les adoptant, les Arabes les soumirent au génie et aux règles de leur langue, et comme les Grecs, ils cherchèrent aussi à trouver dans leur idiome la signification de ces noms. C'était le propre des Grecs et des Arabes de vouloir se retrouver par-tout, et ceux-ci se trompaient tout autant que ceux-là, car la langue égyptienne diffère peut-être plus de l'arabe que du grec, quoique les grammaires grecque et égyptienne n'aient entr'elles aucune similitude (1).

Les altérations que les Arabes ont fait subir aux noms égyptiens, sont cependant peu considérables; le génie de leur langue les rendait bien souvent nécessaires.

L'alphabet égyptien renfermait plusieurs lettres qui leur étaient inconnues; telles sont ⲡ *p*, ⲟ *o*, et ⲱ *ô*. Ils leur substituèrent leur *b* et leur *ou*, et *o* fut quelquefois remplacé par *a*. Ainsi ces noms égyptiens Ⲡⲁⲛⲁϩⲟ, *Panaho*, Ϣⲟⲧⲡ, *Schotp*, Ⲕⲱⲥ, *Kôs*, furent rendus par *Banaha*, *Schothb*, et *Kous*. Le ϫ, *genga*, leur parut tenir le milieu entre leur *ssâd* et leur *schin*, et ces deux lettres furent employées indifféremment à la place du ϫ, comme on le voit par les mots Ϫⲁⲡⲁⲥⲉⲛ, *Sjapasen*, Ϫⲁⲛⲓ, *Sjani*, qu'ils écrivirent *Schabas* et *Ssân*. Au lieu de ces deux lettres, ils se servirent quelquefois du *sin*, comme dans *Samannoud*, pour Ϫⲉⲙⲛⲟⲩϯ, *Sjamanoudi* ou *Sjemnouti*.

Ils remplacèrent aussi le ϩ *hori* égyptien par leur *ha* et leur *hha;* nous citerons pour exemple Ⲧⲟⲩϩⲟ, *Touho*, et Ϩⲟⲩ, *hou*, qu'ils ont rendus par *Thahha* et *Hou*.

---

(1) Barthélemy, dans les *Mémoires de l'Académie des Inscriptions et Belles-Lettres* (tome XXXII, page 212), présente une série de mots communs à ces deux langues.

Le *kha* arabe exprimait exactement le son du ϧ, *Khéi* des Égyptiens ; aussi ont-ils bien orthographié les mots où se trouvait cet élément, tandis que les Grecs ont été dans l'impossibilité de le faire. Le nom de la ville de Cϧⲱⲟⲩ, *Skhôou*, en est une preuve frappante. Les Arabes l'ont écrit *Sakha* et les Grecs Ξοις, parce qu'ils ne pouvaient pas rendre, comme les Arabes, le son palatal du ϧⲉⲓ, *Khéi* égyptien. Les deux lettres égyptiennes ⲧ et ϯ éprouvèrent aussi des modifications chez les Arabes. Ils ont presque toujours écrit *D* là où les Égyptiens écrivaient T, et les Grecs T ou Θ par corruption. Il est facile d'en donner la raison. Les Coptes confondaient le *T* avec le *D*, et ils prononçaient presque toujours *T* comme *D*. Il est même prouvé que cette dernière lettre est absolument étrangère à leur alphabet propre, puisque tous les mots employés dans leurs livres, où cet élément alphabétique se trouve, sont étrangers et n'appartiennent point à la langue copte. Les anciens Égyptiens avaient pour elle la même répugnance ; on en trouve la preuve dans le texte égyptien du précieux monument de Rosette. Dans la partie grecque de cette inscription, il est question d'Areïa, fille de Diogène, Canéphore d'Arsinoé Philadelphe, Κανηφορου Αρσινοης Φιλαδελφου Αρηιας της Διογενους ; la partie du texte égyptien qui est la traduction de ce passage grec, porte AREÎE TISCHERI TÎEKNÔ FAI......

AMARSENÈS, Ⲁⲣⲏⲉ ϯϣⲉⲣⲓ Ⲧⲏⲉⲕⲛⲱⲓ ϥⲏⲓ... ⲙ̀ⲁⲣ-ⲥⲏⲛⲉⲥ (1). On voit que le mot grec Διογενης est rendu en égyptien par Ⲧⲏⲉⲕⲛⲱⲓ, et que le Δ des Grecs a été remplacé par le ⲧ égyptien (2).

En faisant cette remarque, on ne trouvera point de différence notable entre la Τεντυρα des Grecs et la

---

(1) Lignes 3 et 4. On trouve dans cette phrase le mot égyptien ϯϣⲉⲣⲓ, *Tischéri*, exprimé dans l'inscription par une abréviation qui est constamment employée toutes les fois qu'il faut se servir du mot *fille* (*Akerblad*, *page* 24). Trois lettres égyptiennes ayant la valeur de FAI terminent la troisième ligne de l'inscription. Ces lettres étaient le commencement du mot égyptien qui traduisait le mot grec Κανηφορου, *Canéphore* (porte-corbeille). FAI est en effet le verbe égyptien ϥⲁⲓ, *Fai*, *porter* (*portare*, *ferre*, *tollere*, *Lacroze*). Une fracture de la pierre a fait disparaître le commencement de la quatrième ligne. Le mot qui exprimait *corbeille* n'existe plus; la quatrième ligne commence par les lettres ⲏⲛⲉⲥ, qui sont le reste du mot Ⲁⲣⲥⲏⲛⲉⲥ que nous avons restitué par ⲙ̀ⲁⲣⲥⲏⲛⲉⲥ, conformément à l'orthographe de ce mot, qui se trouve encore lignes 2, 4, 6, etc., et que nous avons fait précéder de ⲙ̀ (*am*), qui indique le génitif.

(2) Nous remarquerons encore que dans le mot Ⲧⲏⲉⲕⲛⲱⲓ, comme nous le lisons (M. Akerblad lit Ⲧⲓⲟⲕⲛⲉ), l'*epsilon* du mot grec Διογενης est supprimé dans le mot égyptien. Il en est de même dans le nom grec Βερενικης qui, dans le texte égyptien, est écrit Ⲃⲣⲛⲏⲕⲉⲥ, BRNIKÈS, où les deux *epsilon* sont aussi supprimés.

Dendérah (1) des Arabes. Les premiers ont exactement orthographié en grec le nom égyptien, et les seconds nous en ont conservé la prononciation, ce qui est beaucoup mieux, sous plus d'un rapport.

Enfin, l'article égyptien ϯ fut écrit *Da* par les Arabes, comme dans *Damanhour*, en égyptien ϯⲙⲁⲛϩⲱⲣ, *Tïmanhôr*.

Toutes ces permutations de lettres consonnes sont très-peu importantes par elles-mêmes; mais leurs règles extraites de leur emploi dans les mots et soumises à des épreuves qui les confirment, nous offrent un grand intérêt, puisqu'elles nous donnent les moyens d'orthographier en lettres égyptiennes un nom égyptien de ville dont nous n'avons que la corruption arabe.

Quant aux voyelles égyptiennes, les Arabes les ont très-souvent confondues. Dans les mots arabes, *a* remplace les voyelles égyptiennes ⲟ et ⲱ, et quelquefois même la diphtongue ⲱⲟⲩ, *ôou;* les permutations de *E* en *I*, et de *A* en *E*, sont très-ordinaires. Mais on n'en sera point étonné, lorsqu'on observera combien est fréquente dans la langue égyptienne la permutation d'une voyelle en une autre. Dans les livres coptes, on trouve indifféremment ⲏⲡ, ⲟⲡ, ⲱⲡ, pour exprimer l'idée de *compter;* ⲕⲁϣ, ⲕⲱϣ, *briser;* ⲗⲱⲥ, ⲗⲁⲥ, ⲗⲉⲥ, *mettre en pièces;* ⲙⲁⲓ, ⲙⲉⲓ, *aimer*, et une grande quantité d'autres exemples.

(1) Ville de la haute Égypte.

Quelques autres changemens que les Arabes firent subir aux noms égyptiens, eurent pour cause la nature même de leur langue, et les règles d'euphonie qu'ils s'étaient faites. C'est par ces motifs qu'ils retranchaient très-souvent les finales des mots, sur-tout lorsqu'ils étaient terminés par des voyelles.

Il est encore une observation bien importante à faire : les Arabes ont ajouté, par euphonie, un A *(Alif)* au commencement de tous les noms égyptiens qu'ils ont conservés; tels sont, par exemple, *Abousir, Athfihh, Akhmim, Asna, Asouan* ou *Osouan,* et un grand nombre d'autres.

Les Orientaux, et plus particulièrement les Arabes, font usage de cette addition d'un *a* initial pour les mots qu'ils empruntent d'une langue étrangère. C'est ainsi, comme l'observe très-bien M. Sylvestre de Sacy (1), qu'ils ont fait subir cette modification aux mots grecs κλιμα, ϛομα, qu'ils écrivent *Aklim* et *Astoum* (2). Cet usage des Arabes, constaté par beaucoup d'exemples, empêche de croire que l'*Alif* ajouté au commencement des noms des villes de l'Égypte, remplace l'article égyptien indéfini ⲟⲩ, *ou,*

(1) *Lettre au citoyen Chaptal, sur le Texte égyptien de l'Inscription de Rosette*, pages 15 et 16.

(2) Les Arabes prononcent ces deux mots *Iklim* et *Ostoum.* Nous les avons orthographiés comme ils les écrivent, pour mieux faire sentir l'addition qu'ils y ont faite.

comme sembleraient l'indiquer les noms *Oschmoun* et *Osiouth*, dont l'Alif initial est affecté d'un *dhamma*.

Les noms égyptiens ont quelquefois été traduits par les Arabes, et leurs traductions sont à-peu-près exactes. Ces diverses circonstances inspirent une grande confiance dans les noms qu'ils donnent encore aux anciennes villes de l'Égypte, et l'on ne saurait trop remarquer la fidélité avec laquelle ils les ont conservés; et en cela, non-seulement leurs nomenclatures sont d'accord avec les noms que les Coptes, descendans des Égyptiens, et les Grecs leur ont donnés, mais encore avec ceux que Moïse, égyptien de naissance, et tous les Prophêtes nous ont transmis dans les textes hébreux des livres saints.

Nous aurions bien desiré présenter ces noms écrits avec les signes propres aux langues auxquelles ils appartiennent; mais cela ne nous a pas été possible, et nous avons été forcés de renoncer à quelques-uns des avantages que nous y aurions trouvés. Nous avons cherché un moyen de compensation qui ne fît rien perdre à nos recherches de l'intérêt qu'elles peuvent présenter, ni aux discussions auxquelles elles donneront lieu, rien de la clarté et de l'ordre qui leur sont nécessaires.

Nous avons exprimé les noms arabes en lettres latines; nous devons rendre compte de la méthode de permutation que nous avons adoptée.

Après avoir étudié celle qui a été publiée par M. le sénateur Volney (1), celle de Williams Jones, président de la Société Asiatique de Calcutta (2), celle que M. Langlès (dont je me rappelle avec reconnaissance les savantes et utiles leçons) a insérée dans son édition de Norden (3), enfin celle qu'ont préférée les rédacteurs de la *Description de l'Égypte* (4), j'ai adopté en partie la méthode de M. Langlès. Il paraît utile de présenter ici le tableau des lettres arabes dont l'alphabet latin ne peut exprimer la valeur par un seul élément; ce tableau fera connaître en même tems la méthode de transcription dont nous avons fait usage.

---

(1) *Simplification des Langues Orientales, ou méthode nouvelle et facile d'apprendre les langues Arabe, Persane et Turque, avec des caractères européens.* — Paris, de l'Imprimerie de la République, an III, in-8°.

(2) *Recherches Asiatiques, ou Mémoires de la Société établie au Bengale pour faire des recherches sur l'histoire, les antiquités, les arts et les sciences de l'Asie;* traduction de Labaume. Paris, Impr. Imp., introd. tome I, pag. XXV et suivantes.

(3) Cet ouvrage contient de nombreuses et savantes recherches de M. Langlès, qui rectifient plusieurs observations de Norden.

(4) A la fin de l'Avertissement qui accompagne la *Préface historique* de M. Fourier, en tête du premier volume des planches d'Antiquités.

Nom de la Lettre arabe.	*Valeur* et représentation en Lettres latines.	*Manière* de prononcer.
Tsa	Ts	*Le* TH *dur des Anglais.*
HHa	HH.	*Du gozier, fortement aspirée.*
Kha.	Kh	*Grasseyement palatal.*
Dzal.	Dz	*Le* TH *doux des Anglais.*
Schin	Sch.	CH *Français.*
Âin	Â, Î, Ô, OÛ	*Voyelles très-gutturales.*
Ghaïn.	GH.	R *grasseyée à la provençale.*
SSad.	SS	S *très-dur.*
Dhad	DH.	D *très-dur.*
Tha	TH.	T *très-dur.*
Dha.	DH.	D *très-dur.*
Ha.	H.	H *doucement aspiré.*

Les lettres de l'alphabet arabe qui ne sont pas comprises dans ce tableau, ont leur équivalent simple dans des lettres latines.

Les mots et les passages grecs cités dans le cours de nos recherches étant exprimés en caractères grecs, nous n'avons aucune remarque à faire à ce sujet.

L'importance que présentent les mots et les citations

coptes, sur lesquels notre travail est fondé, nous ont fait regarder comme très-avantageux de pouvoir les donner avec les caractères originaux; et c'est en raison de cette même importance qu'il nous a paru indispensable de mettre tous les lecteurs à même de les connaître. La langue copte ou égyptienne étant très-peu cultivée, et ses élémens alphabétiques peu répandus, nous avons cru utile de les présenter ici dans l'ordre et avec les noms adoptés par les grammairiens.

Nous rappellerons à ce sujet que la langue copte est réellement la langue égyptienne écrite avec les caractères grecs, et nous ajouterons les remarques suivantes.

L'alphabet égyptien, proprement dit, se composait de 25 signes (1).

On sait que les Égyptiens s'en servirent jusques à l'époque où ils adoptèrent l'alphabet grec. Des 24 élémens qui composent celui-ci, 18 correspondaient exactement à la valeur d'autant de lettres des Égyptiens; les six autres étaient étrangères à leur langue.

Toutes ayant été adoptées, l'alphabet grec le fut entièrement, et le nombre de ses signes resta fixé à 24; mais comme ils étaient insuffisans pour rendre

---

(1) Plutarque l'a dit expressément. Nous prouverons ailleurs que ce rapport de Plutarque est fidèle, et nous développerons plus au long cette analyse de l'alphabet copte.

quelques inflexions de la langue des Égyptiens, ces derniers conservèrent ceux de leurs signes alphabétiques qui étaient destinés à exprimer ces inflexions étrangères à la langue des Grecs. Ces signes étant au nombre de sept, furent ajoutés à l'alphabet des Grecs, et par-là l'alphabet copte fut composé de 31 lettres. C'est dans cet état qu'il nous est parvenu (1); il se compose donc,

1.° De 18 signes grecs qui ont exactement remplacé la valeur d'autant de signes égyptiens;

2.° De 6 signes grecs, entièrement nouveaux pour les Égyptiens, qui ne les ont employés que dans les mots grecs ou latins qui ont passé dans leur langue;

3.° De 7 signes appartenans à l'ancien alphabet égyptien (2), et exprimant des sons étrangers à la langue grecque.

Ces trois séries correspondent à l'état actuel de l'alphabet copte. Nous nous sommes attachés à les faire remarquer dans le tableau suivant; et pour y parvenir, nous avons indiqué les signes de la seconde série

---

(1) Nous ne regardons pas comme une lettre le signe ϛ, *so*, qui n'est autre chose que le chiffre copte 6, et qui a été mal-à-propos compris dans l'alphabet, puisque on ne le trouve comme lettre dans aucun manuscrit copte.

(2) Nous reviendrons sur ce sujet dans nos recherches sur les écritures des Égyptiens.

série par une †, ceux de la troisième par une * ; les signes de la première ne sont précédés d'aucune marque particulière.

ALPHABET COPTE.

	Figure.	*Nom copte.*		*Valeur.*
	Ⲁ ⲁ ⲁ̀	Ⲁⲗⲫⲁ...	*Alpha* ..	A.
	Ⲃ ⲃ....	Ⲃⲓⲇⲁ....	*Vida* ...	B. V.
†	Ⲅ Ⲅ ⲅ	Ⲅⲁⲙⲙⲁ.	*Gamma* .	G.
†	Ⲇ ⲇ...	Ⲇⲁⲗⲇⲁ..	*Dalda* ..	D.
	Ⲉ ⲉ ⲉ̀...	Ⲉⲓ.......	*Ei*	E. A bref.
†	Ⲍ......	Ⲍⲓⲧⲁ....	*Zida* ...	Z.
	Ⲏ ⲏ....	Ⲏⲧⲁ.....	*Ida*	*I*. *AI*. *EI*.
	Ⲑ ⲑ....	Ⲑⲓⲧⲁ....	*Thida*...	*TH*.
	Ⲓ ⲓ ⲓ̀....	Ⲓⲁⲩⲧⲁ...	*Iauda*...	*I*.
	Ⲕ ⲕ....	Ⲕⲁⲡⲡⲁ..	*Kabba*..	K.
	Ⲗ ⲗ....	Ⲗⲁⲩⲗⲁ..	*Laula*...	L.
	Ⲙ ⲙ ⲙ̀	Ⲙⲓ.......	*Mi*.....	M.
	Ⲛ ⲛ ⲛ̀..	Ⲛⲓ.......	*Ni*.....	N.
†	Ⲝ ⲝ....	Ⲝⲓ.......	*Exi*....	X.
	Ⲟ ⲟ ⲟ̀..	Ⲟ.......	*O*......	O bref.
	Ⲡ ⲡ....	Ⲡⲓ.......	*Pi*.....	P.
	Ⲣ ⲣ....	Ⲣⲟ.......	*Ro*.....	R.

Figure.	Nom copte.		Valeur.
Ⲥ ⲥ...	Ⲥⲓⲙⲁ....	*Sima*...	S.
Ⲧ ⲧ ⲧ	Ⲧⲁⲩ.....	*Dau*....	T. D.
† Ⲩ ⲩ ⲩ	Ⲩⲉ.......	*Ue*.....	U.
Ⲫ ⲫ....	Ⲫⲓ.......	*Phi*.....	PH.
Ⲭ ⲭ...	Ⲭⲓ......	*Ch*.....	CH.
† Ⲯ......	Ⲯⲓ......	*Epsi*....	PS.
Ⲱ ⲱ...	Ⲱ.......	*O*......	Ô long.
* Ϣ ϣ...	Ϣⲉⲓ.....	*Schei*...	SCH allemand.
* Ϥ ϥ....	Ϥⲉⲓ......	*Fei*.....	F.
* Ϧ Ϧ ϧ	Ϧⲉⲓ.....	*Khei*...	Kh.
* Ϩ ϩ...	Ϩⲟⲣⲓ.....	*Hori*....	H.
* Ϫ ϫ...	Ϫⲁⲛϫⲓⲁ.	*Sjansjia*.	SJ.
* Ϭ ϭ....	Ϭⲓⲙⲁ....	*Scima*...	S fort.
* Ϯ ϯ...	Ϯⲓ.......	*Dei*....	Di, et Ti.

Telles sont les notions que nous avons cru devoir réunir ici sur le plan et le but de cet ouvrage. Nous les regardons comme suffisantes pour en faciliter la lecture. Ces notions offriront encore un avantage de plus, si elles contribuent à répandre le goût de la langue égyptienne, en excitant le zèle de quelque philologue, et en l'engageant à diriger ses travaux vers l'étude d'une langue qui doit conduire à la connaissance des antiquités littéraires de l'Égypte.

CHAPITRE PREMIER.

De l'Égypte et de ses divisions naturelles et politiques.

Lorsqu'on veut porter ses recherches sur les tems passés, les difficultés s'accroissent en raison directe de la distance qui nous sépare des anciennes époques historiques. Elles augmentent sur-tout, quand le peuple que l'on veut étudier, séparé de nous par un grand nombre de siècles, ne nous est connu que par les rapports des nations étrangères. On ne saurait donc, sans avoir de nombreux obstacles à surmonter, présenter un tableau fidèle du pays qu'habita ce même peuple. La contrée célèbre dont nous essayons ici de retracer l'ancien état, l'Égypte, en changeant continuellement de maîtres, essuya de longues et de funestes révolutions. Tantôt soumise à un conquérant, elle fut réunie à son empire ; tantôt courbée sous un joug étranger, elle semblait cependant renaître, et formait un État indépendant. Il n'est donc point étonnant que ce pays soit aujourd'hui si différent de ce qu'il était lorsque des hommes parvenus à un très-haut degré de civilisation, secondaient de tous leurs efforts la nature déjà si puissante dans cette terre favorisée du ciel. Les périodes de malheurs qu'elle a parcourues, ont changé la plus grande partie de son territoire en un vaste désert, qui accuse hautement l'avarice de ses maîtres. Le peuple qui l'habita dans les tems de sa prospérité, a laissé sur les rivages du Nil des traces immortelles de son existence ; des hommes abrutis et dégénérés foulent aujourd'hui à leurs pieds les ruines magnifiques des monumens qu'élevèrent autrefois ceux qu'ils osent appeler leurs ancêtres. L'Égypte des Turcs est bien loin de ressembler à l'Égypte des Pharaons. C'est sa description sous ces rois puissans que nous allons présenter ici.

L'Égypte est, à proprement parler, une longue vallée qui, du midi au nord, en suivant le cours du Nil, s'étend dans l'espace de plus de six degrés. A l'issue nord de cette vallée, le pays s'élargit et donne passage aux différentes branches entre lesquelles le fleuve se divise pour se rendre dans la mer ; ce qui ajoute à l'étendue de l'Égypte un degré et demi en latitude.

Les bornes précises de cette contrée sont extrêmement difficiles à assigner, parce qu'elles ont varié presque à chaque époque de son histoire. Cependant il en est d'immuables que la nature a placées elle-même pour séparer ce pays fertile des déserts stériles qui l'entourent presque de toutes parts. On voit en effet au midi les cataractes, chûtes du Nil très-peu considérables qui sont entre la ville de Syène et l'île de Philæ, au 24.e degré 51 minutes 2 secondes de latitude. Au nord se trouve la mer Méditerranée, qui baigne les côtes de l'Égypte et reçoit les eaux du Nil par sept embouchures. Une chaîne de montagnes la sépare, à l'occident, des sables de la Lybie (1), et a reçu de sa position le nom de *Chaîne Lybique*. Enfin la *chaîne Arabique*, parallèle à la précédente, borne l'Égypte vers l'orient.

Mais ces limites naturelles de l'Égypte n'en ont point été constamment les limites politiques. L'ambition des peuples voisins a pu les resserrer, comme l'ardeur guerrière de quelques rois égyptiens put, dès les tems les plus anciens, les étendre au loin. C'est ce que divers auteurs ont consigné dans leurs écrits. Ammien Marcellin nous apprend que dans les premiers tems, c'est-à-dire avant que les Perses, les Grecs et les Romains eussent conquis l'Égypte, ce royaume était divisé en trois provinces principales, l'*Égypte proprement dite*, *la Thébaïde*, et *la Lybie* (2). Manéthon, prêtre égyptien de Sebennytus, qui, sous Ptolémée Philadelphe, a écrit l'histoire des anciens rois de son pays, assure que la Lybie fut soumise aux

---

(1) Diodore de Sicile, liv. I, page 26.

(2) *Tres provincias Ægyptus fertur habuisse* temporibus priscis, *Ægyptum ipsam*, *et Thebaidem*, *et Lybiam*. Ammien Marcellin, liv. XXII.

Égyptiens dès la plus haute antiquité. Il rappelle (1) une révolte des Lybiens contre le pharaon Nekhérophès, premier roi de la troisième dynastie égyptienne, et chef de la première famille memphite qui monta sur le trône d'Égypte. Ce prince, selon le calcul de Manéthon, commença de régner 5152 ans avant l'ère vulgaire : sans discuter ici cette époque, il résulte cependant du rapport de cet historien, que dès l'origine même de la monarchie égyptienne, la Lybie était sous la domination des rois d'Égypte. Mais le nom de Lybie ne doit point être pris ici dans son acception ordinaire, et il ne faut pas croire que tout ce que les anciens ont connu sous ce nom, appartînt autrefois à l'Égypte. Par la Lybie égyptienne, nous devons seulement entendre tout le pays qui s'étend depuis l'Égypte proprement dite, jusques à *Siouah* ou *Santaryah*, et aux *Ouahhat* ou Oasis, peut-être même à *Audgélah*. On voit en effet, dans les écrivains de l'antiquité, que les Oasis faisaient partie de l'Empire égyptien ; les ruines égyptiennes que les voyageurs modernes y ont trouvées, principalement à *Siouah* (2), ne laissent aucun doute à cet égard.

Outre cette partie de la Lybie, l'Égypte commandait encore aux peuplades errantes dans le territoire situé

(1) Manetho *apud* Eusebium.

(2) Hornemann, *Voyage dans l'Afrique septentrionale*, chap. 1.er, sect. 5.

entre le Nil et la mer Rouge; et dans les tems de sa splendeur, c'est-à-dire sous les règnes de *Sésookhris* et de *Séthosis-Ramessès*, plus connus sous les noms d'Osymandias et de Sésostris, des contrées lointaines dépendirent de l'Égypte, et plusieurs peuples vaincus reconnurent l'autorité de ces souverains victorieux. Mais cette puissance considérable et cette grande étendue de domination furent bientôt anéanties. On vit le sceptre faiblir dans les mains des descendans de Séthosis, et bientôt leur pouvoir ne fut reconnu que dans l'Égypte proprement dite. Nous ne nous occuperons plus que des bornes et des divisions de cette contrée.

Le nom d'Égypte ne s'appliquait qu'au pays que couvraient les eaux du Nil pendant son débordement. Telle était l'opinion des anciens Égyptiens, comme le rapporte Strabon (1) : ils ne donnaient, dit-il, le nom d'Égypte qu'à la contrée que le Nil arrosait dans son cours, depuis les environs de Syène jusques à la Méditerranée. Hérodote est encore plus précis à cet égard; il raconte un fait qui vient à l'appui de ce que nous venons d'avancer (2). Les habitans de *Maréa* et d'*Apis*, villes situées sur les frontières occidentales de l'Égypte, du côté de la Lybie, et à peu de distance du lieu où Alexandrie fut ensuite bâtie, étant gênés par

(1) Liv. XVII, page 790.

(2) Liv. II, §. XVIII.

quelques usages religieux établis parmi les Égyptiens, envoyèrent des députés à l'oracle d'*Ammon*. Ils lui représentèrent que leurs compatriotes, habitant hors du Delta, et parlant une langue qui n'était pas celle de l'Égypte (1), ils ne devaient point être considérés comme *égyptiens*, et qu'en conséquence ils croyaient pouvoir se dispenser de suivre les coutumes égyptiennes qui leur paraissaient préjudiciables. Mais Ammon, moins juste que politique, rejeta leur demande, et leur dit expressément, « que *tout le pays que le Nil couvrait* » *dans ses débordemens, appartenait à l'Égypte; et* » *que tous ceux qui, habitant au-dessous de la ville* » *d'Éléphantine* (située à l'extrémité méridionale de » l'Égypte, vis-à-vis de Syène), *buvaient des eaux* » *de ce fleuve, étaient égyptiens.* »

En s'attachant à la lettre de ce passage, on croit d'abord trouver l'oracle d'Ammon en défaut, en remarquant que les habitans de Maréa et d'Apis étaient trop éloignés du Nil pour en boire les eaux et pour les voir fertiliser leur territoire sablonneux. Mais en expliquant cette réponse de l'oracle selon le sens que le dieu égyptien lui donnait, il en résulte que, quoique le débordement du Nil n'arrivât peut-être point alors

(1) Ils parlaient l'idiome en usage dans la partie de la Lybie, dont ils étaient voisins; cet idiome n'est autre chose que la langue *Berbère*, encore existante dans ces cantons.

jusqu'aux environs d'Apis et de Maréa, leurs habitans étaient cependant égyptiens, puisqu'ils en buvaient les eaux, qui étaient conduites dans leur ville par le moyen de canaux pendant le tems de la crue du fleuve, et qu'ils les conservaient ensuite dans des citernes pour toute l'année. C'est ainsi qu'Alexandrie, ville voisine et située dans un territoire aussi aride que celui d'Apis et de Maréa, était autrefois et est encore de nos jours approvisionnée de toute l'eau nécessaire à la consommation de ses habitans. Alexandrie, qui porta d'abord le nom de *Rakoti*, a toujours appartenu à l'Égypte; l'étendue de cette contrée est donc bien indiquée par le Nil et son débordement.

Au midi, l'Égypte proprement dite commençait, selon Hérodote (1), aux *Catadupes* ou petite cataracte, et à la ville d'Éléphantine. Du tems de Strabon, cette même petite cataracte marquait les frontières de l'Éthiopie et de l'Égypte, au-dessus de Syène et d'Éléphantine (2). Cependant l'île de Philæ, à 1500 toises au-dessus des petites chûtes du Nil ou des Catadupes, est entièrement couverte de monumens égyptiens; son grand temple, précédé d'une longue colonnade, orné d'obélisques, sculpté et colorié avec soin, semble prouver que cette île avait appartenu à l'Égypte : et

(1) Hérodote, liv. II, §. XVII.

(2) Strabon, liv. XVII, page 787; Diodore de Sicile, liv. I, page 26.

quoique des monumens égyptiens aient été vus par divers voyageurs sur les bords du Nil, bien au-dessus de Philæ, nous croyons cependant que le dernier lieu habité par des Égyptiens et leur appartenant entièrement, fut, au sud, cette petite île qui bornait l'Égypte de ce côté.

La Méditerranée baignait ses côtes, et la bornait ainsi vers le septentrion. Toute la partie de la Lybie, située à l'occident du Nil jusques aux Oasis, lui appartenait aussi. Ce ne fut que sous les Ptolémées que la Cyrénaïque fut réunie à ce royaume (1); et lorsque les Romains se furent rendus maîtres de l'Égypte, ils la renfermèrent dans ses bornes primitives. A l'ouest, elle était bornée par une montague de pierre calcaire, couverte de sable, et qui la séparait de la Lybie (2). Vis-à-vis de cette dernière chaîne de montagnes, il en existait une autre qui formait la limite naturelle de ce pays du côté de l'orient. Au-delà de cette chaîne, appelée *Arabique* pour la distinguer de la chaîne *Lybique* qui lui était opposée, se trouvaient des tribus arabes qui obéissaient aux rois égyptiens. Elles habitaient, comme aujourd'hui, le terrein compris entre l'Égypte et la mer Rouge ou golfe Arabique.

Telles ont été les bornes politiques de l'Égypte.

---

(1) Strabon, liv. XVII, pag. 790 et 791.

(2) Hérodote, liv. II, §. VIII.

Cependant la mer Rouge ne paraît pas avoir limité la puissance égyptienne du côté de l'orient.

Les Égyptiens nommaient cette mer ⲫⲓⲟⲙ ⲛ̀ϣⲁⲣⲓ, *Phiom anschari, la mer de Schari* (1). La signification du mot *anschari* est fort douteuse. Jablonski interprête ϣⲁⲣⲓ, *Schari*, par *Juncus*, *Jonc*, en se fondant sur divers passages de Théophraste (2) et de Pline (3), dans lesquels ces naturalistes disent que les Égyptiens donnaient le nom de *Sari* au papyrus ou à un roseau qui croissait sur les rives du Nil; mais ce mot se trouve employé dans le Deutéronome copte (4) avec l'acception de *Plaga*, *Plaie*, et il est dérivé de la racine ϣⲁⲣⲓ, *schari*, *percutere*, frapper. Dans aucun passage ce mot n'a la signification de *roseau*, et Jablonski n'a d'autres preuves de l'exactitude de son interprétation que le nom de *Iom-Souh* (5), *mer des Roseaux*, que les Hébreux donnèrent au golfe Arabique, et l'autorité d'Hésychius, selon lequel les Égyptiens appelaient autrefois Σαει une espèce de roseau de leur pays. Cependant si les Grecs avaient

---

(1) Psaume, cv, 5, 7.

(2) Histoire des Plantes, liv. IV, chap. IX.

(3) Liv. XIII, chap. 23.

(4) Deut. XXV, 2.

(5) Le mot hébreu *Iom*, *Mer*, *Eau*, n'est autre chose que l'égyptien ⲓⲟⲙ, *iom*, que les Hébreux adoptèrent avec une foule d'autres mots pendant leur captivité en Égypte.

voulu orthographier le mot égyptien ϣⲁⲣⲓ, il n'est pas douteux qu'ils n'eussent employé le X à la place du Σ. Il nous semble donc que le sens que Jablonski a donné au mot ϣⲁⲣⲓ (1), n'est établi sur aucun fondement solide, puisque, dans un manuscrit copte de la Bibliothèque impériale, les mots coptes ⲫⲓⲟⲙ ⲛ̀ϣⲁⲣⲓ, *Phiom anschari*, sont interprétés par les mots arabes *Elbahhar-el-Hhamir*, c'est-à-dire, la *mer Rouge* (2).

Quoi qu'il en soit, il nous semble démontré que la mer Érythrée ne fut point la limite du territoire habité par des hommes de nation égyptienne, et qui parlaient la même langue que les citoyens de Thèbes et de Memphis. Le célèbre voyageur Carsten Niébuhr nous en fournit une preuve non-équivoque. Dans un voyage qu'il fit à Djabbel-Mousa, *la montagne de Moïse* ou le mont Sinaï, il découvrit, à l'occident de la vallée du Beni-Saûalha et à l'orient de la mer Rouge, par conséquent dans l'Arabie, un monument très-extraordinaire, unique même, et portant des marques évidentes de son origine égyptienne. Au sommet d'une montagne très-élevée, appelée par les tribus arabes des environs, *Djebbel el Mokatteb, la montagne Écrite*, il trouva les arrachemens d'un vaste bâtiment. On remarquait dans son enceinte, et tout au tour, un

(1) *Pantheon Ægypt.*, lib. IV, cap. 1, pag. 151 et seq.

(2) Mss. copt., n.° 66.

grand nombre de pierres sépulchrales, de six à sept pieds de longueur, couvertes d'hiéroglyphes égyptiens, aussi bien sculptés que ceux qu'on admire sur les temples de la Thébaïde. Ces pierres sépulchrales sont brisées pour la pluplart, mais plusieurs sont encore debout et parfaitement conservées (1).

Ce cimetière, de la plus haute antiquité, démontre, d'une manière péremptoire, que les Égyptiens s'établirent anciennement sur le rivage oriental du golfe Arabique. Ce furent sans doute de puissantes considérations commerciales qui les engagèrent à se fixer hors de leur patrie. L'époque de l'établissement de ces colonies en Arabie est très-ancienne; elle ne peut être assignée. Les rois d'Égypte pensèrent de bonne heure à s'emparer des côtes de la mer Rouge; on croit que ce fut Séthosis-Ramessès qui, le premier, fit avec succès une invasion sur ces côtes. Ce prince monta sur le trône, selon le Canon chronologique de Manéthon, environ 1409 ans avant l'ère vulgaire. Il se peut cependant qu'à des époques antérieures les Égyptiens se soient établis sur les terres de l'Arabie voisines de l'Égypte, c'est-à-dire entre le golfe de Suèz et celui d'Aïlah : il fallait que les avantages qu'on en retirait fussent bien grands, pour qu'un peuple aussi attaché à son pays que l'était le peuple égyptien, se décidât à

---

(1) *Voyage en Arabie par* Carsten Niébuhr, tome I.er, page 189, édition d'Amsterdam, 1776, in-4°.

aller habiter une terre étrangère. Les côtes de l'Égypte depuis *Parætonium* jusques bien au-delà du lac *Serbonis*, limites de l'Égypte du côté de la Syrie (1), n'offraient qu'un bien petit nombre de ports commodes et sûrs (2) pour les navigateurs ; et le commerce des Égyptiens, dont les principales branches les mettaient en rapport avec l'Arabie et l'Inde, leur rendant nécessaire la fondation de villes maritimes sur les côtes de la mer Rouge, leur intérêt put l'emporter sur l'amour de leur pays, et les engager à se transporter en famille hors de l'Égypte proprement dite, et jusque vers les montagnes de l'Arabie. Ainsi l'Égypte eut des possessions hors de son territoire.

Il est aisé de voir par tout ce que nous avons dit, que l'Égypte avait en longueur une grande étendue, et que sa largeur variait beaucoup. Sa longueur totale s'étendait depuis la mer jusques aux terres des Éthiopiens. Il en était encore ainsi du tems que ce royaume était soumis aux Romains, comme on le voit dans l'histoire manuscrite du martyre de saint *Apa Tia* ou *Til*. On y trouve le texte entier d'un décret que l'empereur Dioclétien envoya en Égypte, à Armenius son lieutenant, qui résidait à *Rakoti*, ⲡⲓⲕⲟⲙⲏⲥ ⲛ̀ⲧⲉⲣⲁⲕⲟϯ. On y observe que ce dernier l'ayant

---

(1) Diodore, liv. I, page 26.

(2) *Idem*, page 27.

(3) Hérodote, lib. II, §. CII.

communiqué à plusieurs personnages éminens, et à un grand nombre de soldats, « ce grand nombre de » soldats et le gouverneur Arianus firent connaître » l'édit (de l'Empereur) dans toute l'Égypte, depuis la » ville de *Rakoti* (Alexandrie) jusques dans le *Maris* » *Pinischti* (la grande Thébaïde) vers l'*Éthausch* (l'Éthiopie) » : Ⲁⲩⲥⲱⲣ ⲉ̀ⲃⲟⲗ ϧⲉⲛ ϯⲭⲱⲣⲁ ⲧⲏⲣⲥ ⲛ̀ⲧⲉ ⲭⲏⲙⲓ ⲛ̀ϫⲉ ⲟⲩⲙⲏϣ ⲙ̀ⲙⲁⲧⲟⲓ ⲛⲉⲙ ⲁⲣⲓⲁⲛⲟⲥ ⲡⲓϩⲏⲅⲉⲙⲱⲛ ⲓⲥϫⲉⲛ Ⲣⲁⲕⲟϯ ϣⲁ ⲫⲙⲁⲣⲏⲥ ⲙ̀ⲡⲓϣϯ ϣⲁ ⲉ̀ϩⲟⲩⲛ ⲉ̀ⲛⲓⲉⲑⲁⲩϣ. Ainsi les Romains avaient rendu à l'Égypte ses limites naturelles, telles que nous les avons indiquées et qu'elles étaient dans les premiers tems de l'existence politique de cet Empire.

Sous ses rois, l'Égypte proprement dite était divisée en plusieurs parties distinctes, subdivisées elles-mêmes en un grand nombre d'autres.

L'état des lieux la partage naturellement en deux parties principales, qui sont *la haute Égypte* et *la basse Égypte*. Le cours du Nil est la base de cette division. Tant que ce fleuve, après avoir franchi les petites cataractes, coule contenu dans son lit, l'Égypte n'est qu'une longue vallée d'une largeur peu considérable ; mais lorsque arrivé près de la ville que les Grecs appelaient *Cercasore*, il se divise en trois branches principales pour se jeter dans la Méditerranée, cette division du fleuve marque les limites extrêmes de la haute Égypte au nord, et les bornes de la basse

Égypte au midi. Celle-ci s'étend depuis ce dernier point jusques à la mer. A ce même point les deux chaînes de montagnes, l'Arabique à l'orient et la Lybique à l'occident, qui bordent les rives du Nil dans toute la haute Égypte, changent aussi de direction. La chaîne Arabique tourne brusquement au nord-est, et la chaîne Lybique au nord-ouest. L'une va se terminer dans le voisinage de la mer Rouge, et l'autre dans les déserts de la Lybie, vers le nord-ouest du lac Maréotis; il en résulte un territoire considérable renfermé entre ces deux chaînes de montagnes et borné par l'Arabie Pétrée à l'est, par la Lybie à l'ouest, et par la mer au nord : c'est ce qu'on appelle *la basse Égypte*. La *haute Égypte* commence là où le Nil se divise en plusieurs branches; elle s'étend jusques au-dessus des petites cataractes auprès de Syène.

Sous les Grecs et sous les Romains, l'Égypte fut partagée en trois parties, le *Delta* ou la basse Égypte, l'Égypte moyenne ou l'*Heptanomide*, la *Thébaïde* ou la haute Égypte. Nous ignorons si cette division territoriale remonte aux tems des premiers Égyptiens; le silence d'Hérodote ne permet pas de le croire (1). De

(1) Les historiens arabes prétendent que *Baidhar* ou *Baissar* donna l'Égypte à ses fils, *Cobth*, *Ischmoun*, *Atrib*, et *Ssa*. Il en fit quatre portions égales. Cobth eut la haute Égypte, depuis

Dès ces mêmes tems et sous les rois de race égyptienne, l'Égypte fut partagée en un grand nombre de provinces peu étendues, appelées *Nomes*, Νομος, ou préfectures (1). Chaque nome tirait ordinairement son nom de sa capitale, qui était la résidence d'un *Nomarque* ou gouverneur dont l'autorité s'étendait sur tout le territoire qui formait l'arrondissement du nome, et sur les villes et villages qui y étaient situés. Il entrait aussi dans les attributions du nomarque, de lever les tribus imposés à la préfecture dont l'administration lui était confiée (2).

Quelques auteurs ont cru que le mot Νομος n'était pas d'origine grecque, et que les géographes de cette nation l'avaient tiré de la langue des Égyptiens, parmi lesquels ils conjecturent qu'il signifiait *Préfecture*, ou le territoire dépendant d'une ville. Cellarius, entr'autres,

---

Assouan jusques à la ville de Coptos ou *Kefth*. Il donna à Ischmoun le reste de la haute Égypte jusques à *Menouf* ou *Memphis*, et la basse Égypte fut divisée également entre *Atrib* et *Ssa*. Ces quatre princes firent bâtir chacun une ville de leur nom, connues chez les Grecs sous ceux de *Coptos*, *Hermopolis* (*Magna*), *Athribis* et *Saïs*. On les appelle encore aujourd'hui chez les Arabes, *Kefth*, *Oschmounaïn*, *Atrib* et *Ssa*. Mais ce rapport est dénué de fondement, et n'est qu'une des rêveries nombreuses des Arabes sur l'Égypte.

(1) Hérodote, liv. II, 164. — Plinius, lib. V, cap. 9.

(2) Diodore de Sicile, liv. I, page. 59.

est de cet avis (1) ; il se fonde sur le passage suivant de Cyrille d'Alexandrie (2) : Νομος δε λεγεται παρα τοις την Αιγυπτιων οικουσι χωραν εκαστη πολις, και αι περιοικίδες αυτης, και αι υπ' αυτη κωμαι; « *Nome* signifie » chez les Égyptiens le territoire de chaque ville, sa » banlieue et les villages qui en dépendent. »

Cellarius ajoute que les Grecs et les Latins adoptèrent ce mot qu'ils employèrent en parlant des divisions territoriales et politiques de l'Égypte. Mais ce passage de Cyrille ne donne que la définition du mot Νομος, sans dire pour cela que ce mot appartenait à la langue égyptienne.

Aucun autre mot égyptien approchant de Νομος et signifiant *Préfecture*, ne se trouve dans le Dictionnaire Copte imprimé, ni dans les nombreux Vocabulaires égyptiens manuscrits, soit en dialecte memphitique, soit en dialecte thébain, que nous avons consultés. Cependant comme on est bien loin de connaître tous les mots qui composaient la langue des anciens Égyptiens, et que le petit nombre de livres coptes qui existent n'en contiennent qu'une partie, ce serait peut-être hasarder une opinion difficile à justifier, que d'avancer que le mot Νομος était étranger à cette langue. Mais ce qui semble prouver évidemment

---

(1) *Geographiæ Antiquæ*, tom. II, lib. IV, 6 et 7.

(2) Cyrillus, *in Esaiæ*, *capite* XIX°.

contre l'origine égyptienne de ce mot ; c'est que dans les livres écrits en langue égyptienne ou copte, et par-tout où il est question des *Préfectures*, on trouve le mot ⲡⲑⲱϣ, *Pthôsch*, ou ⲡⲑⲟϣ, *Pthosch*, comme nous l'avons fait voir dans l'Introduction, où nous avons cité plusieurs exemples à l'appui de cette opinion. Nous ajouterons ici que Diodore de Sicile dit expressément que le mot Νομος est grec : « L'Égypte, dit-il, fut divisée en plusieurs parties, ων εκαστον κατα την ελληνικην διαλεκτον ονομαζεται Νομοσ, dont chacune est appelée en langue grecque *Nome*. » (1) Il faut nécessairement conclure de ce passage de Diodore, que ce mot n'est pas égyptien.

Le père Bonjour a cru que le synonyme égyptien du grec Νομος était Ⲙⲉϣϣⲟϯ, *Meschschoti* (2) ; il a remarqué plusieurs morceaux coptes où on lisait ⲛⲓⲙⲉϣϣⲟϯ ⲛ̀ⲧⲉ Ⲭⲏⲙⲓ, ⲛⲓⲙⲉϣϣⲟϯ ⲛ̀ⲧⲉ Ⲙⲁⲣⲏⲥ, et il les a traduits ainsi : *Les Préfectures de l'Égypte, les Préfectures de la Thébaïde.* Mais cette traduction ne nous paraît pas exacte ; car ⲙⲉϣⲱⲧ, *Meschôt* (3), ou ⲙⲉϣϣⲱⲧ, *Meschschôt* (4) au

(1) Liv. I, 66; *Hanoviæ*, Wechel, 1604, in-f°.

(2) *Epistola systiaca, Monumenta coptica biblioth. Vatic.*, page 12.

(3) Joel, II, 3.

(4) Genèse, II, 2.

singulier ; et ⲙⲉϣϣⲱϯ, *Meschschôti*, ou ⲙⲉϣϣⲟϯ, *Meschschoti* (1) au pluriel, signifient *πεδίον*, *πεδία*, *Champ*, les *Champs*, et non pas *Préfecture ;* par conséquent, le père Bonjour aurait traduit littéralement s'il avait écrit : Les *Campagnes de l'Égypte*, les *Campagnes de la Thébaïde*. Ce sentiment du père Bonjour ne prouve donc rien contre le passage de Diodore et contre notre opinion. A l'appui de l'un et de l'autre, nous citerons la phrase suivante extraite d'un manuscrit copte (2) qui contient le martyre du jeune saint Ⲁⲡⲁ Ⲁⲛⲟⲩⲃ, ou *Anubis* (3). Vers le commencement on lit : Ⲙⲉⲛⲉⲛⲥⲁ ⲛⲁⲓ ⲇⲉ ⲛⲉⲟⲩⲟⲛ ⲟⲩⲣⲱⲙⲓ ⲙ̀ⲙⲁⲓⲛⲟⲩϯ ⲙ̀ⲙⲁⲓⲁⲅⲁⲡⲏ ⲙ̀ⲙⲁⲓⲉⲕⲕⲗⲏⲥⲓⲁ ϣⲟⲡ ϧⲉⲛ ⲟⲩϯⲙⲓ ϫⲉ ⲛⲁⲏⲥⲓ ϧⲉⲛ ⲡⲑⲱϣ ⲛⲓⲙⲉϣⲟϯ : « Il existait un homme aimant » Dieu, la Charité et l'Église, dans le village de » Naïsi, ϧⲉⲛ ⲡⲑⲱϣ ⲛⲓⲙⲉϣⲟϯ, du nome de » *Meschoti.* » Il est évident que le mot ⲙⲉϣⲟϯ, *Meschoti*, ou ⲙⲉϣϣⲟϯ, *Meschschoti*, au lieu de désigner les nomes de l'Égypte en général, comme l'a entendu le père Bonjour, est lui-même le nom propre de l'un d'entr'eux. Ainsi donc tout se réunit pour

(1) Pseaume LXIV, 11.

(2) Mss. copte, n.° 66, in-f.°, fond du Vatican.

(3) Page 233 du Mss.

prouver que ⲡⲧⲱϣ, *Ptôsch*, était chez les Égyptiens le synonyme du grec Νομος, et des mots français préfecture et département.

Le nombre de ceux de l'Égypte varia à diverses époques, et au gré des souverains qui en furent successivement les maîtres. Il n'est pas étonnant que, durant le grand espace de tems que les habitans de ce pays restèrent réunis en corps de nation sous le grand nombre de rois qui les gouvernèrent, et pendant les révolutions successives qu'il éprouva, des villes qui furent célèbres dès les premières époques de l'Empire égyptien, aient déchu de leur splendeur et même disparu, tandis que des cités nouvelles s'élevaient pour fleurir à leur tour, et que d'autres qui, dans la haute antiquité, n'étaient que des lieux peu importans, s'agrandissaient en raison de la nombreuse population que diverses circonstances y attiraient. On vit sous les Grecs et sous les Romains, Rakoti et Bisa qui, pendant l'existence des dynasties égyptiennes, étaient des villes presque ignorées, devenir des cités populeuses et des capitales de provinces, lorsque Alexandre-le-Grand eut donné son nom à la première, en triplant son enceinte, et qu'Hadrien eut en quelque sorte consacré la seconde à Antinoüs.

Des circonstances non moins impérieuses, et qui purent se renouveler plusieurs fois, apportèrent des changemens successifs à la division administrative ou militaire de l'Égypte. Quoique nous n'ayons sur les plus anciennes aucun rapport spécial, il est cependant certain que sous les Pharaons, ces divisions territoriales avaient été réglées par un acte du souverain.

Selon Diodore de Sicile (1), ce fut Séthosis-Ramessès (2), fils d'Aménophis III, qui partagea l'Égypte en préfectures. Ce grand prince ayant succédé à son père, voulut étendre sa domination sur les peuples de l'Asie et de l'Afrique.

L'exécution de ses vastes projets nécessitait une longue absence. Séthosis désirait faire jouir ses peuples d'une sage administration et des bienfaits d'une paix profonde, tandis qu'au milieu du fracas des armes il conduirait ses soldats à la victoire. A cet effet, il divisa son royaume, ou plutôt l'Égypte proprement dite, en trente-six parties (3) qui étaient peu étendues, afin que le gouverneur de chacune de ces provinces veillât plus directement à l'exécution des lois.

---

(1) Diodore de Sicile, liv. I, page 50.

(2) Diodore le nomme *Sésoosis*, et Hérodote, *Sésostris*.

(3) Diodore de Sicile, liv. I, 50. Diodore ajoute que les Égyptiens appelaient ces divisions *Nomes*. Nous rappellerons que Diodore dit plus bas que ce mot est grec, et nous ajouterons que cet auteur entend parler ici des Égyptiens de son tems, c'est-à-dire des Grecs d'Égypte, dont le grec était la langue nationale. Ceci n'ôte donc rien à la force des preuves par lesquelles nous avons établi plus haut que le nom égyptien des divisions de l'Égypte était ⲡⲑⲟϣ, *Pthosch*, qui se trouve dans les textes coptes de tous les siècles.

D'après ce rapport de Diodore, Séthosis-Ramessès serait l'auteur de la première division territoriale de l'Égypte. Cependant il est bien difficile de croire que durant le règne des dynasties royales qui précédèrent celle dont Séthosis-Ramessès fut le chef, l'Égypte n'ait point été divisée en provinces ou gouvernemens particuliers; il semble même, d'après Strabon, que cette division en trente-six nomes remonte aux premiers tems de la monarchie, et peut-être même jusques à l'époque où l'Égypte était soumise au gouvernement des prêtres. En effet, ce géographe rapporte que le Labyrinthe avait autant de cours qu'il y avait de nomes dans l'Égypte, et d'accord avec Diodore de Sicile, il dit ensuite que le nombre des nomes était de trente-six (1). Selon l'opinion des anciens auteurs qui ont parlé du Labyrinthe, on pourrait présumer que ce superbe palais avait été construit pour servir de réunion aux députés des trente-six préfectures de l'Égypte que les affaires générales de l'Empire y appelaient dans des circonstances mémorables; et pour donner à cette conjecture une apparence de vérité, nous prouverons ailleurs que le Labyrinthe était situé au centre de ces trente-six nomes, et qu'il en avait un égal nombre au nord et au midi. S'il en était ainsi, il en résulterait nécessairement que la

(1) Strabon, liv. XVII.

division de l'Égypte en trente-six nomes existait long-tems avant Séthosis-Ramessès ou Sésostris, puisque, selon le témoignage de Manéthon, ce fut *Lamaris* ou *Labaris*, quatrième roi de la douzième dynastie, qui fit édifier ce grand monument auquel il donna son nom, et que ce Pharaon monta sur le trône plus de 1900 ans avant le règne de Séthosis (1). La division de l'Égypte en trente-six gouvernemens particuliers peut donc être regardée comme une des institutions qu'elle dut à la prévoyance de ses premiers rois.

Chacune des trois grandes divisions était subdivisée en gouvernemens particuliers (2) : la Thébaïde en comprenait dix ; on en comptait seize dans l'Égypte du milieu, qu'il ne faut pas confondre avec l'heptanomide des Grecs ; la basse Égypte en renfermait dix (3). Chaque Gouvernement était divisé en *Toparchies* (4) ou sous-préfectures, et chacune d'elles l'était en communes rurales (5). En Égypte, comme

---

(1) La *Description de l'Égypte* publiée par l'ordre de S. M. l'Empereur et Roi, fait connaître des temples dont la construction est antérieure à celle du Labyrinthe selon Manéthon. On trouvera ci-après une dissertation dans laquelle nous avons réuni tout ce qui est relatif à ce monument.

(2) Strabon, liv. XVII, 787.

(3) *Ibidem.*

(4) Ⲛⲟⲙⲁⲣⲭⲏ, *Nomarchie*, gouvernement d'un nome, et Ⲧⲟⲡⲁⲣⲭⲏ, *Toparchie*, gouvernement d'un lieu.

(5) Strabon, liv. XVII, 787.

par-tout ailleurs, ces subdivisions avaient pour but de faciliter l'administration du pays et les opérations du gouvernement.

Parmi les nomes, quelques-uns étaient désignés pour la résidence des militaires, qui étaient partagés en deux classes, les *Hermotybies* et les *Calasiries* (1); les premiers occupaient quatre nomes, et les seconds douze (2). Nous donnerons ailleurs les noms de ces nomes.

Nous ne présenterons point ici la nomenclature et la situation des trente-six gouvernemens de l'Égypte sous les Pharaons, parce que ce résultat doit naître des discussions géographiques auxquelles nous nous livrerons dans les divers chapitres de cet ouvrage, et qu'a rendues nécessaires le silence des auteurs sur les plus anciennes préfectures de l'Égypte et les noms de leurs capitales. Sous le gouvernement des Grecs et des Romains, le nombre des nomes s'accrut et les divisions territoriales de l'Égypte éprouvèrent plusieurs changemens. Dans les descriptions de cette contrée, les géographes grecs et latins n'ont donné que les noms des nomes qui existaient à l'époque où ils écrivirent; et quoique la nomenclature des trente-six préfectures primitives ne soit point parvenue jusqu'à

---

(1) Dans la partie de cet ouvrage relative à l'histoire de l'Égypte, nous expliquerons les noms de ces deux classes de militaires.

(2) Hérodote, liv. II, §. 164 et 165.

nous, nous pourrons peut-être en faire connaître les chefs-lieux à mesure que nous traiterons de chacune des trois grandes divisions de l'Égypte que nous avons déjà indiquées, et qui feront le sujet d'autant de chapitres.

CHAPITRE SECOND.

Des Noms de l'Égypte.

Les écrivains grecs, qui souvent sacrifièrent l'exactitude au bon goût, et la pure vérité aux charmes du style, corrompirent non-seulement les noms des villes des contrées étrangères, mais encore les noms propres des pays les plus célèbres; souvent même, soit manque de notions positives, soit esprit national, ils les dérivèrent de leur propre langue, ou bien ils en cherchèrent l'origine dans leurs traditions historiques, et imitèrent en cela la faiblesse de plusieurs nations, qui, aveuglées sur leur mérite et sur leur ancienneté, eurent la prétention d'avoir été la souche primitive du genre humain, et crurent que leurs ancêtres avaient peuplé la terre (1). Mais lorsque leur histoire ne leur fournissait point de héros dont le nom eût quelque

(1) « Les Grecs cherchaient toujours l'étymologie des noms des peuples étrangers dans leur propre langue, et pour la trouver, ils se plaisaient à altérer leurs noms, comme le remarquait Nicanor, cité par Étienne de Byzance, au mot Ταναΐς. » — Sainte-Croix, *Historiens d'Alexandre.*

analogie avec celui qu'ils donnaient à une contrée, leur imagination venait à leur secours; alors le nom du pays s'appliquait à un roi, et ils trouvaient facilement le moyen de faire descendre ce personnage fictif d'un monarque réel, en rattachant sa généalogie à quelque tige antique et fameuse. Nous aurons occasion dans le cours de nos recherches, de présenter de nombreux exemples de ces fraudes historiques et des prétentions exagérées des Grecs. Le nom qu'ils donnèrent à l'Égypte doit être rangé dans cette série.

Les Grecs appellèrent l'Égypte Αἰγυπτος, et c'est de ce mot que se forma l'*Ægyptus* des latins, d'où est dérivé notre *Égypte*. Ce nom grec fut employé généralement par tous les anciens auteurs européens, pour désigner cette belle partie de l'Afrique. Les écrivains latins qui prirent en tout les Grecs pour modèles, l'adoptèrent dans leurs écrits, d'où il est parvenu jusques à nous sans avoir souffert aucune altération notable, autre que celles qu'exigeait la grammaire de ces diverses langues.

Les écrivains grecs les plus anciens l'ont adopté pour désigner la terre qu'arrose le Nil. Homère, le prince des poètes, l'a consigné dans ses vers immortels, et tous les auteurs qui l'ont suivi l'ont employé à son exemple : plusieurs d'entr'eux ont voulu en faire connaître l'origine.

Selon Étienne de Byzance (1), l'Égypte tira son nom d'*Ægyptus*, Αἰγυπτος, fils de *Bélus*, qui régna quarante-trois ans, et de *Aéria* ou *Potamitis*. Mais il laisse ignorer dans quel pays régna ce roi Bélus : il est probable que ce fut en Égypte. Cependant les chronologistes grecs qui ont traité de l'histoire de cette contrée, ne comptent point Bélus au nombre de ses rois. On ne connaît de ce nom qu'un des premiers monarques de Babylone.

D'autres ont cru qu'*Ægyptus* était fils de *Bélus* et de *Sida* (2). Enfin, la plupart des géographes et des historiens grecs ont dérivé le nom de l'Égypte d'Αἰγυπτος, frère de *Danaüs* et roi d'Égypte.

Les poètes et les tragiques ont célébré la cause de la désunion de ces deux frères, et l'on connaît par eux l'attentat commis par les cinquante Danaïdes sur les cinquante fils d'*Ægyptus* leurs maris. Danaüs, qui leur avait conseillé ce forfait, fut contraint d'abandonner l'Égypte avec ses filles. Il erra long-tems dans la Grèce, et arriva enfin à Argos où habitaient alors les Pélasges. Eschylle, dans sa tragédie des *Suppliantes*, prétend que les Danaïdes n'égorgèrent point les fils d'*Ægyptus*, mais qu'elles fuyaient seulement de l'Égypte avec leur père, pour ne point être forcées de

(1) Stephanus Byzantinus, *Liber de Urbibus et Populis.*

(2) Georg. Cedrenus, *histor. compend.*, page 21.

les recevoir pour époux (1). *Pelasgus*, roi d'Argos, donna l'hospitalité à cette famille infortunée. Selon Euripide, Danaüs, devenu roi par la suite, donna son nom à ses peuples (2), en même tems que les Égyptiens prirent celui de leur roi *Ægyptus*.

Les Canons chronologiques des princes qui ont occupé le trône d'Égypte, ne présentent point de monarque qui ait porté le nom d'*Ægyptus;* ce nom et celui de *Danaüs* paraissent être des noms grecs plutôt que des noms égyptiens. C'est ce que Manéthon nous fait entendre en quelque sorte, lorsqu'il dit (3) qu'*Armaïs* et *Séthosis* sont ceux que les Grecs appelèrent *Danaüs* et *Ægyptus*. La cause de la haine des deux frères n'est pas la même dans l'historien égyptien que dans les poètes grecs. Selon Manéthon, Séthosis-Ramessès, fils d'Amenophis III, roi d'Égypte de la

---

(1) Eschylle, *Les Suppliantes*, scène 1.ere, vers 10e.

(2) Δαναος ο πεντηκοντα θυγατερων πατηρ
Ελθων εις Αργος, ωκησεν Ιναχου πολιν,
Πελασγιωτασ δ' ονομασμενους το πριν
Δαναους χαλεισθαι νομον εθηκεν.

« Danaüs, le père de cinquante filles, étant arrivé à Argos, » habita la ville d'Inachus, et ordonna que ceux qui auparavant » étaient appelés Pélasges, porteraient désormais le nom de » Danaens. » Euripide *in Archelao*. Plusieurs manuscrits portent au second vers Ωκισεν (*bâtit*), mais il faut lire : Ωκησεν, *habita*.

(3) Manetho, *apud. Joseph. cont. Appion.*; liv. I, §. 15.

dix-neuvième dynastie, partant pour des expéditions lointaines, confia à son frère Armaïs le soin de gouverner l'Égypte pendant son absence. Mais lorsque Séthosis, éloigné du royaume par le cours de ses victoires, ne put plus surveiller la conduite d'Armaïs, ce prince ingrat et féroce tyrannisa l'Égypte, et conçut le projet de ravir la couronne à son frère. Séthosis-Ramessès, instruit de ses malversations et de ses coupables desseins, se hâta de retourner en Égypte, conjura l'orage élevé contre lui et échappa aux embûches que lui tendait son frère. Armaïs se vit contraint à fuir une terre qu'il avait souillée par ses crimes, et voulant échapper à la juste colère du monarque irrité, il quitta sa patrie et alla chercher un asile chez des peuples étrangers.

Ce fut chez les Grecs qu'Armaïs, qui prit alors le nom de Danaüs, vint chercher un asile. L'époque de l'arrivée de Danaüs à Argos étant celle du règne de Séthosis en Égypte, le rapport de Manéthon prend de ce fait une grande apparence de vérité. Mais soit que Danaüs eût caché politiquement aux Grecs la cause de sa sortie de l'Égypte, soit qu'ils en eussent perdu le souvenir, ils imaginèrent la fable de ses cinquante filles, qu'ils placèrent ensuite dans les enfers pour effrayer les épouses coupables.

Mais est-ce avec raison que les Grecs donnèrent à Séthosis-Ramessès le nom d'Ægyptus? ou bien n'est-ce qu'une suite de leur ignorance des événemens de la vie de Danaüs ? Ceci semble plus probable ; et il est naturel de penser que les Grecs ne connaissant point le nom du roi d'Égypte qui avait chassé Danaüs de sa patrie, ils lui donnèrent celui du pays qu'il gouvernait, et que dans la suite ils crurent que son royaume avait pris de lui le nom d'Αιγυπτος. En admettant cette conjecture, il nous reste encore à trouver l'origine de ce nom.

Le lexicographe Hésychius semble nous dévoiler la cause qui fit donner à ce pays le nom d'Αιγυπτος. Il dit (1) : Αιγυπτος, ο Νειλος ο ποταμος. Αφ' ου και η χωρα υπο των νεωτερων Αιγυπτος εκληθη. « *ÆGYPTUS*, » le Nil, fleuve. C'est de lui qu'on a récemment » appelé *Égypte* la contrée qu'il arrose. » Homère, que l'on peut regarder comme le plus ancien auteur grec que nous possédions, ne parle en effet du Nil que sous le nom d'Αιγυπτος (2). C'est pour avoir négligé cette observation que l'on a mal interprété quelques passages d'Homère, et qu'on en a tiré de fausses conséquences. Au reste, il est reconnu de toute l'antiquité qu'Αιγυπτος fut le nom du Nil (3).

L'Égypte n'est pas l'unique exemple chez les Grecs,

(1) Lexixon Hesychii, verb. Αιγυπτος.

(2) Homère, *passim*.

(3) Stephanus Byzantinus. Αιγυπτος και χωρα και ο ποταμος. Verb. Αιγυπτος.

Grecs, du nom d'un fleuve donné au pays qu'il traverse dans son cours. C'est ainsi que le vaste continent de l'Inde reçut son nom de l'*Indus*, fleuve qui baigne sa partie occidentale.

Plusieurs auteurs modernes ont voulu donner l'étymologie du mot Αιγυπτος; ils se sont pour la plupart abandonnés à leur imagination. Il fallait d'abord décider si ce mot était égyptien ou grec, question très-difficile à résoudre; d'où il est résulté que les uns ont considéré ce mot comme appartenant à la langue grecque, tandis que d'autres l'ont dérivé de l'égyptien.

Parmi les premiers, il en est qui ont cru qu'il signifiait le *Pays de Coptos*, par la raison que αια, est employé souvent par les Grecs à la place de γαια ou γη, *terre* (1), et que de γυπτοσ *Gyptos*, on peut facilement former *Coptos*, Κοπτος (2). En accordant même que cette étymologie forcée fût admissible, il nous semble qu'on peut lui opposer des considérations qui la détruisent.

Premièrement, puisque le nom d'Αιγυπτοσ appartenait primitivement au Nil (3) et que, par une espèce d'abus, il fut ensuite donné à l'Égypte, on ne peut

---

(1) On a aussi dérivé Αιγυπτοσ de αια, terre, et de γυπτος, Copte, c'est-à-dire, la *terre des Coptes*.

(2) Wells, *Geogr. of the Old Test.*, vol. II, pag. 5.

(3) Hesychius, *loco citato*.

donc point l'interpréter par *terre de Coptos*, parce que le nom de *terre* ne convient nullement à un fleuve. En second lieu, Coptos était une ville de la haute Thébaïde, et son nom fut par conséquent connu fort tard parmi les Grecs ; car les hommes de cette nation qui voyagèrent en Égypte dans les premiers tems, ne pénétrèrent pour la plupart que jusques à Memphis, c'est-à-dire, près de cent lieues au-dessous de Coptos. Enfin, si les Grecs eussent voulu dériver le nom de l'Égypte de celui d'une ville de cette contrée célèbre, il est hors de doute qu'ils auraient choisi une de celles de la basse Égypte, dont les noms leur étaient plus familiers, ou bien celui de la grande Thèbes *aux cent portes*, déjà célèbre chez les Grecs, du tems même d'Homère.

D'autres auteurs pensent que les Grecs voulant faire allusion au teint basané des habitans de l'Égypte, avaient donné à ce royaume le nom d'Αιγυπτοσ, dérivé selon eux d'Αιγυπιος, espèce de vautour de couleur noirâtre. Cette singulière étymologie ne mérite point la peine d'être réfutée ; nous observerons seulement qu'elle ne rend pas compte du τ qui est radical dans le mot Αιγυπτοσ (1).

---

(1) Les Grecs ont formé de ce nom le verbe Αιγυπτιαζειν, *égyptianiser*, c'est-à-dire *mal agir*, *agir avec fraude et perfidie*. Ils se sont fondés sur ce vers d'Eschyle, cité par Étienne de Byzance :

Δεινοι πλεκειν τοι μηχανας Αιγυπτιοι.
Acres nectere machinas Ægyptii.

Toutes ces étymologies sont d'autant moins satisfaisantes, qu'on a toujours donné au mot Αιγυπτος un sens plus en rapport avec le pays lui-même ou ses habitans, qu'avec le fleuve du Nil auquel il appartenait d'abord originairement.

Quelques philologues se sont donné plus de latitude dans leurs recherches, et sans se borner au grec ou à l'égyptien, quoique le mot doive appartenir nécessairement à l'une de ces deux langues, ils se sont servis d'idiomes étrangers à ces deux nations. Nous en citerons seulement deux exemples. Le célébre Court-de-Gebelin, dont malheureusement la vaste érudition fut maîtrisée par un esprit trop porté aux idées systématiques, croyait qu'Αιγυπτος (1) était formé de *αια*, mot grec qui, selon lui, veut dire eau, et de la racine orientale *cup* ou *copi* (2), qui signifiait *noire*, d'où quelques auteurs ont cru que Αιγυπτος signifiait *pays couvert d'eaux noirâtres*. La réunion de deux mots pris dans deux langues différentes, suffit seule pour ôter à cette étymologie toute apparence de fondement.

Le Brigant, connu par ses recherches philologiques, avait une opinion singulière sur la formation du nom grec de l'Égypte. Négligeant également les

---

(1) *Dictionnaire étymologique de la langue grecque*, page 255.

(2) Nous ignorons de quelle langue orientale il a tiré cette racine.

langues grecque et égyptienne, ce fut du *bas-breton* qu'il dériva le mot Αιγυπτος. Selon lui, les Grecs n'ont composé ce mot qu'en employant les radicaux *Écou-é-vet*, qui signifient *ce qui est caché sous les eaux*. Certes, en admettant même que les Grecs parlassent bas-breton, il y a loin d'Αιγυπτος à *Écou-é-vet*.

Lorsque l'Europe savante a eu quelques notions de la langue copte, et qu'il a été reconnu qu'elle était celle des anciens Égyptiens, corrompue par le mélange d'un nombre assez considérable de mots grecs, les philologues ont cherché dans cette langue la signification des noms des lieux et des divinités de l'Égypte. Le mot Αιγυπτος n'a point été oublié dans ces recherches. Paul Ernest Jablonski, à qui Veyssière-Lacroze avait communiqué ses connaissances dans la langue copte, se flatta de pouvoir, à l'aide d'un vocabulaire peu nombreux de mots égyptiens, rétablir les noms des divinités égyptiennes dans leur vraie orthographe, et d'en découvrir le sens jusques alors inconnu aux savans et aux archéologues. Il a réussi quelquefois, mais le plus souvent il a été égaré par son imagination, qui lui a fait regarder de simples conjectures comme des faits incontestables. Il a même souvent altéré l'orthographe des noms égyptiens rapportés par les Grecs, pour les rapprocher de ses interprétations. Son étymologie d'Αιγυπτοσ, tirée de la langue égyptienne, va nous le prouver.

Il pense que c'est de Ⲏⲓⲭⲱⲓⲫⲑⲁϣ, *Èichôphthasch*, que les Grecs ont formé leur Αἰγυπτος (1). C'est un mot composé par Jablonski des monosyllabes égyptiens Ⲏⲓ, *maison*, *demeure*, Ⲭⲱⲓ, *mundana*, et ⲫⲑⲁϣ qu'il croit être le nom égyptien de *Vulcain*. Mais il nous semble que pour avoir *domus mundana Vulcani*, *demeure terrestre de Vulcain*, il faudrait que les articles précédassent les mots qui les exigent, et qu'il y eût ⲡⲓⲏⲓⲭⲱⲓⲛ̀ⲫⲑⲁϣ, *Pièichôanphthasch*, ou tout au moins Ⲏⲓⲭⲱⲓⲛ̀ⲫⲑⲁϣ, *Eischôanphthasch* ; l'absence de l'article ⲛ̀ ou ⲙ̀ du génitif, ne permet de donner aucun sens à ce mot composé par Jablonski. Dans le Dictionnaire égyptien de Lacroze (2), les monosyllabes radicaux Ⲭⲁ, *Cha*, Ⲭⲱⲓ, *Chô*, sont expliqués par *ponere*, *dimittere*, *habere*, *remittere*, et non par *mundanus* ou *mundana*. D'ailleurs ce mot n'est pas conforme aux règles de la langue égyptienne, où un monosyllabe quelconque est presque toujours un verbe ; et c'est de cette racine que dérivent toutes ses acceptions lorsqu'elle est modifiée, soit par des articles, soit par des particules : les adjectifs se forment ordinairement par

---

(1) Jablonski, *opuscula*.

(2) Nous n'avons trouvé le mot Ⲭⲱⲓ avec la valeur de *mundanus* dans aucun des Vocabulaires memphitiques ou thébains que nous avons compulsés à la Bibliothèque impériale.

l'addition de ⲛ̀ ou ⲉ̀ⲙ, de ⲉⲧ ou ⲉⲑ. Ainsi, par exemple, la racine égyptienne ⲛⲁⲩ signifie *voir ;* de là se forment avec l'article masculin singulier ⲡⲓ le mot ⲡⲓⲛⲁⲩ, la *vision*, l'action de voir, et l'adjectif ⲉⲑⲛⲁⲩ, *voyant*, celui qui voit. De la racine ⲟⲩⲁⲃ, *être saint*, se forme l'adjectif ⲉⲑⲟⲩⲁⲃ, *saint.* Enfin les mots ⲛⲟⲩⲃ et ⲃⲉⲛⲓⲡⲓ, *or* et *fer*, deviennent adjectifs par l'addition des lettres ⲛ̀ et ⲉ̀ⲙ, ⲛ̀ⲛⲟⲩⲃ, *Annoub, doré*, et ⲉ̀ⲙⲃⲉⲛⲓⲡⲓ, *Ambênipi, ferré.*

D'après ces principes grammaticaux, il faudrait donc que ϫⲱ, pour signifier *mundanus* ou *mundana,* se présentât sous la forme de ⲉⲑϫⲱ, ⲛ̀ϫⲱ ou ⲉ̀ⲙϫⲱ, en supposant encore que la racine se prêtât à donner à cet adjectif l'acception de *mundanus ;* mais elle signifie rigoureusement *ponens, habens, dimittens* ou *remittens.* Il se pourrait aussi que ce fût de la racine ϫⲏ *(chi* ou *ché), esse, manere,* que Jablonski se fût servi pour donner à ϫⲱ la valeur de *mundanus ;* cependant ϫⲏ et ϫⲱ sont des racines fort distinctes par leur signification, et il ne pouvait, dans ce cas, user de la règle de permutation des voyelles propre à la langue copte : en outre, la forme était toujours vicieuse.

Jablonski s'est efforcé de prouver dans un long

Mémoire imprimé en 1748 (1), et faisant partie de son *Panthæon Ægyptiorum* qui parut en 1750, que le nom égyptien du dieu que les Grecs ont orthographié Φθα, s'écrivait en égyptien ⲫⲑⲁϣ. Il l'a adopté en conséquence dans son étymologie d'Αιγυπτος, Ⲏⲓⲭⲱⲓⲫⲑⲁϣ. Nous ferons seulement observer que dans le monument de Rosette, on lit plusieurs fois (2) ηγαπημενοσ υπο του Φθα, *le bien-aimé de Phtha*, titre honorifique donné à Ptolémée Épiphane. Cette autorité suffit pour détruire les conjectures de Jablonski, puisque ce mot est écrit Φθα, et non Φθας, comme il le faudrait pour rendre son étymologie probable (3).

Le nom de *Kobthi* que les Arabes donnent aux descendans des anciens Égyptiens, et que nous écrivons Copte ou Cophte (4), ressemble beaucoup à Αιγυπτος, *Ai-gypt-os*. Plusieurs philologues, frappés de cette conformité, ont fait de grandes recherches pour prouver que l'un était formé de l'autre. Cependant quelques auteurs leur ont donné une origine

---

(1) *Miscellanea Lipsiensia nova ad incrementum scientiarum, edente* Frid. Otto Menckenio. Lipsiæ, 1748, vol. 6, pag. 236 et suiv.

(2) Lignes 4, 8 et 9 du texte grec.

(3) Dans la partie de cet ouvrage où nous traiterons de la théologie égyptienne, nous reviendrons sur cette étymologie de Jablonski.

(4) La Commission d'Égypte orthographie ce mot *Kopte* dans la rédaction de son travail. M. Langlès l'écrit *Qobthe*.

différente. Nous allons examiner ces diverses opinions.

Les écrivains arabes prétendent que la nation des Coptes est ainsi appelée de *Kobth*, fils de *Messraïm* fils de Cham, un des rois d'Égypte après le déluge. D'autres historiens de la même nation croient que Kobth était fils de *Baidher* fils de *Cham* fils de *Noé*, et frère d'*Aschmoun*, d'*Atrib* et de *Ssa*. Après la mort de leur père, chacun d'eux voulut lui succéder (1), ne se trouvant point satisfait de la partie de l'Égypte qu'il lui avait assignée, l'ayant également divisée entr'eux ; il s'ensuivit un combat sanglant entre les trois frères. Kobth resta victorieux, et régna sur toute l'Égypte, à laquelle il donna son nom (2). Cette tradition s'accorde avec celle des Grecs, sur le roi Αιγυπτος, qui fit porter son nom à ses peuples.

Vansleb qui voyagea en Égypte en 1672 et 1673, ne balance point à adopter cette opinion dans sa Relation de l'Égypte (3), et ne doute point que ce ne soit par rapport à ce même roi *Kobth* que les grecs donnèrent à son royaume le nom d'Αιγυπτος. Mais cette tradition, dénuée de toute authenticité, ne mérite aucune confiance.

---

(1) Voyez ci-dessus, chap. 1.er, note 1.re de la page 64.

(2) Taky-eddin-Ahhmed, surnommé Elmakryzi, qui vivait dans le XV.e siècle de l'ère vulgaire.

(3) *Nouvelle relation de l'Égypte*. Paris, 1677, pag. 5 et 6. Il la renouvelle dans son *Histoire de l'Église d'Alexandrie* qu'il publia la même année.

Le célèbre Saumaise pensait (1) que les Coptes tiraient leur nom de la ville de Coptos, dans laquelle ils soutinrent un long et malheureux siège contre l'empereur Dioclétien. Mais ce qui semble détruire cette opinion, c'est que le nom de Copte ou *Kobthi* ne fut employé, pour désigner les Chrétiens d'Égypte, qu'après les conquêtes de ce pays par Amrou-ben-al-Ass, c'est-à-dire, long-tems après la mort de Dioclétien. (2). D'ailleurs, ce nom de *Copte* ne s'appliquait pas uniquement aux *Égyptiens d'origine*, mais encore à des *Nubiens* et à des *Habbaschi* ou *Éthiopiens* (3), qui tous étaient chrétiens de la secte des Jacobites. Ceci semble être en opposition avec le sentiment de Saumaise.

Le père Dubernat (4) propose une autre origine du nom des Coptes. Il croit qu'il vient du verbe grec Κοπτω, *couper*, et que les Grecs donnèrent aux Chrétiens d'Égypte le nom de Κοπτοι, *coupés*, parce qu'ils avaient l'usage de circoncire leurs enfans. Il semble que le P. Dubernat a puisé la première idée

(1) Salmassii *Epistolæ*, page 100, etc. — Kircher, *Prodromus Copticus*, page 7. — Tuki, page 3.

(2) Quatremère, *Recherches sur la langue et la littérature de l'Égypte*, pag. 29 et 30.

(3) Renaudot, *Historia Patriarcharum Alexandrinorum*, pag. 163 et 164.

(4) Quatremère, *Recherches sur la langue et la littérature de l'Égypte*, page 31. — Mémoires des Missions, t. 11, page 13.

de son étymologie dans le Traité d'Isis et d'Osiris, où Plutarque dérive aussi le nom de la ville de Coptos de Κοπτω, parce qu'après la mort d'Osiris son époux, Isis s'y *coupa* les cheveux. Mais il paraît que ce furent les Arabes qui donnèrent les premiers le nom de Kobthes aux Chrétiens de l'Égypte, appelés Jacobites par les Grecs, à cause de leur hérésie. Ceci détruit cette seconde hypothèse.

L'opinion la plus généralement adoptée par les savans qui ont cultivé la langue copte (1), est celle du savant Renaudot. Il pense (2) et cherche à prouver que le mot *Copte* n'est qu'une corruption du mot Αιγυπτος, égyptien. En remarquant les rapports qui existent entre ces deux noms, et retranchant la syllabe αι (3) et ος qui est simplement une désinence grecque, on trouve Γυπτ. Ce mot ne diffère point essentiellement de *Copte*, car l'alphabet égyptien n'ayant point la lettre Γ, que les Coptes remplacent par K, on trouve Κυπτ dont les Arabes ont formé *Kobth*, par la raison qu'ils ne connaissent point l'articulation π, *P*, et qu'ils lui substituent *B* ou *F*, comme

---

(1) Quatremère, *Recherches sur la littérature Égyptienne*, page 31.

(2) Si, à l'exemple de Jablonski, on dérivait αι de l'égyptien ΗΙ, *demeure*, on pourrait expliquer alors ce nom d'Égypte par *demeure des Coptes;* mais cela n'est point probable.

(3) Renaudot, *Liturgiarium orientalium collectio*, tome 1.er, page CXIII.

dans *Batoulmious*, *Afeltoun* ou *Aflatoun*, corruptions des noms de *Ptolémée* et de *Platon*. Si l'on adopte cette étymologie du mot *Copte*, il faudra aussi adopter les traditions des Grecs sur le roi Αἴγυπτος, et celle des Arabes sur Kobth, fils de Baïdher. Mais nous devons présenter ici quelques observations sur l'opinion de l'abbé Renaudot, qui est revêtue d'une apparence de vérité et qui est appuyée du suffrage de plusieurs savans recommandables.

Pour que cette étymologie fût adoptée, il serait nécessaire de réfuter le témoignage formel d'Hésychius, qui nous apprend que le nom d'Αἴγυπτος appartint d'abord au Nil, et que par suite on en fit celui de l'Égypte. En second lieu, le nom de Copte était donné aux Chrétiens d'Égypte par les Arabes, et il paraît qu'il n'était point en usage parmi les Coptes eux-mêmes ; du moins nous ne l'avons point rencontré dans les nombreux manuscrits égyptiens que nous avons eu l'occasion de parcourir et d'extraire. Un seul manuscrit thébain de la Bibliothèque impériale nous offre des traces défigurées du nom grec Αἴγυπτος dans le mot Ⲕⲩⲡⲧⲟⲛ (1). Mais il paraît même que l'auteur de ce vocabulaire ne regardait point Αἰγυπτος, qu'il orthographie vicieusement, comme le nom propre de l'Égypte, et qu'il l'appliquait à Memphis, puisque

(1) Mss. copte-thébain, n.° 44, f.° 80, rectò.

il interprête ce mot grec par le copte Ⲙⲉⲙϥⲉ qui, prononcé *Memvé*, n'est aussi qu'une corruption du nom égyptien Ⲙⲉⲛⲛϥⲓ ou Ⲙⲁⲛⲛϥⲓ, *Mamfi*, *locus bonus*, nom de la seconde capitale de l'Empire égyptien. Le mot arabe M SS R qui les suit et les explique aussi, se prête lui-même à cette interprétation, car si on le prononce *Massr*, il désignera la capitale de l'Égypte, et si on met un *kesra* sous le *mim*, on lira *Missr*, *l'Égypte*. Nous croyons toutefois que le nom copte de *Memphis*, placé entre le mot grec et le mot arabe, décide en faveur de notre conjecture.

Cependant on pourrait citer les noms éthiopiens *Gybzy* et *Gybzaoui*, *Égypte* et *égyptien*, pour soutenir que *Copte* dérive d'Αιγυπτοσ; mais ces deux noms peuvent avoir été formés de l'arabe *Kobth*, de même que le nom éthiopien d'Alexandrie, *Iskindiria*, n'est qu'une altération de l'arabe *Iskanderiah*.

Si cependant on croyait que le mot *Copte* dérive du grec Αιγυπτος, que celui-ci est d'origine égyptienne, et que par conséquent il fut employé par les anciens Égyptiens pour désigner leur patrie, nous pouvons prouver d'une manière péremptoire que les Égyptiens ne donnèrent jamais ce nom à leur pays. Nous invoquerons à cet effet le témoignage de Plutarque, qui nous apprend que les Égyptiens connurent l'Égypte sous un nom différent d'Αιγυπτος, et ce même nom donné par Plutarque est le seul par lequel l'Égypte soit désignée dans toutes les versions égyptiennes de l'ancien et du nouveau Testament, et dans tous les livres écrits en cette langue.

Mais avant que de présenter le véritable nom de l'Égypte et sa signification, nous croyons nécessaire d'analyser plusieurs autres noms donnés à cette contrée par les Grecs, les Phéniciens, les Hébreux, les Arabes et les anciens Persans.

Dans le grand nombre de noms, ou plutôt d'épithètes par lesquelles les Grecs désignèrent l'Égypte, il en est plusieurs qui ont pris leur source dans les traditions grecques sur ce pays; telles sont Αεϐια (1) et ποταμιτις, ou ποταμια (2), dérivées, selon eux, du nom de l'épouse de Bélus, père d'Ægyptus (3). On croit cependant, et avec raison, que le nom de *Potamia* lui fut donné à cause de son fleuve (ποταμος) si célèbre. On connut aussi l'Égypte sous le nom d'Αετια. Étienne de Byzance dit que ce nom lui fut donné à cause d'un indien appelé Aétos, και Αετια απο τινος ινδου Αετου. Cette explication ne mérite point la peine d'être réfutée, et nous sommes persuadés que le nom d'Αετια donné à l'Égypte dérive, comme Αιγυπτος, de celui

---

(1) Stephanus Byzantinus, *de Urbibus et Populis.*

(2) *Eustathe*, *apud Dionysium Periegetem.* Vers. 239. — Stephanus Byzantinus, *loco citato.*

(3) Stephanus Byzantinus.

du Nil qui, selon Diodore de Sicile (1), fut très-anciennement appelé Αἐτὸς, *Aigle*, à cause de la rapidité de son cours.

Comme l'histoire de l'Égypte remontait à des siècles bien antérieurs à celle des Grecs, et que ce pays est un des plus anciennement peuplés, ils le surnommèrent aussi Ὠγυγία, c'est-à-dire, l'*antique*. Ce mot est le féminin de l'adjectif Ὠγύγιος, *ogygéen*, *qui est du tems d'Ogygès*. Il était employé par les poètes grecs pour désigner une chose extrêmement ancienne, qui remontait au siècle d'Ogygès, sous lequel arriva le déluge qui porte son nom, et qui était pour les Grecs l'époque la plus reculée de leur histoire. Ils donnaient ainsi une haute idée de l'antiquité de l'Égypte, en l'appelant Ὠγυγία.

Elle reçut aussi le surnom de ΗΦαιςία, la terre d'*Héphaistos*, le *Vulcain* des Romains. Le nom égyptien de *Dieu-Créateur* était *Phtha*, que les Grecs prirent pour leur Ηφαιςος, *Héphaistos*. Si ce même surnom grec fut traduit de l'égyptien, il dut être synonyme de ⲡⲁⲫϯ, *Paphti*, ou ⲡⲁⲫⲛⲟⲩϯ, *Paphnouti* (2), et ces mots signifient *celui qui*

---

(1) Diodore de Sicile. Liv. I, page 17.

(2) Ce nom fut aussi porté par plusieurs saints coptes. C'est de là qu'on a fait saint *Paphnuce*, *Paphnutius*. Dans le martyre de l'abbé Panesniv, on parle d'un diacre appelé ⲠⲀⲠⲚⲞⲨⲦⲈ, *Papnouté*, nom qui, en dialecte thébain, répond au memphitique

appartient à Dieu. Ils se mettent à la place de ⲡⲓⲕⲁϩⲓ ⲛ̀ⲛⲟⲩϯ, *terre de Dieu, pays de Dieu*, et de ⲡⲓⲣⲱⲙⲓ ⲛ̀ⲛⲟⲩϯ, *l'homme de Dieu*, en dialecte thébain ⲡⲕⲁϩ ⲛ̀ⲛⲟⲩⲧⲉ, ⲡⲣⲱⲙⲉ ⲛ̀ⲛⲟⲩⲧⲉ (1).

Ce nom égyptien correspondait à notre adjectif *divine*, et l'Égypte pouvait porter ce nom, puisqu'il semble que Dieu lui-même s'est plu à la combler de toutes ses faveurs, et que c'est par un phénomène admirable que le Nil la fertilise par ses débordemens périodiques. Sans la crue du Nil, et sans le Nil lui-même, ce pays si riche et si fertile ne serait qu'un vaste désert de sables. Les Égyptiens reconnaissans durent apprécier ce bienfait, le rapporter à

ⲡⲁⲫⲛⲟⲩϯ : ⲛ̀ϭⲓ ⲁⲡⲁ ⲡⲁⲡⲛⲟⲩⲧⲉ ⲡⲇⲓⲁⲕⲟⲛⲟⲥ ⲙ̀ⲡⲃⲟⲟⲩ, *l'abbé Papnouté, diacre de Pboou*, monastère fondé par saint Pakhôm. Le Mss. copte, *n.° 59 du Vatican, contient le martyre de saint* ⲡⲁⲫⲛⲟⲩϯ, *Paphnouti.*

(1) *Homme de Dieu*, c'est une qualification qu'on rencontre très-souvent dans les livres coptes pour désigner un saint personnage. C'est ainsi, par exemple, que dans le 9.e fragment thébain des manuscrits publiés par Mingarelli, on lit : ⲡⲣⲱⲙⲉ ⲇⲉ ⲙ̀ⲡⲛⲟⲩⲧⲉ ⲁⲡⲁ ⲡⲁϩⲱⲙ ⲁϥⲙ̀ⲕⲁϩ ⲛ̀ϩⲏⲧϩⲙ̀ ⲡϩⲱⲃ ϣⲁϩⲣⲁⲓ ⲉ̀ⲡⲙⲟⲩ; « à cause de cela, l'*homme » de Dieu Apa Pahom* (Pakhôm en Memphitique) *fut attristé » jusques à sa mort.* » Mingarelli, page CCXXXV.

Dieu, *sous le nom de Phtha*, d'où les Grecs firent le surnom Ηφαιστια, en croyant que leur Ηφαιστος était le Phtha de l'Égypte.

Il est encore un autre surnom de l'Égypte, et que les Grecs peuvent avoir pris des Égyptiens eux-mêmes ; c'est celui d'Ερμοχυμιος, *Hermochymios*. Thomas de Pinédo, dans ses Commentaires sur Étienne de Byzance (1), croit y reconnaître les noms de *Mercure* et de *Cham*. Mais le mot *Hermès* étant grec, ne doit point se rencontrer dans un mot égyptien ; et comme il n'est pas sûr que les Égyptiens aient connu le nom de *Cham*, fils de Noé, il faut voir à sa place *Chymi*, nom égyptien de l'Égypte, le ⲬⲎⲘⲒ, *Chimi* des Coptes. Le mot entier Ερμοχυμιος ne nous a présenté aucun sens.

Μελαμβολοσ fut aussi un nom que porta l'Égypte (2); chez les Grecs, il désignait *un pays dont les mottes de terre sont noires*. On verra plus bas que cette épithète est la traduction exacte du véritable nom de l'Égypte. Nous terminerons cette nomenclature des noms grecs de cette contrée, en faisant observer qu'Étienne de Byzance prétend que les Phéniciens l'appelèrent Μυαρα, *Myara*. Il ne serait pas surprenant que

(1) Stephanus Byzantinus, *de Urbibus. Amstelodami*, 1678.

(2) *Ibidem*, page 38.

que ce mot eût été corrompu par les copistes, et qu'il eût été primitivement orthographié Μυσρα, *Mysra*, le même que *Missr*, nom que des peuples de l'Orient donnaient autrefois et donnent encore à l'Égypte.

On remarque chez les Orientaux un usage qui remonte aux tems les plus reculés : une nation donnait rarement aux peuples voisins leur véritable nom ; elle le tirait ordinairement de sa propre langue ou de ses traditions. Cet usage subsiste encore aujourd'hui. Les Persans, par exemple, appelaient les Tatars *Touraniens*, parce que, selon leur histoire, Tour, fils de *Féridoun* ou *Trethnô*, avait fait la conquête de la Tartarie, au-delà du fleuve *Dgihoun* ou l'Oxus, et les avait soumis à son Empire.

Les Persans leur conservaient, à cause de cet événement, le nom de *Touraniens*, en donnant à leur pays celui de *Touran*, ou pays de *Tour*. Les Arabes reçurent aussi un nom particulier des anciens Persans; ce fut celui de *Tazians*, parce qu'ils prétendaient que les Arabes étaient issus de *Taz* et de sa sœur *Tazé*, descendans du roi Kaiomortz. Les Arabes, à leur tour, appellent aujourd'hui la Perse *Adjem*, tandis que son véritable nom est *Fars*. Les Éthiopiens modernes sont aussi connus, parmi les Arabes, sous une dénomination particulière ; ils les nomment *Habbaschi*, et leur pays *Habbasch* : ces mots arabes désignent un *mélange de diverses nations* ; et les Éthiopiens, qui s'appellent entr'eux *Aythiopaoui*, les regardent comme injurieux. Il paraît aussi que les Égyptiens suivirent cet usage ; car ils appelaient l'*Éthiopie* ⲛⲉϭⲟⲟϣ, *Nesoosch* en dialecte thébain, et ⲛⲓⲉⲑⲁⲩϣ, *Niethausch* en memphitique (1), ou bien ⲡⲕⲁϩⲛⲛϭⲟⲟϣ, *Pkahannsoosch* (2). Dans les Vocabulaires coptes, l'Inde porte le nom de Ⲥⲟⲫⲓⲣ (3), qui paraît être le même que l'*Ophir* des Hébreux. On trouve aussi dans ces mêmes lexiques le nom arabe *Hind* (l'Inde) sous la forme de Ⲡϩⲉⲛⲧⲟⲩ, *P-hendou* (4) en copte-thébain ou Sâïdi, et Ⲡⲓϩⲉⲛⲧⲟⲩ, *Pihendou* (5) en memphitique ou Bahhiri. Nous citerons encore le nom de la *Nubie*, qui est d'origine égyptienne, comme nous le démontrerons dans la suite de cet ouvrage.

Cet usage de donner un nom spécial à des peuples voisins, est presque général sur la terre. Cette observation s'applique à l'Égypte, comme aux autres contrées dont nous venons de parler.

---

(1) Pseaume LXVII, 31.

(2) Mss. thébain, n.° 44, f.° 79 versò, Bib. imp., ancien fonds.

(3) Mss. copte, n.° 17, supplém., fonds de Saint-Germain, f.° ⲣϥⲅ.

(4) Mss. copte-thébain, Bib. imp., n.° 46.

(5) Mss. copte, n.° 17, Bib. imp., suppl. Saint-Germain, f.° ⲣϥⲅ.

Les Hébreux la connurent sous le nom de *Messraïm* ou de *Missraïm*, et les Arabes l'appellent encore aujourd'hui *Missr*. Ces deux mots paraissent avoir la même origine. Les Hébreux prétendent qu'elle reçut ce nom de *Messraïm*, fils de *Cham*, qui peupla l'Égypte après le déluge ; et selon les Arabes, ce fut de *Missr*, fils de Messraïm fils de Cham, fils de Noé (1).

Ces traditions orientales n'ont point empêché de chercher l'origine et la signification de ces deux mots. Quelques auteurs ont regardé Missraïm comme le pluriel de *Missr*, ou comme son duel (2), et dans ce sens on devrait le traduire par *les deux Messr*, c'est-à-dire la haute et la basse Égypte. Mais cette explication est toute hasardée.

On trouve encore dans le texte hébreu *Massour* ou *Matzour*, à la place de *Messraïm* (3), et comme ces deux noms sont synonymes selon le rabbin Kimchi, on a cru que l'Égypte a été nommée ainsi à cause de sa force naturelle ; ce qui est exprimé par le mot *Massour*, le *lieu fort*, dérivé de la racine hébraïque *Ssour* ou *Tsour*, parce que l'Égypte est environnée

---

(1) Abd-arraschid-el-Bakoui, dans sa Géographie intitulée : *Livre exposant les traditions sur les Merveilles du roi Tout-Puissant* (Dieu). Il vivait dans les 8.e et 9.e siècles de l'hégire.

(2) Bochart, *Geographia sacra*, page 258.

(3) Les Rois, XIX ; Isaïe, XIX, 6.

de mers et de déserts qui semblent en défendre l'approche. Le nom de la ville de Tyr, appelée par les Phéniciens *Ssour*, dérive de la même racine. Il paraît aussi lui avoir été donné à cause de sa position avantageuse : au rapport des historiens grecs, la divinité protectrice de cette ville fut Hercule, dieu de la *force*.

ϫⲟⲣ, *Sjor* ou ϫⲱⲣ, *Sjôr*, est un monosyllabe qui appartient à la langue égyptienne, et qui a également la valeur de *fortis* (1). Il en résulte qu'on pourrait aussi dériver *Massour* de l'égyptien ⲘⲀϫⲟⲣ, *Masjor*, ou ⲘⲀϫⲱⲣⲓ, *Masjôri*, *locus fortis*, *lieu fort.* Mais ce mot ϫⲟⲣ est-il d'origine égyptienne, ou bien les Coptes l'ont-ils emprunté des Hébreux? C'est ce qu'on ne peut décider ; il est seulement permis de dire avec assurance que *Missr*, *Massour* et *Messraïm* étaient les noms que des peuples orientaux, tels que les Hébreux, les Assyriens et les Arabes, donnaient à l'Égypte.

En arabe *Missr* (2), ou plutôt *Massr*, signifie une *capitale*, une *grande ville*, d'où se forment le duel *Massrani* et le pluriel *Amssar*, et ce mot *Massr* s'applique particulièrement aux capitales de l'Égypte.

Les anciens habitans de la Perse connurent aussi l'Égypte sous des noms particuliers. L'auteur du

(1) Pseaumes VII, 11; XVII, 19, etc.

(2) Golius, *Lexicon arabico-latinum*, à la racine *Massara*.

Boundèhesch, livre écrit en langue pehlvie et qui contient la cosmogonie des Parsis, appelle l'Égypte la terre de *Sapentos :* nous en ignorons la cause et l'origine. Il la nomme aussi *Messredj*, qui n'est autre chose que le nom de *Missr*, avec une terminaison pehlvie.

Quelle que soit l'origine du mot *Missr*, il est probable qu'il ne fut jamais en usage parmi les Égyptiens. Selon Plutarque, ils appelaient leur pays Χημια (1). En retranchant la désinence grecque α, on trouve Χημι qui est exactement le mot Ⲭⲏⲙⲓ, *Chémi* ou *Chimi* (2), que portent tous les textes égyptiens des livres saints et tous les manuscrits en langue copte. C'est là le véritable et le seul nom égyptien de l'Égypte.

En dialecte memphitique, on disait Ⲭⲏⲙⲓ, *Chêmi*, et en dialecte thébain, Ⲕⲏⲙⲉ, *Kêmé* ou *Kimé* : ⲉⲕϩⲙⲟⲟⲥ ϩⲛ̀ ⲧⲉⲕⲣⲓ ⲕⲁ ⲟⲩⲣⲟⲉⲓⲥ ⲛ̀ⲧⲟⲟⲧⲕ ⲙ̀ⲡⲉⲣⲕⲁ ⲡⲥⲱⲙⲁ ϩⲛ̀ ⲧⲣⲓ ⲉⲣⲉ ⲡⲉⲕϩⲏⲧ ϩⲛ̀ ⲕⲏⲙⲉ (3) : « Lorsque tu es assis dans ta » cellule, veille sur toi-même; tandis que ton corps » est dans ta cellule, que ton cœur ne soit pas en

---

(1) Plutarque, *de Iside et Osiride*.

(2) Les Arabes le prononcent et l'écrivent *Schimi* ou *Schima*.

(3) *Ægyptiorum codicum reliquiæ musoei Naniani, fragment.* XV, page II du mss., et page cccxxxi de l'ouvrage de Mingarelli.

» Égypte. » Il se trouve écrit Ⲕⲏⲙⲏ, *Kêmé*, dans une note insérée dans un manuscrit (1) par le diacre Joseph qui s'était réfugié au monastère de Saint-Macaire, près des lacs de Natron, lorsque le calife Fathimite Hakem-Biamrillah persécutait les Chrétiens de l'Égypte. Mais il n'est point étonnant que l'orthographe de ce mot soit vicieuse, puisque le morceau entier du même auteur, publié par M. Étienne Quatremère (2), est écrit dans une espèce de patois ou égyptien corrompu qu'on parlait dans le Fayyoum, province d'où le diacre Joseph était originaire.

Les Égyptiens portaient le nom de Ⲣⲉⲙⲛ̀ⲭⲏⲙⲓ, *Remanchimi*, mot formé, 1.° du monosyllabe ⲣⲉⲙ, *indigène*, *habitant*, et qui n'est peut-être autre chose qu'un abrégé de ⲣⲱⲙⲓ, *homme* ; 2.° de la lettre ⲛ̀, article du génitif ; 3.° de Ⲭⲏⲙⲓ, nom de l'Égypte : il signifie par conséquent *un homme* ou *un habitant de l'Égypte*. Nous citerons ici, à l'appui de ce que nous venons d'avancer, le commencement du XXXIX.ᵉ chapitre de la Genèse, que nous avons extrait d'un superbe manuscrit copte-memphitique de l'ancien

(1) Mss. copte, n.° 68, f.° 161 ; Bib. imp., fonds du Vatican.

(5) Dans ses *Recherches sur la langue et la littérature de l'Égypte*, pages 248 et suiv.

Testament, que possède la Bibliothèque impériale (1) : Ⲓⲱⲥⲉⲫ ⲇⲉ ⲁⲩⲉⲛϥ ⲉ̀ϧⲣⲏⲓ ⲉ̀ⲭⲏⲙⲓ. Ⲟⲩⲟϩ ⲁϥϣⲟⲡϥ ⲛ̀ϫⲉ ⲡⲉⲧⲉⲫⲣⲏ ⲡⲓⲥⲓⲟⲩⲣ ⲛ̀ⲧⲉ ⲫⲁⲣⲁⲱ ⲡⲉϥⲁⲣ-ⲭⲓⲙⲁⲅⲟⲥ ⲟⲩⲣⲱⲙⲓ ⲛ̀ⲣⲉⲙⲭⲏⲙⲓ ⲉ̀ⲃⲟⲗϧⲉⲛ ⲛⲉⲛϫⲓϫ ⲛ̀ⲛⲓⲓⲥⲙⲁⲏⲗⲓⲧⲏⲥ ⲛⲏⲉⲧ ⲁⲩⲉⲛϥ ⲉ̀ϧⲣⲏⲓ ⲉ̀ⲙⲁⲩ : « Ils (les Ismaëlites) conduisirent donc Joseph » en Égypte (Ⲭⲏⲙⲓ). Pétéphri ou Pétéphré (2), » eunuque de Pharaon et chef de ses Mages (3), » homme égyptien (ⲣⲉⲙⲭⲏⲙⲓ) (4), le prit des » mains des Ismaëlites qui l'avaient mené dans ce » pays. » Le mot Ⲣⲉⲙⲭⲙⲏ, *Remchmè*, se lit aussi dans le texte égyptien de l'inscription de Rosette (5).

C'est de Ⲭⲏⲙⲓ (6) que les Hébreux formèrent leur

---

(1) Mss. copte, n.° 1, ancien fonds.

(2) Le nom de ⲡⲉⲧⲉⲫⲣⲏ est purement égyptien. Il désigne une personne consacrée au Soleil (ⲣⲏ).

(3) Le texte hébreu porte *sser Hatabahhim*, le chef de ses Satellites ou Gardes. La vulgate porte *Princeps exercitûs sui*. Le texte copte fait de *Pétéphré* le chef des Sages du roi d'Égypte, car Μαγοσ, en grec, est souvent mis pour signifier *Sapiens*.

(4) Ou ⲣⲉⲙⲛ̀ⲭⲏⲙⲓ, comme on lit dans le verset suivant.

(5) Lignes 8 et 12.

(6) Kircher a mal orthographié Ⲭⲏⲙⲓ dans son *Œdipus Ægyptiacus*. Il l'écrit Ⲭⲏⲙⲓⲁ ; c'est probablement d'après Plutarque. Il ne connaissait peut-être point alors de manuscrit copte qui pût le faire revenir de son erreur.

Artz-Kham, *terre de Cham*, qu'ils rattachèrent à l'une de leurs traditions pour en donner l'origine (1) et l'expliquer, comme ils le firent à l'égard des autres nations de la terre dont les noms étaient venus à leur connaissance.

Quelques auteurs, et parmi eux le père Bonjour (2), ont écrit que le nom de Ⲭⲏⲙⲓ ne s'appliquait pas à l'Égypte entière, mais seulement à la *basse Égypte*. La lecture des Martyrologes suffit pour détruire cette opinion. Cependant il est des passages qui semblent en quelque sorte appuyer cette fausse conjecture ; tel est, par exemple, le suivant : ⲉ̀ⲃⲟⲗ ϩⲓⲧⲉⲛ ϩⲁⲛⲓⲟϯ ⲉⲩⲉⲛϩⲟⲧ ϧⲉⲛ ⲛⲓϣⲁϥⲉⲩ ⲛ̀ⲧⲉ Ⲭⲏⲙⲓ ⲛⲉⲙ ⲛⲓⲫⲁⲓⲁⲧ ⲛⲉⲙ ⲛⲏⲉⲧⲁⲩϣⲱⲡⲓ ϧⲉⲛ ⲙⲁⲣⲏⲥ ⲛⲉⲙ ⲥⲟⲩⲁⲛ ⲛⲉⲙ ⲛⲓⲙⲁ ⲉⲣⲉ ⲛⲓⲣⲉⲙⲧⲁⲃⲉⲛⲛⲏⲥⲓ ϣⲟⲡ ⲙ̀ⲙⲁⲩ : « Parmi les Pères dignes de foi, des déserts » de l'Égypte (Ⲭⲏⲙⲓ) et de *Niphaïat* (la Libye, » voisine de l'Égypte), parmi ceux qui habitèrent » dans *Maris* (la Thébaïde) et *Souan*, ainsi que » ceux de *Tabennési*, etc. (3) » Il semble d'abord que

---

(1) Ham (ou Cham), *à quo et Ægyptus usque hodiè Ægyptiorum lingua* Ham *dicitur.* — S. Hieronymus, *Questiones in Genesim.*

(2) Bonjour, *Monumenta coptica Bibliothecæ Vaticanæ.*

(3) *Historia Lausiaca*, mss. copte, Bibl. imp., n.º 64, f.º 156 rectò.

Chêmi, *Niphaïat*, *Souan* et *Maris* sont des pays indépendans l'un de l'autre; mais comme *Niphaïat* appartenait à l'Égypte (*Chêmi*), et que *Souan* était situé dans le *Maris* ou Thébaïde, il s'ensuit évidemment que *Maris* était une partie de *Chêmi*, Ⲭⲏⲙⲓ, et que toute l'Égypte portait ce nom.

Mais la preuve la plus convaincante de ce fait, celle qui détruit l'opinion de ceux qui prétendent que Ⲭⲏⲙⲓ ne désigne qu'une partie de l'Égypte et non le pays tout entier, se trouve dans l'importante inscription de Rosette. Par-tout où le texte grec porte Αιγυπτος, on trouve dans le texte égyptien (1) Ⲭⲙⲏ, *Chmé* (2), ou bien Ⲭⲙⲓ, *Chmi*, comme le dit M. Akerblad. Il est donc hors de doute que l'Égypte entière porta, parmi les Égyptiens, le nom de Ⲭⲏⲙⲓ, *Chêmi* ou *Chmi*. Quant à l'orthographe de ce mot dans l'inscription de Rosette, où il est écrit *Chmi*, il est facile de la justifier par des exemples tirés de ce monument lui-même. Il paraît que les anciens Égyptiens négligeaient beaucoup les voyelles, et que très-souvent ils ne les écrivaient pas. On voit en effet que les noms grecs Πτολεμαιος, Βερενικης, Αλεξανδρος,

(1) Nous lisons ce mot par un Ⲏ à la fin. Nous justifierons dans la suite cette lecture.

(2) Voyez lignes 1, 7, 8, 11, 12, 13, 19, 21, 23, 29, etc., du texte égyptien.

Πυρρας, sont rendus dans le texte égyptien du monument que nous venons de citer, par Ⲡⲧⲗⲟⲩⲙⲏⲉⲟⲥ, Ⲃⲣⲛⲏⲕⲉⲥ, Ⲁⲗⲕⲥⲁⲛⲧⲣⲟⲥ et Ⲡⲣⲉⲥ. Dans le nom de Ptolémée, les Égyptiens ont retranché l'ο ; les deux ε manquent dans Bérénice ; ils ont aussi omis l'ε dans le nom d'Alexandre, et υ dans celui de Pyrra. Le dialecte thébain semble conserver encore des traces de cet ancien usage, qui faisait supprimer les voyelles (sur-tout l'ⲉ) en écrivant les mots où elles se rencontrent. On trouve par exemple ⲥⲟⲗⲥⲗ pour ⲥⲟⲗⲥⲉⲗ, *orner, consoler ;* ⲣⲙⲉⲓⲟⲟⲩⲉ, pour ⲉⲣⲙⲉⲓⲟⲟⲩⲉ ou ⲣⲓⲙⲉⲓⲟⲟⲩⲉ, *les larmes ;* ϭⲙϭⲟⲙ, *pour* ϭⲉⲙϭⲟⲙ, *rendre fort ;* ϩⲙϩⲙ, *pour* ϩⲉⲙϩⲉⲙ, *cri, gémissement, bruit ;* ϭⲗⲙ (1), *pour* ϭⲗⲟⲙ. Il en est de même des prépositions ϩⲛ et ϩⲙ pour ϩⲉⲛ, ϩⲉⲙ, *de, dans.* Cependant on a eu soin de surmonter d'une petite ligne les lettres entre lesquelles il fallait suppléer une voyelle.

Nous ajouterons que c'est peut-être de cette habitude des anciens Égyptiens d'omettre les voyelles, que vient la grande confusion qui existe dans leur emploi dans la langue copte. Quoi qu'il en soit, nous concluons rigoureusement de ces observations, que l'orthographe de Ⲭⲙⲏ (*Chmi*) est naturelle et conforme au génie de la langue égyptienne.

---

(1) Hosée, X, 7.

Le nom que les Égyptiens donnaient à leur pays devait avoir une signification, ainsi qu'on le remarque chez tous les peuples de l'Orient, qui tirèrent le nom propre de la contrée qu'ils habitaient, ou de son état, ou de quelqu'autre circonstance qui y était relative. Ce qui frappait le plus ceux qui voyaient l'Égypte pour la première fois, c'était l'aspect de son sol. « L'Égypte, » dit Hérodote (1), ne ressemble en rien ni à l'Arabie » qui lui est contiguë, ni à la Libye, ni même à la » Syrie. Le sol de l'Égypte est une terre *noire*, » crevassée et friable, comme ayant été formée du » limon que le Nil y a apporté d'Éthiopie, et qu'il y a » accumulé par ses débordemens; au lieu qu'on sait » que la terre de Libye est plus rougeâtre et plus » sablonneuse, et que celle d'Arabie et de la Syrie » est plus argileuse et plus pierreuse. » La justesse de cette observation de l'historien d'Halicarnasse est confirmée par tous les voyageurs modernes qui ont parcouru l'Égypte. Cette couleur noirâtre du limon du Nil a fait dire à Virgile, en parlant de ce fleuve :

Et viridem Ægyptum nigrâ fecundat arenâ (2);

et c'est aussi à cause de cette particularité que les Égyptiens appellèrent l'Égypte Ⲭⲏⲙⲓ ou Ⲭⲙⲏ.

---

(1) II, §. XII.

(2) Virgilius, *Georgicôn*, IV, 23.

En effet, ϫⲁⲙⲉ (1) qu'on trouve aussi écrit ϫⲁⲙⲏ (2) en dialecte memphitique, et ⲕⲁⲙⲉ (3) en dialecte thébain, signifie *noir ;* et l'on voit aisément que le nom de l'Égypte a suivi les variations de ces mots ϫⲁⲙⲓ et ⲕⲁⲙⲉ, puisque dans la basse Égypte on l'écrivait par un ϫ, et dans la haute Égypte par un ⲕ. Outre cela, le mot ϫⲁⲙⲏ, *noir,* quoiqu'il soit rarement employé, a suffi pour conserver la véritable orthographe du nom égyptien de l'Égypte, puisqu'il ressemble à ϫⲙⲏ de l'inscription de Rosette, et qu'il n'y a de différence entr'eux que l'absence de ⲁ ou ⲉ dans ϫⲙⲏ : nous avons expliqué la cause de cette omission.

Les dérivés de ϫⲁⲙⲉ ont tous rapport à la couleur foncée ou noire ; ainsi le mot ϫⲁⲙⲓ veut dire *les ténèbres*, lorsqu'il est précédé de l'article ⲛⲓ, marque du pluriel dans la langue égyptienne (4). ϫⲁⲙⲉⲣⲱϥ, *Chamé-Rôf* (5), est le nom d'un insecte ; il est formé de ϫⲁⲙⲉ, *noir*, de ⲣⲱ, *bouche*, et du

(1) Mathieu, V, 36 ; Apocalypse, VI, 5, 12.

(2) Mss. copte du Vatican, n.° 60, Bibl. imp.

(3) Bonjour, *Monumenta coptica*, page 10.

(4) Tuki, *Rudimenta linguæ coptæ*, 4.

(5) *Vita Macarii Alexandrini.* Cod. copticus musæi Borgiani, cité par Rossi, *Etymologiæ ægyptiacæ.*

pronom personnel ϥ, *lui, à lui*, ce qui donne l'équivalent des mots français *qui a une bouche noire* (1). J'ignore à quelle espèce d'insecte les Égyptiens l'appliquaient. Enfin, ⲫⲏⲉⲧ̄ⲭⲏⲙⲓ signifie *noir, ténébreux* (2). Ces notions sont certaines, et pour prouver jusques à l'évidence que ⲭⲏⲙⲓ, ou bien ⲭⲙⲏ ou ⲭⲁⲙⲏ, noms de l'Égypte, voulaient dire *noir*, de *couleur noire*, nous ajouterons ici le témoignage de Plutarque, qui appuie notre explication lorsqu'il dit : « *Outre cela, toute la terre d'Égypte est » fort noire*, et les Égyptiens appellent *le noir des » yeux* Χημι-α. » Ils pouvaient en effet dire ⲡⲓⲭⲏⲙⲓ ⲙ̀ⲃⲁⲗ, *pichêmi ambal*, ou ⲡⲓⲭⲏⲙⲓ ⲛ̀ⲛⲓⲃⲁⲗ, *pichêmi annibal, le noir de l'œil* ou *le noir des yeux*. Il s'ensuit naturellement que ⲭⲏⲙⲓ et ⲭⲁⲙⲓ sont synonymes. Il en était de même de ⲭⲁⲙⲏ, comme le prouve un manuscrit grec sur papyrus, trouvé dans un coffre enfoui près de Djizèh, vis-à-vis le Kaire, lequel fait partie de la riche collection du vénérable cardinal Étienne Borgia, et a été publié à Rome par

(1) Le mot égyptien ⲁⲙⲣⲱϥ, *muet, qui ne parle point* (mss. copt., Bibl. imp., fonds du Vatic., n.° 68, f.° 120), est formé de la même manière. Ce mot est aussi écrit ⲁⲧⲣⲱϥ dans le manuscrit copte provenant de Saint-Germain, n.° 500.

(2) L'Égypte porta aussi le nom de *Ténébrosa*. Stephanus Byzantinus, verbò Αερία.

M. Schow (1). Ce fragment intéressant contient des noms d'ouvriers employés dans les travaux publics ; ils sont presque tous égyptiens ; tels sont Παῶφις, Αμασισ, Παμουν, Πἔτουφις, qui, dans leur orthographe nationale ⲡⲁⲟⲩϥⲓ, ⲁⲙⲏⲥⲓ, ⲡⲁⲙⲟⲩⲛ, ⲡⲉⲧⲟⲩϥⲓ, signifient Αγαθοδαιμονιος, *consacré au Dieu bon*, *Isiaque*, *Amoun*, ou plutôt Αμμωνιος, *le bon*. Dans cette liste on trouve celui de Καμης, qui n'est autre chose que l'égyptien Ⲕⲁⲙⲏ ou Ⲭⲁⲙⲏ, *le noir*.

Le nom égyptien de l'Égypte fut donc Ⲭⲁⲙⲏ, Ⲭⲏⲙⲓ, en dialecte memphitique, et Ⲕⲏⲙⲉ, ou plutôt Ⲕⲁⲙⲏ, en dialecte thébain. Ces divers noms se prononcent tous *Chami* ou *Chimi* (2), et ne diffèrent en effet que dans leur orthographe, et nullement dans leur signification que nous avons dit être synonyme du mot français *noir*, *noire*. Ce nom remonte à l'origine même de la nation égyptienne ; c'est pourquoi les Grecs surnommèrent l'Égypte Μελαμβολος (3), *aux mottes de terre noires*, et l'appelèrent χωεα

---

(1) *Charta Papyracœa musæi Borgiani*, Romæ, 1788.

(2) C'est de-là que dérive le mot français *chimie*. Cette science est d'origine égyptienne. Les Égyptiens paraissent l'avoir cultivée avec quelque succès. L'empereur Dioclétien fit brûler tous les livres de chimie, composés par les anciens Égyptiens. Voyez *Suidas*, aux mots χημεια et Διοκλητιανος.

(3) Stephanus Byzantinus.

μελαμποδων (1), *le pays de ceux qui ont les pieds noirs*, ou qui habitent *une terre noire*. Nous verrons dans le chapitre suivant, où nous nous occuperons du Nil, que ce fleuve porta le même nom.

(1) Eustathe.

CHAPITRE TROISIÈME.

Du Nil.

PARMI le grand nombre de singularités et de phénomènes admirables qui appellent sur l'Égypte l'attention des observateurs, le Nil tient le premier rang. Ce grand fleuve, par son débordement périodique, donne la fécondité et la vie au pays qu'il arrose. Sans lui, les riches campagnes de l'Égypte ne seraient qu'un vaste désert, semblables aux solitudes immenses qui l'environnent. Il est en même tems le créateur et le conservateur des contrées qu'il parcourt dans sa longue course.

Les anciens Égyptiens n'ignoraient point ces vérités; ils savaient que sans le Nil, l'Égypte, bien loin de fournir du blé à la plus grande partie de l'Asie, aurait été dans la nécessité d'en recevoir des nations voisines, ou plutôt, qu'elle aurait été inhabitée. Ce peuple que l'antiquité désigne comme celui qui savait le mieux apprécier tout ce qui portait un caractère d'utilité générale, consacra, dans sa reconnaissance, une espèce de culte aux eaux bienfaisantes du fleuve.
Il

Il regarda le Nil comme *sacré*, et Plutarque nous apprend que les Égyptiens le qualifiaient de *père* et de *sauveur* de l'Égypte (1).

Les nations de l'Europe ont long-tems ignoré le lieu où se trouvent ses sources. De nos jours même les opinions sont très-partagées, ou du moins on n'a pu déterminer avec une rigoureuse exactitude le point de l'Afrique où elles existent (2). Il n'est pas surprenant que les Grecs, dont les connaissances géographiques étaient plus bornées que celles des modernes, ne nous aient laissé, sur ce sujet, que des notions plus vagues encore et contradictoires.

Pendant son voyage en Égypte, Hérodote eut occasion de consulter sur cette question plusieurs Égyptiens, des Libyens et des Grecs qui avaient quelque instruction; mais aucun d'eux n'osait assurer les connaître (3). L'Hiérogrammate de Saïs, prêtre égyptien qui écrivait et interprétait les livres en caractères sacrés, voulut cependant les lui indiquer. Selon lui, à l'extrémité de la Thébaïde, entre la ville de Syène et l'île d'Éléphantine, étaient deux montagnes dont les sommets se terminaient en pointe. L'une de

(1) Plutarque, *de Iside et Osiride*.

(2) D'Anville avait la même opinion. *Académie des Belles-Lettres*, tome XXVI, pag. 46 et suiv.

(3) Hérodote, liv. II, §. XXVIII.

ces montagnes portait le nom de *Chrophi*, et l'autre celui de *Mophi*. Les sources du Nil, abymes profonds, se trouvaient, disait-il, entre ces deux montagnes. La moitié des eaux *coulait* au midi vers l'Éthiopie, et le reste au nord vers l'Égypte (1).

Mais soit que l'Hiérogrammate voulût paraître mieux instruit qu'il ne l'était réellement, soit qu'Hérodote ait mal rapporté sa réponse, on ne doit la considérer, quoique venant d'un prêtre égyptien, que comme une fable ridicule.

L'île d'Éléphantine est placée au milieu du Nil, vis-à-vis de Syène qui se trouve sur la rive orientale. Les bords du fleuve sont formés par des rochers de granit coupés à pic, polis par le frottement des eaux, et couverts, à une grande hauteur, de sculptures égyptiennes (2); c'est là sans doute le *Mophi* et le *Chrophi* du prêtre de Saïs. Mais entre ces deux chaînes de rochers on ne remarque aucun abyme, et bien moins encore les sources du Nil. Pour que le rapport de l'Hiérogrammate eût un sens qu'on pût appliquer à la nature des lieux, il faudrait supposer qu'il voulait faire connaître à Hérodote l'endroit où le Nil entre

---

(1) Hérodote, §. XXVIII. — Aristide, *Ægyptiaca*, f.° 93, ligne 35.

(2) M. Jomard, *Description de Syène et de ses environs*, ch. 2, page 5, dans la *Description de l'Égypte*, première livraison; Paris, Imprimerie impériale, 1810, in-f°.

sur le sol de l'Égypte ; et dans ce cas encore son rapport serait peu exact, puisque les anciens ont placé sa limite nord aux petites Cataractes (1). Au reste les deux noms de ces montagnes sont égyptiens, et nous croyons que *Mophi* doit être le mot ⲙⲟⲩϥⲓ, *Mouphi*, qui signifie *la bonne*, et que le mot *Chrophi* est le même que Ⲭⲣⲟϥ qui, en langue égyptienne, a la valeur de *mauvaise* (2). Nous ignorons l'origine de ces deux dénominations.

Hérodote raconte que dans le tems où il voyageait, le cours du Nil était connu *pendant quatre mois de chemin* (3). Cet auteur rapporte ensuite ce que lui avaient appris quelques Cyrénéens qui étaient allés consulter l'oracle d'Ammon ; Étéarque, roi de cette Oasis, leur raconta que de jeunes Nasamons, habitans de la Libye, à l'orient de la Syrte, s'étant enfoncés dans les déserts du midi, avec le dessein de les connaître, arrivèrent, après un long voyage, dans un pays sablonneux et une plaine où se trouvaient des arbres fruitiers, et que des hommes de petite taille les ayant faits prisonniers, les conduisirent à travers les marais, dans une ville dont les habitans étaient noirs, et à l'ouest de laquelle coulait une grande rivière où

---

(1) Voyez le chapitre 1.er, page 57, *suprà*.

(2) Texte copte du pseaume XLII, 1.

(3) Hérodote, liv. II, §. XXXI.

se trouvaient des crocodiles (1). Étéarque conjecturait que cette rivière était le Nil (2), et croyait que ses sources étaient inconnues (3).

D'autres Grecs ont pensé que le Nil prenait naissance aux extrémités de la Mauritanie, dans un lieu peuplé de monstres et de bêtes féroces (4). Alexandre, fils de Philippe, étant arrivé sur les bords de l'*Hydaspe* (5) et remarquant que ce fleuve était fréquenté par les crocodiles, s'imagina qu'il avait trouvé la source du Nil, et voulut y embarquer une flotte pour l'Égypte (6). Si ce fait est vrai, on peut dire que ce grand conquérant était mauvais géographe, et qu'il ne fut pas difficile de lui faire reconnaître son erreur. Au reste, quoique les anciens géographes et les anciens historiens n'en aient point commis d'aussi grande, ils n'ont pas mieux éclairé la discussion, et ils n'ont donné que des apperçus plus ou moins fautifs sur l'origine du Nil. Leur opinion commune le faisait naître en Éthiopie (7).

---

(1) Hérodote, §. XXXII.

(2) *Ibidem*, §. XXXIII.

(3) *Ibidem*, §. XXVII.

(4) Strabon, liv. XVII, page 826.

(5) Cette rivière se jette dans l'Indus. On croit que c'est le *Béhat*.

(6) Strabon, liv. XV, page 696.

(7) Héliodore, *Æthiopica*, liv. II.

Dans les tems modernes, les Jésuites portugais, conduits par leur ferveur et leur ambition dans les provinces de l'Abissinie, se flattèrent d'avoir découvert les sources du Nil. Il les placèrent dans la province de *Goyama* sur les terres de Saccala. Le lieu d'où sort le fleuve auquel ils donnent le nom de *Nil*, est à l'orient du lac de *Dambeïa* ou *Tzana*. On regarda long-tems leur découverte comme certaine, et le chevalier Bruce contribua à l'accréditer. Cet écossais donne aux sources du Nil la même position que les Jésuites portugais, et les fixe à Gisch, à 10 d. 59 m. de latitude; il ajoute que le Nil traverse l'Éthiopie et se jette ensuite dans une grande rivière que les Arabes nomment *Bahhar-el-Abiadh*, *Rivière-Blanche* (1).

Mais cette rivière, qui vient du sud-ouest, a été regardée par plusieurs géographes, et entr'autres par le célèbre d'Anville, comme étant véritablement le Nil. C'est en effet ce que pensent à ce sujet les personnes les plus éclairées de ce siècle. Suivant les écrivains arabes, la *Rivière-Blanche*, ou le Nil, prend sa source dans les *Djabal-Qamar*, *les monts de la Lune*, situés, disent-ils, à 11 d. au-delà de la ligne équinoxiale (2), ou bien dans les *Djabal-Qomr*, les *montagnes d'une couleur verdâtre*, selon que l'on ponctuera

(1) Bruce, *Voyage aux sources du Nil.*

(2) Abdallatif, *Relation de l'Égypte*, page 2. Cette indication est inexacte. Le Nil prend sa source en-deçà de l'équateur.

le mot arabe QMR (1). En adoptant la leçon *Djabal-Qamar, les montagnes de la Lune* (2), il paraît que les Arabes auront tiré ce nom du géographe Ptolémée, qui, ainsi que Léon l'Africain, avait la même opinion (3).

La Société africaine de Londres et le major Rennel placent les sources de la *Rivière-Blanche* ou du véritable Nil, au sud du *Dârfour*, dans la contrée de *Donqa*, par le 25.e d. de longitude au méridien de Greenwich, le 8.e de latitude nord, et plus de 4 d. au sud de la source de l'Abawi que Bruce et les Jésuites ont pris pour le Nil. En adoptant cette opinion, qui paraît fondée sur des faits, il en résulte que l'Abawi et le Tacazzé, deux rivières qui arrosent l'Abissinie, sont l'Astapus et l'Astaboras, fleuves qui, selon les anciens, se jetaient dans le Nil. Leur jonction s'opère près du lieu appelé Ialac, à peu de distance

---

(1) Voyez la *Traduction française* d'Abdallatif, par M. Silvestre de Sacy; Paris, Impr. imp., 1810, in-4.°, liv. 1.er, chap. 1.er, note 2. M. Langlès interprète Djabal-al-Qomr, par *Montagne des Tourterelles*, dans la traduction du *Voyage d'Hornemann*, tome II, pag. 237 et 238, note 1.

(2) C'est sur le penchant de ces montagnes que les Arabes placent le château fabuleux d'Ankam, fils d'Ariak, roi d'Égypte.

(3) Dans une lettre du grand-divan du Kaire au général en chef Menou, le lieu où le Nil prend sa source est appelé *Challab*. *Courrier de l'Égypte*, n.° 101, du 18 pluviôse an IX, page 2, colonne 2.

de la ville de Nouabiah, que d'Anville croit avoir remplacé l'ancienne et fameuse Méroë. Les Jésuites portugais et le chevalier Bruce se sont donc flattés en vain d'avoir soulevé le voile qui, pendant tant de siècles, a dérobé à l'Europe la connaissance des sources du fleuve d'Égypte, puisque les renseignemens qui ont permis à la Société africaine de Londres de fixer à-peu-près l'origine de la *Rivière-Blanche* ou le Nil, inspirent la plus entière confiance, étant dûs à plusieurs voyageurs africains, compagnons des caravanes du Bournou et d'autres pays voisins des sources de cette *Rivière-Blanche.* Aucun Européen n'a pénétré dans cette contrée de l'intérieur de l'Afrique; mais l'on a calculé que depuis l'embouchure du Nil jusques à la source de la *Rivière-Blanche*, qui est aussi le Nil, il y avait environ 1440 milles géographiques en ligne directe (1).

Sorti de sa source, le Nil traverse un pays habité par des nègres, et se dirige vers le nord-est, au sud du Dârfour. Il tourne ensuite insensiblement vers le nord, et coulant à l'orient de la même province, il arrose le pays de *Kordafân* et reçoit, près d'*Emdourman*, l'*Abawi* ou *Bahhar-Azrâq (rivière bleue* ou *verte)* que Bruce crut être le Nil. Il baigne dès-lors

(1) *Mémoire du major* Rennel, *dans le Voyage* d'Hornemann *en Afrique*, tome 2, page 239.

la partie occidentale du *Sennâar*, et, augmenté par les eaux du *Tacazzé*, il arrive dans le pays de Takaki. Il se dirige bientôt vers l'occident, et parvient à *Donqolah* ou *Dankalah*. Après avoir ensuite traversé la Nubie, en décrivant de nombreuses sinuosités, le Nil se trouve enfin resserré entre deux chaînes de montagnes, au milieu desquelles il arrive à la petite cataracte au-dessus de Syène.

L'antiquité vanta beaucoup ces chûtes du Nil, et l'admiration qu'on éprouve en lisant les rapports des anciens voyageurs, a contribué à les rendre très-célèbres parmi les modernes. On connaît huit principales cataractes du Nil ; celle qui se trouve à une lieue au-dessus de la ville de Syène, est la plus généralement citée parmi les modernes. Les anciens historiens et les anciens géographes ont beaucoup parlé de cette chûte du Nil : ils rapportent qu'elle fait un bruit effroyable qui s'entend de très-loin ; ils ont, comme à l'envi, multiplié les merveilles de ce phénomène. Mais les rapports des voyageurs modernes démentent leurs assertions.

Les Arabes ont donné à cette cataracte le nom de *Chellâl*. La largeur du Nil, en cet endroit, est de près d'un quart de lieue ; « la montagne qui la borde,
» arrivée vers les cataractes, descend perpendiculairement dans le fleuve ; puis elle ressort à sa
» surface, sous la forme d'une foule d'écueils très-
» proches les uns des autres, et dont plusieurs sont

» de grandes îles. C'est principalement vers la droite » du fleuve que les îles sont plus rapprochées, plus » escarpées, et qu'elles opposent le plus d'entraves à » la marche des eaux ; on compte dix barres prin- » cipales dirigées d'une île à l'autre et dans tous les » sens ; le Nil, arrêté contre ces obstacles, se refoule, » se relève et les franchit. Il forme ainsi une suite de » petites cascades dont chacune est haute d'un *demi-* » *pied* tout au plus (1). » Vers la rive gauche, les barres ne sont point aussi considérables, et les barques y passent à la voile pendant le débordement (2) ; beaucoup de rochers dans les environs de ces petites chûtes sont couverts d'hiéroglyphes. Tel est le rapport des membres de l'Institut d'Égypte qui n'ont écrit que ce qu'ils ont vu ; telles sont ces cataractes si vantées par les anciens ; qui les confondaient sans doute avec celles de la Nubie, peut-être plus considérables.

C'est ainsi que s'établissent les idées fausses et les opinions erronées ; et elles s'accréditent sur-tout lorsque des voyageurs modernes, dont on ne soupçonne pas la véracité, ajoutent encore aux rapports des anciens.

---

(1) M. Jomard, *Description de Syène et des Cataractes*, Mémoire qui fait partie de la 1.re livraison de la *Description de l'Égypte*, publiée par ordre de S. M. l'Empereur. C'est de ce Mémoire que nous avons extrait tous les détails topographiques sur l'état présent des cataractes.

(2) Mém. de M. Jomard, page 15.

Tels furent plusieurs voyageurs des derniers siècles, qui osèrent assurer avoir vu les cataractes de Syène, formées par le Nil, tomber d'une hauteur prodigieuse. Tel fut sur-tout Paul-Lucas (1), qui voyageait dans le beau siècle de Louis XIV et par ordre du roi. Il dit avec assurance : « Après avoir quitté la ville de » Syène, nous arrivâmes à une heure avant le jour à » ces chûtes d'eau si fameuses. Elles tombent par » plusieurs endroits d'une montagne de *plus de deux* » *cents pieds de haut.* » M. Jomard, que nous venons de citer, nous apprend qu'elles ont tout au plus un demi-pied. « On me dit, continue Paul Lucas, que les » Nubiens y descendaient avec des *radeaux.* » Il ne croyait pas à ce rapport; mais dans le même instant il eut le plaisir de voir deux radeaux, gouvernés par des Nubiens, se précipiter de plus de deux cents pieds de haut sans être submergés, et continuer gaiement leur navigation (2). Il a usé du droit d'en imposer à ses lecteurs, jusqu'à ajouter qu'à cette cataracte on remarque une nappe d'eau, large de trente pieds, qui forme, en tombant, une espèce d'*arcade* sous laquelle on peut passer sans se mouiller. On remarquera sans doute que rien ne doit surprendre dans les rapports d'un voyageur qui dit avoir vu une ville de

---

(1) Premier Voyage, tome 1, page 154.

(2) *Ibid.*, pag. 154 et 155.

géans près de Tarse en Cilicie, et plusieurs autres merveilles de ce genre. Mais on ne peut s'empêcher de regretter que la connaissance des lieux dépende de la bonne foi des voyageurs. Ce que nous venons de rapporter relativement à l'idée qu'on s'était faite de la cataracte de Syène avant la mémorable expédition d'Égypte, fait voir jusqu'où peut aller l'erreur. Il résulte des connaissances acquises sur ce fait, pendant l'expédition, que cette chûte du Nil mérite à peine d'être remarquée.

Après avoir franchi les rochers qui l'occasionnent, le Nil parcourt l'Égypte du midi au nord, et reste enfermé dans un seul lit parsemé d'îles plus ou moins considérables, jusques à la pointe du Delta. Il se divise alors en plusieurs branches, qui, du tems des anciens Égyptiens, étaient au nombre de sept. Nous les ferons connaître dans le chapitre de cet ouvrage destiné à la description de la basse Égypte.

Selon les nouvelles Observations astronomiques de M. Nouet (1), Damiette se trouve à 31 d. 25 m. o de latitude; celle de Syène est 24 d. 5 m. 23 s. : il en résulte que le Nil parcourt presque en ligne droite plus de 180 lieues dans les terres d'Égypte.

---

(1) *Observations astronomiques faites en Égypte pendant les années VI, VII et VIII de la république*, page 20. Ce Mémoire fera partie de la *Description de l'Égypte* publiée par l'ordre de L'Empereur.

C'est vers le solstice d'été que, franchissant ses rives, il inondait non-seulement la haute Égypte et le Delta, mais encore des terres qui dépendaient de la Lybie et quelques petits cantons de l'Arabie égyptienne. En se répandant sur ses rivages, ce fleuve couvrait de ses eaux l'espace d'environ deux journées de chemin (1). Cette crue extraordinaire, humectant le sol desséché par un soleil ardent, lui communiquait les germes de cette fertilité remarquable qui fit surnommer l'Égypte le Grenier de l'Orient et de l'Empire Romain. Mais soit que les anciens prêtres égyptiens, qui sans doute connaissaient la cause de ce débordement périodique, voulussent la cacher au vulgaire pour donner de ce fleuve une plus haute idée, soit que ces mêmes prêtres, après la chûte de l'Empire égyptien, tombés dans l'ignorance la plus profonde, eussent perdu la connaissance des causes physiques de ce phénomène, les Grecs qui furent en relation avec ces derniers ne purent en obtenir aucune notion certaine sur ce sujet. Plusieurs d'entr'eux entreprirent d'indiquer la cause de ce débordement. Hérodote et Plutarque nous ont conservé leurs diverses opinions. Les uns crurent que les vents étésiens, repoussant les eaux du Nil dans leur cours et les empêchant de se jeter à la mer, occasionnaient la crue du fleuve.

(1) Hérodote, liv. II, §. XIX.

Cette opinion ne paraît point mériter une réfutation sérieuse, car Hérodote observe (1) que, quoique les vents étésiens n'eussent point encore soufflé, cependant le Nil commençait à s'enfler. Cette hypothèse, dénuée de toute vraisemblance, avait pour auteur le célèbre Thalès de Milet (2).

Euthyménès, de Marseille, croyait que le Nil grossissait au solstice d'été parce qu'il communiquait à l'Océan qui, selon lui, environnait toute la terre (3). Ce sentiment absurde fut contredit par l'opinion d'Anaxagore. Quoique erronée, celle-ci avait une apparence de vérité qui lui fit acquérir beaucoup de partisans : ce philosophe pensait (4) que le débordement du Nil était causé par la fonte des neiges qui étaient en Éthiopie. Le poëte Euripide, son disciple, consigna l'opinion de son maître dans sa tragédie d'Archélaüs : « Danaüs, dit-il, abandonna l'excellente » eau du Nil qui, coulant de la noire Éthiopie, s'enfle » lorsque la neige vient à se fondre (5).... » Dans son *Hélène*, ce tragique reproduit encore ce sentiment d'Anaxagore.

---

(1) Liv. II, §. xx.

(2) Plutarque, *Œuvres morales*, *opinions des Philosophes*, liv. IV, chap. 1er.

(3) Plutarque, *Ibidem*.

(4) Diodore de Sicile, livre I.er, §. xxxviii.

(5) *Ibidem*.

Selon Hérodote, « le Nil grossit en été parce qu'en » hiver le soleil, chassé de son ancienne route par » la rigueur de la saison, parcourt alors la région » du ciel qui répond à la partie supérieure de la » Libye (1). Voilà en peu de mots, continue-t-il, la » raison de cette crue, car il est probable que plus » le soleil s'approche vers un pays, et plus il le des- » sèche et en tarit les fleuves. » Hérodote n'est pas plus heureux, dans son explication, que Thalès et Anaxagore, et le sentiment d'aucun de ces philosophes ne peut soutenir un examen approfondi. Mais par une singularité sans doute digne de remarque, Homère qui vivait long-tems avant Thalès, Anaxagore, Euthyménès et Hérodote, paraît avoir connu la cause réelle du débordement du Nil, puisqu'il donne à ce fleuve l'épithète de ΔΙΙΠΕΤΕΟΣ, qui, selon Apollonius (2), signifie *grossi par les pluies*. Ce sont en effet les pluies abondantes qui tombent en Éthiopie, vers le solstice d'été, qui causent la crue annuelle du Nil (3). Elle commence ordinairement au mois

---

(1) Hérodote, liv. II, §. xxv.

(2) *Lexicon homericum*, *edente* Villoison, in-4.°, verbo διιπετεος. — *Etymolog. magn.*, *ibidem*.

(3) Photius, *Bibliotheca græca*, cod. 111, col. 8. — Heliodorus, *Æthiopica*, liv. II, pag. 109 et 110. — Shaw, tome 2, etc., etc.

égyptien d'*Épiphi*, et est complète en *Thoth* ou en *Paopi* (1). Elle commence de nos jours vers le 20 juin.

L'eau du Nil est une des plus saines de la terre, lorsqu'on l'a épurée et clarifiée (2). Le limon que le fleuve laisse sur le sol après le débordement, est noir ; mais l'action du soleil, en le desséchant, lui donne une couleur brun-jaunâtre. Ce limon est déposé par le fleuve en couches horizontales plus ou moins épaisses. C'est le seul engrais connu en Égypte ; le Nil en couvre tout l'espace qu'il occupe

---

(1) En l'an IX, le Nil commença à croître au Kaire le 16.e jour après le solstice d'été. Ce fait fut consigné dans l'Inscription gravée sur le Mikias du Kaire par ordre du général en chef Menou. *Courrier de l'Égypte*, n.o 101.

(2) Voici l'analyse de cette eau, insérée par M. Regnault (qui accompagna l'armée française en Égypte) dans la *Décade égyptienne*, tome 1.er, page 265. Comme ce recueil est fort rare, nous avons cru devoir transcrire ici les résultats obtenus par M. Regnault.

Abstraction faite de l'air et de l'acide carbonique dégagé pendant l'évaporation, 122 hectogrammes d'eau analysée contiennent :

Muriate de soude	4,77 décigrammes.
Sulfate de magnésie	0,53
Carbonate de magnésie	7,43
Carbonate de chaux	5,30
Carbonate de fer	0,53
Silice	1,06
Alumine	1,59
Substance extractive	0,53
TOTAL.	21,74 décigrammes.

dans sa crue (1). Les anciens Égyptiens croyaient que leurs ancêtres étaient nés de ce limon (2). Les Arabes l'appelaient *Ibliz* du tems d'Abdallatif. M. de Sacy pense que ce mot dérive du grec πηλος (3).

Le Nil fut connu sous plusieurs noms chez les Grecs. Le passage suivant de Tzetzès les renferme tous, et nous en donne pour ainsi dire la filiation : *ο Νειλος τρεις μετωνομασθη, προτερον γαρ* ΩΚΕΑΝΟΣ *αυ εκαλειτο, δευτερον* ΑΕΤΟΣ *οτι οξεωσ επερρευσε, τριτον* ΑΙΓΥΠΤΟΣ, *το δε* ΝΕΙΛΟΣ *νεον εστι* (4). « Le Nil » a eu trois noms : le premier est *Océan*, le second *Aetos*,

---

(1) M. Regnault a aussi publié dans la *Décade égyptienne*, tome 1.er, page 216, l'analyse suivante du limon du Nil :

Sur 100 parties, le limon du Nil tient,

11 d'eau,
9 de carbonne,
6 d'oxide de fer,
4 de silice,
4 de carbonate de magnésie,
18 de carbonate de chaux,
48 d'alumine.

Total.. 100 parties.

(2) Diodore de Sicile, liv. I.

(3) *Relation de l'Égypte* par Abdallatif, traduite en français par M. Silvestre de Sacy. Paris, Impr. imp., 1810, in-4.°, chap. 1.er, note 4e.

(4) Tzetzès *ad Lycophron*. V, 119.

» *Aetos*, à cause de sa rapidité ; le troisième est » *Ægyptus*. Quant au nom de *Nil*, il est récent. »

Diodore de Sicile nous apprend en effet qu'un des plus anciens noms de ce fleuve est ΩΚΕΑΜΗΣ (1), qu'on a écrit par corruption Ωκεανης. Plusieurs anciens manuscrits de Diodore de Sicile portaient Ωκεανης, au lieu d'Ωκεαμης (2), et quelques éditeurs de cet historien, ignorant la valeur de ce dernier mot, ne balancèrent point à adopter la fausse leçon Ωκεανης, à cause de son rapport avec le nom grec de l'*Océan*. Ils pensèrent que les anciens Égyptiens avaient donné ce nom à leur fleuve, parce qu'ils le croyaient le plus grand de la terre. Dans les théogonies grecques, l'Océan était aussi regardé comme la source des mers, des fleuves, des rivières et même des fontaines, ainsi que le dit Homère :

Ωκεανοιο,
Εξ ουπερ παντες ποταμοι, και πασα θαλασσα,
Και πασαι κρηναι, και φρειατα μακρα ναουσιν (3).

« L'Océan duquel naissent tous les fleuves, toutes » les mers, toutes les fontaines et les sources les » plus profondes. » En cela, les hellénistes modernes adoptaient l'opinion des anciens Grecs.

---

(1) Diodore de Sicile, liv. I, §. 19.

(2) Cette variante se trouve dans l'édition de Wesseling, liv. I, §. 19.

(3) Iliade, XXI, 195, 196 et 197, édition de Heyne ; *Lipsiæ*, 1802, in-8.°, tome II, page 466.

Mais il faut considérer que le nom d'*Océan* n'était en usage que parmi les Grecs; que ces mêmes Grecs seuls, et non pas les anciens Égyptiens, croyaient que l'Océan était le bassin commun d'où sortaient tous les fleuves qui arrosent le Monde, et toutes les fontaines répandues sur la terre. Les Égyptiens ne purent donc pas donner au Nil le nom grec Ωκέανος. D'ailleurs leur répugnance pour la mer qu'ils croyaient être le domaine de Typhon, génie du mal, dut les empêcher de désigner par ce nom un fleuve dont ils recevaient tant de bienfaits. Il faut donc bannir du texte de Diodore le mot Ωκεανησ, et lui substituer Ωκεαμησ, qui a été adopté par plusieurs Éditeurs. L'interprétation de ce nom, aussi facile qu'exacte, se présente d'elle-même à ceux qui ont quelque notion de la langue égyptienne.

Quelques philologues l'y ont cherchée; mais soit que ces auteurs aient sacrifié l'évidence à des idées particulières, soit que les lexiques dont ils ont fait usage, étant peu étendus, ne continssent pas le mot égyptien que Diodore orthographie Ωκεαμησ, ils ont donné de ce nom des étymologies hasardées, qui ne reposent sur aucun fondement.

Jablonski, dans ses Opuscules, où il cherche à rétablir les divers noms égyptiens que les Grecs ont conservés, pense qu'Ωκεαμησ, ou plutôt Ωκεαμη, sans la terminaison grecque, s'écrivait en langue égyptienne ⲀϨⲞⲘⲘⲎ, *Ahommé* ou *Ahommi* (1), et signifiait *thesaurus aquæ ;* mais il nous semble que ce savant auteur a trop librement usé de la faculté de permuter les lettres du même organe. *Ahommé* ressemble bien peu à *Okeamé* de Diodore de Sicile, et la syllabe ⲘⲎ, *mè*, qu'il explique par *aqua, eau*, ne se trouve point dans le lexique de Lacroze, ni dans les additions considérables que nous y avons faites avec le secours de plusieurs Vocabulaires, et des Manuscrits memphitiques et thébains de la Bibliothèque impériale de Paris.

M. Ignace Rossi, dans l'ouvrage étymologique de la langue égyptienne qu'il a publié depuis peu d'années, croit qu'Ωκεαμη s'écrivait en égyptien ⲰϢⲈⲘⲀⲨ, *Oschémau* (2). Cette orthographe nous paraît aussi forcée que celle de Jablonski, et comme celle de ce dernier, elle a l'inconvénient de ne répondre à aucun des noms du Nil rapportés par les Grecs. Nous ferons aussi observer que le mot égyptien ⲘⲀⲨ signifie par-tout *mater*, et jamais *aqua*.

Nous pensons que Ωκέαμη n'est autre chose que le mot égyptien ⲞⲨⲔⲀⲘⲎ, *Oukamé*, ou bien ⲞⲨⲬⲀⲘⲈ, *Ouchamé*, qui signifie rigoureusement *niger, noir.*

---

(1) *Opuscula, verbò* Ωκεαμης.

(2) *Etymologiæ ægyptiacæ*, page 249.

Nous trouvons en effet dans les anciens auteurs grecs que le Nil fut appelé Μελας par les Égyptiens (1); Ⲟⲩⲕⲁⲙⲏ, *Oukamè*, est donc le mot égyptien dont le grec Μελας est la traduction exacte. Nous avons vu, dans le chapitre précédent, que l'Égypte elle-même avait porté le nom de *Noire*.

Le second nom, ou plutôt la seconde épithète qu'on donna au Nil, fut ΑΕΤΟΣ, qui en grec signifie *Aigle* (2). Diodore de Sicile dit en effet qu'il succéda à celui d'Ωκεαμησ (3). Le fleuve reçut ce nom à cause de sa rapidité et de la force de ses eaux dans quelques parties de son cours (4). Ce nom grec a été conservé parmi les Coptes ou Égyptiens du moyen âge; du tems qu'ils parlaient leur langue, le mot ⲡⲓⲁⲩⲧⲏⲥ, *Pi-autès*, ou simplement ⲁⲩⲧⲏⲥ, *Autès*, désignait le Nil (5). Mais chez les anciens Égyptiens ce nom dût être ⲡⲁϧⲟⲙ, *Pakhom*, *l'Aigle*.

ΑΙΓΥΠΤΟΣ fut le troisième nom que reçut le Nil. Dans nos recherches sur le nom égyptien de l'Égypte,

(1) Eustathe, Pseudo-Plutarchus *de Fluminibus*.

(2) Tzetzès, *loco citato*.

(3) Diodore de Sicile, livre I, page 17.

(4) Tzetzès, *loco citato*. — Diodore de Sicile, liv. I.er, page 17.

(5) Mss. copte, Bibl. imp., fonds de Saint-Germain, suppl., n.o 17, page ⲣⲙⲃ.

nous avons exposé les divers sentimens des savans sur l'usage et le sens de ce mot. Le lecteur nous permettra de le renvoyer au chapitre précédent.

Au nom propre Αιγυπτος, dont se servirent les plus anciens auteurs grecs, tels qu'Homère et probablement tous ses contemporains, succéda celui de Νειλος que nous trouvons employé par Hésiode, Hérodote, Diodore de Sicile, Strabon, et par une foule d'autres écrivains.

Les anciens et les modernes ont été partagés d'opinion sur son origine. Diodore de Sicile assure (1) que ce fut le roi égyptien Νειλος, *Nilus*, qui lui donna son nom. Mais le Canon chronologique de Manéthon ne contient le nom d'aucun roi appelé *Nilus*. Il se peut cependant que le roi connu sous ce nom par les Grecs, en portât un autre chez les Égyptiens; on a un exemple de ce genre dans *Thouôris*, sixième roi de la dix-neuvième race, qui fut appelé *Protée* par les Grecs. On pourrait encore conjecturer que Νειλος fut le nom d'un roi égyptien, et que ce roi en avait plusieurs, usage immémorial dans l'Orient, qui fut aussi commun aux monarques de l'Égypte (2). Le grand Sésostris, ou mieux Séthosis, s'appelait aussi Ramessès (3), et son fils, qui fut son successeur,

---

(1) Liv. I, page 17.

(2) Georges le Syncelle.

(3) Manéthon, *apud* Josephum *contra Appionem*, lib. I.

portait les noms de *Séthosis*, de *Ramessès*, de *Rapsakhès* et de *Phéron*, selon les anciens auteurs (1).

Le *Catalogue* des rois de Thèbes, conservé par Ératosthène, semble justifier ce que nous venons d'avancer. On y lit : Θηβαιων εβασιλευσεν Φρȣρων ητοι Νειλος, *Thebæorum rex* (trigesimus-septimus) *fuit Phrurôn seu Nilus.* « Le trente-septième roi thébain fut *Phrourôn* ou *Nilus,* » ce qui indique que ce roi portait indifféremment le nom de *Phrouron* ou de *Nilus.* Mais il n'est pas prouvé que ce soit de lui que le Nil ait pris son nom.

On a dérivé le mot Νειλος du grec et de l'hébreu. Quelques auteurs ont cru qu'il appartenait à la langue égyptienne. Philippe-Jacques Maussac, qui publia une édition de l'Histoire des Animaux d'Aristote, en 1619, pensait que le mot Νειλοσ dérivait des deux mots grecs Νεη ιλυσ, *nouvelle boue, nouveau limon*, parce que le Nil, après son débordement, laissait la terre couverte d'une nouvelle couche de limon. Mais cette étymologie est plus ingénieuse que fondée.

Il fut un tems où la science étymologique reposait uniquement sur la langue hébraïque ; tout était regardé comme de son domaine, parce qu'on croyait généralement qu'elle était la mère de toutes les langues. Quelques savans voulurent y trouver

---

(1) Manéthon, *loco citato.* — Hérodote, liv. II, §. CXI. — Diodore, liv. 1.er, etc.

la signification des noms des Dieux et des villes de toutes les nations de la terre ; ils dirent qu'Horus venait du mot hébreu *Aour, lumière ;* que le nom de Thèbes aux cent portes dérivait de *Thébah*, qui en langue hébraïque signifie *un coffre ;* que le nom égyptien d'une ville du Delta, *No-amoun*, se traduisait en français par *crud* ou bien *irritation;* que les noms propres des Persans étaient aussi tirés de l'hébreu ; que Cyrus signifiait *quasi miser*, et Darius, *celui qui cherche ;* que le nom des Atlantes avait pour racine *Thal*, en hébreu *colline, hauteur ;* enfin, que les noms étrusques des anciennes villes de l'Italie, tels que FETVVONIA, *Vetoulonia ;* FEVAΘDI, *Velathri ;* TVTEDE, *Toutéré ;* ΓVΓVVNA, *Pouplouna*, n'étaient autre chose que des noms hébreux corrompus. Cet étrange abus de l'érudition a cessé, dès que les philologues ont été convaincus que chaque peuple avait tiré les noms de ses dieux et de ses villes de la langue qui lui était propre, plutôt que de celle d'une nation étrangère.

On avait cherché l'étymologie du mot Νεῖλος dans l'hébreu, et on croyait l'avoir trouvée dans le mot *Nahhal* ou *Nakhal, vallée, torrent* (1). Mais Jablonski a combattu cette erreur avec avantage et l'a détruite entièrement (2), ce qui lui a donné l'occasion d'avancer que Νεῖλος appartenait à la langue des Égyptiens. Il

(1) Nombres, XIII, 24. — Ezechiel, XLVII. 9.

(2) *Pantheon Ægyptiorum*, tom. I, lib. IV, cap. 1, pag. 155 et 156.

fait dériver ce mot du substantif féminim ϯⲛⲉⲩ, ou ⲑⲛⲉⲩ, *Tems fixe*, *Tems marqué*, et du verbe ⲁⲗⲏⲓ, ἐπιβαίνειν, *adscendere* ; Ⲛⲉⲓⲁⲗⲏⲓ, *Neïaléï*, désignait donc, selon Jablonski, un fleuve qui *croît à une époque déterminée* (1). Cette étymologie est assez heureuse, mais peut-être en est-il du mot Νειλοσ comme d'Αἰγυπτος ; le sens de l'un et de l'autre peut n'être pas bien déterminé.

Jablonski cite aussi un autre nom qu'il pense avoir été celui du Nil chez les anciens Égyptiens ; c'est dans le passage d'Ératosthène que nous avons rapporté plus haut (2), qu'il a cru le trouver, et il traduit Φρȣρων ητοι Νειλος, par *Phruron, id verò significat Nilum* (3). Il suppose ensuite que Φρȣρων doit s'écrire Φσȣρον ou Σȣρον (4), voyant de l'identité entre Φρȣρον ou Σȣρον, et le nom de *Siris* que les Éthiopiens donnaient au Nil. Il les dérive l'un et l'autre de l'égyptien Ϩⲣⲟⲩⲣ, *Hrour*, qui signifie *être tranquille*, *être posé*, *cesser* (5), et non pas *aquæ deficientes*, *cessantes*, comme il l'assure (6). Il est difficile de présenter une étymologie moins régulière (7).

---

(1) *Pantheon Ægyptiorum*, tom. I, lib. IV, cap. 1, pag. 157 et 159.

(2) Page 134.

(3) *Pantheon Ægyptiorum*, *ibidem*, pag. 160.

(4) *Ibidem*, lib. IV, cap. 1, pag. 159.

(5) Pseaume LXXXIX, 9. — *Id.* CVI, 29.

(6) *Pantheon Ægyptiorum*, *ibidem*, pag. 160 et 161.

(7) Dans la Chronique Alexandrine (pag. 66 et 69, édit. de

De plusieurs rapports réunis, nous pouvons conclure que les anciens Égyptiens appelaient le Nil Ιⲁⲣο, Iaro, *le fleuve*. Les Hébreux adoptèrent d'abord ce nom sous la forme de Iar, qu'on prononce *Ieor*, selon la ponctuation des Massorètes (1), et les Rabbins juifs qui se sont plu à sonder les profondeurs grammaticales de leur langue, ont prétendu que le mot hébreu Iar devait plutôt être traduit par *Rivus*, *branche de fleuve*, que par *Fluvius*, *fleuve* proprement dit; et par une conséquence de cette opinion, ce mot devait être spécialement consacré dans le Pentateuque et les Prophètes à désigner le Nil, parce que dans la basse Égypte, ce fleuve se divise en plusieurs branches qui se rendent à la mer. Mais ces subtilités philologiques sont sans intérêt, puisque, comme l'a

---

Munich), le Nil est appelé Γεων θεϐαις, *le Géon de la Thébaïde*. *Géon* désigne en effet quelquefois le Nil, appelé plus ordinairement *Abawi* chez les Éthiopiens. J'ai trouvé Γεων écrit ⲠⲒⲄⲈⲞⲚ dans un manuscrit copte de la Bibliothèque impériale (fonds de Saint-Germain, n.° 17, page ⲣⲙⲃ), où il désigne le fleuve *Dgihoun* ou l'*Oxus*. Dans le même endroit, ⲪⲒⲤⲰⲚ, le *Phizoun* hébreu, est le nom du *Sihhoun* des Persans.

M. Marcel (*Décade égyptienne*, tome III, page 116) dit avoir lu ⲠⲒⲔⲈⲰⲚ dans un Vocabulaire copte, comme nom du Nil. Nous ne l'avons rencontré nulle part avec cette acception.

(1) Isaïe, XXXII, 21. — Ezechiel, XXIX. 3, etc.

observé Jablonski (1), le mot hébreu Iᴀʀ n'est qu'une corruption de l'égyptien **Iⲁⲣⲟ**, qui désignait le fleuve en général.

Les Coptes ont aussi conservé au Nil le nom de **Iⲁⲣⲟ**, *Iaro*, ou Φⲓⲁⲣⲟ, *Phiaro*. Dans le titre du martyre de saint Jean de *Pannisjoït*, territoire de Pouschin (2), on lit que (3) du tems du roi *Elkamel, fils du roi Eladel* (4) (sultan d'Égypte, de la race des Aiyoubites), ce saint mérita la couronne du martyre: ϩⲓϫⲉⲛ ⲛⲉⲛ ⲥⲫⲟⲧⲟⲩ ⲙ̀ⲫⲓⲁⲣⲟ ⲛ̀ⲧⲉ ⲭⲏⲙⲓ, *sur les rives du fleuve d'Égypte (Phiaro antekhèmi)*. Iⲁⲣⲟ, *Iaro*, est donc un nom que nous savons avoir été donné au Nil par les Égyptiens, dès la plus haute antiquité (5). Ce nom suffisait, puisqu'il n'y

---

(1) *Pantheon Ægyptiorum*, tom. I, lib. IV, cap. 1, page 143.

(2) Mss. copt., Bibl. imp., fonds du Vatican, n.° 69, f.° 40.

(3) ⲙ̀ⲡⲟⲩⲣⲟ ⲉⲗⲭⲉⲙⲏⲗ ⲡϣⲏⲣⲓ ⲙ̀ⲡⲟⲩⲣⲟ ⲉⲗⲁⲧⲉⲗ. On remarque ici, comme par-tout ailleurs, que les Coptes ont substitué leur *T* au *D* qui se trouve dans le mot arabe *Adel*, parce que dans l'alphabet égyptien il n'y a point de *D*.

(4) Al-Malik-al-Kamel, fils de Malik-al-Adel, frère de Salahh-edin ou Saladin. Il succéda à son père vers l'an 1218 de l'ère vulgaire.

(5) Il paraît aussi que les Coptes le nommèrent Ϯⲁ̀ⲙⲏⲣⲓ, *Tiaméiri* (mss. cop., Bibl. imp., fonds de Saint-Germain, suppl., n.° 17, f.° ⲣⲙ̅ⲃ̅, versò. — Kircher, page 214). On pourrait

avait point en Égypte d'autre fleuve que le Nil. Nous avons cherché à faire connaître dans ce chapitre les divers noms qu'il porta chez les Égyptiens, et ceux qu'il avait reçus des autres nations.

---

dériver ce mot de ϯⲁ̀ⲙⲏⲣⲓ, *secourable ;* en arabe, *Dhahir* (mss. cop., n.° 17, *idem*). Kircher l'interprète *couleur bleue* (page 253) : nous ignorons sur quelle autorité. Ce nom pourrait aussi avoir été en usage chez les anciens Égyptiens, mais on ne peut pas le prouver.

CHAPITRE QUATRIÈME.

De la haute Égypte, de ses bornes, de ses divisions et de son nom Égyptien.

L'ILE de Philæ borne au midi la haute Égypte, qui, au nord, se termine à la pointe du Delta, et embrasse entièrement le pays situé entre le 24.ᵉ deg. 1 m. 34 s., et le 30.ᵉ degré de latitude (1), ce qui comprend un espace de plus de 150 lieues du midi au nord. Cette partie de l'Égypte n'est qu'une vallée d'inégale largeur, au milieu de laquelle le Nil, resserré dans son lit, coule en formant un nombre considérable de coudes et de sinuosités. Dans quelques parties, cette vallée a un peu plus d'une journée de chemin en largeur, et quelquefois aussi elle est très-étroite. Entre Hermonthis et Asphynis, les deux chaînes de montagnes qui forment cette vallée, se rapprochent tellement que l'espace qui se trouve entr'elles (2), étant pour ainsi dire tout occupé par

(1) *Nouvelles Observations astronomiques* de M. Nouet.

(2) C'est ce qu'on appelle aujourd'hui *Djeblein*, ou *les Deux-Montagnes*.

le Nil, les voyageurs sont obligés de tourner la chaîne libyque, pour arriver à Asphynis et à Latopolis (1).

Au-dessous d'Héracléopolis-Magna, la chaîne libyque s'ouvre tout-à-coup et donne passage à un grand canal pris du Nil, qui arrose le nome de Crocodilopolis et qui, divisé en plusieurs branches pour fertiliser cette province, se jette ensuite dans un grand lac par lequel elle est bornée vers le nord-ouest.

La haute Égypte paraît être la partie de ce royaume la plus anciennement peuplée. Ses habitans se croyaient extrêmement anciens dans le pays, et tout semble concourir à le prouver. Si les Égyptiens sont une colonie d'Éthiopiens, comme nous l'examinerons dans la suite (2), ce fut d'abord dans la haute Égypte qu'ils durent s'établir. Cette contrée renferme en effet les villes égyptiennes regardées comme les plus anciennes : telles sont Thèbes, Coptos, Panopolis, Abydos et Antéopolis. Quelques monumens de Thèbes, qui fut la première capitale de l'Égypte, portent l'empreinte d'une antiquité plus reculée que celle des temples en petit nombre qui existent dans la basse Égypte. Le palais de *Qarnak*, par exemple, et sur-tout les temples de *Qournou* et de *Mediné-Tabou*, qui sont dans l'enceinte de

(1) De là vient qu'Hérodote désigne quelquefois la haute Égypte par *la partie étroite* de ce pays. Hérodote, liv. II, §. XCIX.

(2) Dans la partie historique de cet ouvrage.

Thèbes, sont remarquables par la grandeur et la majesté qui caractérisent l'architecture égyptienne des beaux tems; mais ils laissent appercevoir, dans quelques-unes de leurs parties, l'enfance de l'art et les premiers efforts des Égyptiens vers ces belles formes architecturales, si éminemment développées dans les temples de Latopolis et de Tentyra, les plus beaux et les plus parfaits de l'Égypte. Thèbes prouve donc que la haute Égypte fut habitée avant le Delta; et les rochers granitiques de ses montagnes, qu'on voit particulièrement dans le voisinage de la Nubie et de l'Éthiopie, sont des preuves certaines de l'existence de son sol avant celui de la basse Égypte, qui n'est au contraire qu'une couche de terre végétale, apportée par le Nil sur le calcaire dont ses montagnes sont composées.

C'est aussi à la haute Égypte que s'applique spécialement une observation de Diodore de Sicile. De toutes les provinces de la terre, dit cet historien (1), l'Égypte est la seule où l'on trouve beaucoup de villes fondées par les *anciens* dieux, tels que Jupiter, le Soleil, Hermès, Apollon, Pan et Éléthya (Latone). Quoique ce passage ne doive point être pris à la lettre, et qu'il soit faux que ces dieux aient bâti des

---

(1) Diodore de Sicile, liv. I, page 12.

villes, il en résulte cependant qu'elles sont très-anciennes, puisque c'est aux dieux mêmes qu'on en attribue la fondation ; et comme c'est dans la haute Égypte que se trouvent les deux *Diospolis* (les villes de Jupiter), *Hermopolis* (la ville d'Hermès), les deux *Apollinopolis* (villes d'Apollon), *Panopolis* (la ville de Pan), Éléthya (la ville de Latone), il résulte nécessairement de l'observation de Diodore de Sicile, que ces villes sont les plus anciennes. Dans la basse Égypte, on trouve seulement *Héliopolis* (la ville du Soleil), située presque à l'entrée de la haute Égypte, *Hermopolis-Parva* (1) et *Héracléopolis-Parva*, qui sont sans doute bien plus récentes que l'*Hermopolis-Magna* et l'*Héracléopolis-Magna* de la haute Égypte.

Les Grecs la divisèrent en deux parties inégales, l'Heptanomide et la Thébaïde. La première doit son nom aux sept nomes qui la composaient. Ces nomes étaient ceux de Memphis, Aphroditopolis, Crocodilopolis, Héracléopolis-Magna, Oxyrynchus, Cynopolis et Hermopolis-Magna, situés du nord au midi.

La seconde partie que les Grecs nommèrent Θηβαῒσ, était ainsi appelée de Θηϐαι, *Thèbes*, sa ville principale, et s'étendait depuis le nome de Lycopolis

(1) Nous ajouterons encore que Memphis, seconde capitale de l'Égypte, est aussi dans la haute Égypte.

jusques à l'extrémité méridionale de l'Égypte. Les Coptes ont quelquefois fait usage de ce nom grec corrompu ; on le trouve orthographié Θεβαειс (1) et Τεβαιс (2). Les anciens Égyptiens ne l'ont jamais employé.

Il est probable que cette division de la haute Égypte ne remonte point jusques aux tems des rois de race égyptienne. Hérodote, qui la visita sous la domination des Perses, n'en parle pas, quoiqu'il cite souvent la plupart des villes qui y sont situées; et l'on peut avancer qu'elle portait primitivement le nom égyptien de Μαρнс, *Maris :* c'est celui qu'elle a dans tous les livres coptes (3).

Le mot Μαρнс (4) est composé de deux autres mots égyptiens ; de ма ou πιма, *locus, lieu*, et de ρнс, qui désigne le *midi : Maris* signifie donc *une contrée située au midi, un pays méridional.* Ce nom a été donné à la haute Égypte, parce qu'en effet elle est située au *midi* du Delta et de la basse Égypte ; il se

(1) Mss. copt., Bibl. imp., n.° 44, f.° 79 rectò.

(2) *Theotokia*, page 192, etc., citée par Mingarelli, page 217.

(3) *Doxologia mssta*, page 59; Manuscrits coptes *passim.*

(4) On ne doit point confondre Μαρнс avec les mots мерι, мнрι, ou амнрι, qui, en langue égyptienne, signifiaient *le milieu du jour.*

se présente le plus ordinairement sous la forme de ⲫⲙⲁⲣⲏⲥ, *le lieu du midi*; il est très-souvent accompagné de l'adjectif ⲡⲓⲛⲓϣϯ, *Pinischti*, *grand*, *le Grand-Maris* (1), et quelquefois, au lieu de ⲙⲁⲣⲏⲥ, on trouve seulement ⲣⲏⲥ, *le midi*, pour indiquer l'Égypte supérieure (2).

Le nom de ⲙⲁⲣⲏⲥ s'applique à toute la haute Égypte, qui comprend aussi la Thébaïde. Il correspond exactement au *Ssâïd*, *lieu montant*, des Arabes. Selon Khalil-Dhahéri (3), un de leurs géographes, « l'*Égypte méridionale* commence à Misr et » à Djizah (4), et s'étend jusques aux Cataractes, ce » qui forme deux mois de marche (5). » Le mot

(1) Mss. copte, Bibl. imp., n.° 62, f.° 198, fonds du Vatican, et *passim*.

(2) Mingarelli, *opus citatum*, frag. VIII, pages 209, 211, etc.

(3) Khalil-Dhahéri, liv. 1.er, dans la *Chrestomathie arabe* de M. Silvestre de Sacy, tome I, page 238; tome II, page 291.

(4) Vulgairement Gizé, village à l'occident du Kaire, près duquel se trouvent les Pyramides.

(5) Les Arabes divisent le *Ssaïd*, ou la haute Égypte, en trois parties. La première porte le nom de *Ssaïd-el-ouatha*, et comprend le territoire et les villes qui sont entre le Kaire et Aboutig; la seconde s'étend depuis Aboutig jusques à Kefth (Coptos), et s'appelle *Ssaïd-el-aoussath*; enfin le reste de la haute Égypte, jusques à Asouan (Syène), porte le nom de *Ssaïd-el-aâla*, c'est-à-dire le *Ssaïd le plus élevé*. Cette dernière partie correspond à la Thébaïde; le *Ssaïd-el-ouatha* est à peu de chose près l'*Heptanomide* des Grecs.

arabe étant l'équivalent de l'égyptien *Maris*, il résulte du passage cité, que *Maris* s'appliquait à toute la haute Égypte, c'est-à-dire au territoire limité par le Delta et par la Nubie (1). Nous rappellerons encore, en faveur de cette opinion, ce que dit Makrizi, célèbre géographe arabe, que les Coptes du *Ssâïd* se nommaient *Maris*, et ceux de la basse Égypte *Bima* (2). On ignore la signification de ce dernier mot. Les Arabes donnent à un vent, appelé aussi *Khamsin*, le nom de *Marisi* (3). Nous avons dit ailleurs que ce nom dérivait du ⲘⲀⲢⲎⲤ, *Maris* des Égyptiens, ce vent venant en effet du midi : cette conjecture est changée en certitude par l'opinion semblable que vient d'émettre M. Silvestre de Sacy ; et ce n'est pas sans un vif plaisir que j'ai vu ce sentiment partagé par mon illustre maître (4). Il tend à confirmer ce que nous avons dit de la haute Égypte et de son nom égyptien.

---

(1) Le nom de ⲘⲀⲢⲎⲤ était probablement donné par les habitans de la haute Égypte à la Nubie, qui se trouvait au midi par rapport à eux. Voyez M. Silvestre de Sacy, *Traduction française* d'Abdallatif, pag. 13 et 14.

(2) Voyez M. Silvestre de Sacy, *loco citato*, et M. Quatremère, *Recherches sur la langue et la littérature de l'Égypte*, page 176, et sur le mot *Bima*, page 177.

(3) Vansleb, *Nouvelle relation d'Égypte*, pag. 36 et 37.

(4) Il est aussi fait mention des Égyptiens *Maris*, dans les *Annales* d'Euthychius, tom. I.er, page 54.

Après avoir indiqué ses montagnes, nous la diviserons en deux sections, la Thébaïde et l'Égypte moyenne. Nous avons fait connaître ailleurs les motifs de cette division (1).

Montagnes de la haute Égypte.

Les deux chaînes de montagnes qui bornent la haute Égypte, à l'orient et à l'occident, sont connues sous le nom général de chaîne *Arabique* et de chaîne *Libyque.* Cependant on ne peut douter qu'à différentes hauteurs, elles n'eussent, chez les Égyptiens, des noms particuliers tirés très-souvent de la ville qui les avoisinait à l'est ou à l'ouest du Nil. Parmi le grand nombre de ces noms que nous avons recueillis dans les auteurs grecs et dans les livres coptes, nous ne donnerons ici que ceux des montagnes dont la position peut être déterminée d'une manière satisfaisante.

Dans le chapitre précédent (2), nous avons parlé des noms que portèrent les deux montagnes qu'on voit entre Syène et Éléphantine. Le nom de Ⲙⲟⲩϥⲓ, *Moufi, bonne*, fut donné à l'une d'elles, par opposition à celui de Ⲭⲣⲟϥ, *Chrof, mauvaise*, que reçut l'autre; ils tiennent à des circonstances locales qu'il nous est impossible de déterminer.

(1) *Suprà*, pag. 71 et 72.

(2) Pag. 114 et 115.

La montagne située à l'extrémité sud de la Thébaïde, près de Syène, dernière ville au midi de la haute Égypte, portait le nom de Ⲙⲉⲣⲟⲉⲓⲧ, *Méroeït* (1).

La montagne Libyque vis-à-vis de la ville de *Sné* (Latopolis), avait pris le nom de cette même ville, comme le prouve le passage suivant qu'on lit dans les actes de saint Pachome : Ⲁϥⲧⲱⲛϥ ⲁϥϭⲓ ⲛ̀ⲛⲓⲥⲛⲏⲟⲩ ⲁϥϣⲉ ⲉ̀ⲣⲏⲥ ⲉ̀ⲡⲧⲱⲟⲩ ⲛ̀ⲥⲛⲏ : « Ce saint se leva, se fit accompagner par quelques frères, et marcha au midi vers la *montagne de Sné.* » Dans le voisinage d'Hermonthis, elle s'appelait Ϭⲏⲙⲓ, *Shêmi*, comme on le voit dans l'éloge de Pisenti, évêque de Coptos, prononcé par Moyse, évêque de la même ville. Les noms de Ⲡϣϭⲉⲡⲟϩⲉ, *Pschshèpohè*, de Ⲣⲱⲧⲁϣⲁⲛⲥ, *Rôtaschans*, et de Ⲧⲏⲣⲏⲃ, *Téréb* (2), appartenaient à trois points de la partie de celle des deux chaînes de montagnes qui est située entre Hermonthis et Apollinopolis-Parva. Dans les environs de cette dernière ville, la montagne Arabique était connue sous le nom de Ϩⲁϭⲉ, *Hashé* (3).

---

(1) *Vie de Paul l'Hermite*, mss. baschmourique-thébain du musée Borgia, n.° 172, publié par Zoëga, *Catalogus manuscriptorum musœi Borgiani*, pars III, pag. 368 ; Romæ, 1810, in-f°.

(2) *Vie de Paul l'Hermite*, mss. coptes du musée Borgia; Zoëga, texte copte, page 366.

(3) *Ibidem.*

A la hauteur de Crocodilopolis, près de Panopolis, la chaîne Libyque prenait celui de ⲡⲧⲱⲟⲩ ⲛ̀ⲁⲧⲣⲏⲡⲉ, *montagne d'Atripè*, à cause de la ville de ce nom.

Ⲥⲓⲱⲟⲩⲧ (1), *Siôout* (Lycopolis), Ⲡⲓⲟⲙ, *Piom* (le nome de Crocodilopolis), et la petite ville de Ϯⲗⲟϫ, *Tilosj*, communiquaient le leur aux montagnes voisines. Celle qui bornait Memphis à l'occident, était appelée Ⲡϫⲟⲙⲙⲓ, *Psjommi*.

Villes de la haute Égypte.

Sous les Pharaons, la haute Égypte, comme nous l'avons déjà dit (2), fut divisée en deux parties, la *Thébaïde* et l'*Égypte moyenne*. La première était subdivisée en dix *Pthosch*, ou Nomes; la seconde l'était en seize (3). Elles seront le sujet des deux sections qui composent ce chapitre, et chaque ville sera celui d'un article particulier, indiqué par le nom ordinaire et le nom égyptien de chaque lieu. Une troisième section est destinée à faire connaître les chefs-lieux des 26 nomes de la haute Égypte, et les noms des villes qui étaient situées dans l'arrondissement de chacun de ces nomes. Ce résultat naîtra des discussions relatives aux villes de la

(1) *Ibidem.*

(2) *Suprà*, pag. 71 et 72.

(3) Strabon, liv. XVII, page 787.

Thébaïde et de l'Égypte moyenne, considérées dans leur étendue, leur position et l'importance de leurs monumens.

SECTION PREMIÈRE.

En quittant la Nubie et entrant en Égypte, le Nil est coupé par plusieurs îles que forment des rochers granitiques en s'élevant au-dessus des eaux. Ces îles sont en grand nombre. Les plus considérables sont celles que les Grecs connurent sous les noms de Ταχομψος, *Tachompsos ;* de Φιλαι, *Philæ*, et d'Ελεφαντινη, *Éléphantine*.

Tachompsos. — Tachamsah.

Quoique le territoire de l'Égypte fût borné au sud par l'île de Philæ, nous avons cru devoir indiquer d'abord celle de Tachompsos, qui appartenait à l'Égypte des Pharaons. Cette île était le point le plus reculé du royaume vers le midi. Elle se trouvait sur la frontière des Éthiopiens, et était réellement le lieu où finissait l'Égypte et où l'Éthiopie commençait. Métachompso appartenait en commun aux deux peuples (1). Les Éthiopiens possédaient la partie méridionale; le nord était habité par les Égyptiens. Dans son voisinage, le Nil formait un lac très-considérable sur les

(1) Hérodote, liv. II, §. XXIX. *Métachompso* ou *Tachompsos* indifféremment.

bords duquel campaient des Éthiopiens nomades (1); semblables aux Arabes bédouins, ils parcouraient les déserts de la Nubie, et se fixaient momentanément dans les cantons où leurs troupeaux trouvaient une nourriture abondante.

La position géographique de Tachompsos n'est pas fixée d'une manière certaine. Étienne de Byzance en fait un bourg situé sur les frontières de l'Égypte et de l'Éthiopie, dans le voisinage de l'île de Philæ (2) : ΤΑΚΟΜΨΟΣ κωμη εν τοις οϱιοις Αιγυπτιων και Αιθιοπων προς τη Φιλια νησω. Mais ces mots προς τη Φιλια νησω, *près de l'île de Philæ*, indiquent mal la position de Tachompsos, puisque Hérodote semble dire qu'elle était à six ou sept journées de chemin de l'île d'Éléphantine, voisine de Philæ. Ptolémée la place à vingt-cinq minutes plus au midi que cette dernière île (3); c'est à-peu-près la position que lui assigne notre célèbre d'Anville (4).

Le nom vulgaire de *Tachompsos* n'est pas connu. Le vague des indications données par les auteurs anciens sur cette île, et la difficulté de suivre le cours du Nil au-dessus de Philæ, nous ont privés de renseignemens précis, et sur la situation et sur le nom

(1) Hérodote, liv. II, §. XXIV.
(2) Stephanus Byzantinus, verbò Ταχομψος.
(3) Ptolémée, liv. 4, chap. 5.
(4) D'Anville, *Mémoires sur l'Égypte*, page 217.

moderne de cette île. Le nom ancien *Tachompsos* est incontestablement égyptien.

Les Grecs l'ont diversement écrit : Hérodote et Étienne de Byzance l'orthographient *Tachompso* ou *Tacompsos ;* Ptolémée et, comme lui, Pomponius-Mêla, *Métachompsos* et *Tachempso*. Toutes ces formes appartiennent à la langue égyptienne ; il paraît possible d'indiquer l'origine et le sens de ce mot.

Le crocodile porte en copte le nom de ⲙ̀ⲥⲁϩ, *'Amsah;* et soit que la lettre ϫ, *ch*, fût chez les anciens Égyptiens une espèce d'article dérivé de ϫⲏ, *être*, de la même manière que l'article ⲡⲉ en thébain, et ⲡⲓ en memphitique vient du verbe ⲡⲉ, *être*, soit par toute autre cause qui nous est inconnue, les Égyptiens, du tems d'Hérodote, désignaient le crocodile sous le nom de Χάμψαι, qui n'est pas différent de Ϫⲏⲙⲥⲁϩ (1) écrit en lettres coptes. Ce premier apperçu nous conduit à la signification du nom de Tachompsos. En retranchant la finale grecque ς, on trouve *Tachompso*, et ce mot est évidemment l'égyptien Ⲧⲁϫⲏⲙⲥⲁϩ, *Tachempsah* ou *Tachimsah*, *lieu où se trouvent beaucoup de crocodiles*. Ce même mot est conservé dans le texte latin de Pomponius-Mêla, et *Metachompsos* de Ptolémée a le même sens. En effet, les mots concrets se

(1) Hérodote, livre II, §. LXIX.

forment, dans la langue égyptienne, en ajoutant à la racine la syllabe ⲙⲉⲧ. Ainsi ⲙⲉⲧⲙⲁⲓ, *dilectio*, ⲙⲉⲧϣⲁⲙϣⲉ, *cultus*, ⲙⲉⲧⲥⲟϫ, *stultitia*, ⲙⲉⲧⲧⲟⲩⲃⲟ, *puritas*, ⲙⲉⲧⲥⲟⲛⲓ, *latrocinium*, dérivent des racines ⲙⲁⲓ, *amare*, ϣⲉⲙϣⲓ, *servire*, ⲥⲟϫ, *stultus esse*, ⲧⲟⲩⲃⲟ, *mundus esse*, ⲥⲟⲛⲓ, *latro* ou *latrocinare*, précédées de ⲙⲉⲧ.

En soumettant à cette règle la racine monosyllabique ϫⲏ, *esse*, *manere*, on aura ⲙⲉⲧϫⲏ, *metchè* ou *metchi*, *mansio*, *statio*, et on verra facilement alors que le *Métachompsos* des Grecs n'est que la corruption du mot égyptien ⲙⲉⲧϫⲏⲁ̀ⲙⲥⲁϩ, *metchémmsah*, qui signifie *la demeure du crocodile*, les Grecs ayant mis un Ψ, *ps*, à la place du ⲥ du mot ⲁ̀ⲙⲥⲁϩ, *amsah*. Ils écrivirent quelquefois le nom de cette île Χομψω (1), ce qui semble indiquer que ϫⲏⲙⲥⲁϩ peut avoir été en usage chez les Égyptiens.

Le grand lac qui était dans le voisinage de Métachompsos dut y attirer les crocodiles, comme le lac Mœris, appelé aujourd'hui Birket-Qaroun, les retenait particulièrement dans le nome de *Crocodilopolis*. Khalil-Dhahéri, géographe arabe (2), assure

(1) Stephanus Byzantinus, verbò Χομψω.

(2) Khalil-Dhahéri, liv. I; *Chrestomathie arabe* de M. Silvestre de Sacy, texte arabe, tome I, page 238, et traduction française, tome II, page 291.

en effet qu'à l'époque où il écrivait, on trouvait dans le lac *Qároun* beaucoup de crocodiles.

La ville située dans l'île de Métachompsos, et qui portait le même nom, n'était pas très-grande; les anciens Égyptiens la regardaient comme un poste avancé qui couvrait l'*île sainte* de Philæ.

THÉBAÏDE.

Ile de Philæ. — Pilak.

L'ILE de Philæ est située au 30.ᵉ d. 34 m. 16 s. de longitude, et au 24.ᵉ d. 1 m. 34 s. de latitude, au méridien de Paris (1). Placée au milieu d'un grand bassin formé par un coude du Nil, sa direction est du nord-ouest au sud-est; sa longueur est de 192 toises, et sa plus grande largeur de 68. C'est dans sa partie méridionale que se trouvent les monumens principaux parmi ceux dont elle était, pour ainsi dire, couverte; un mur de circonvallation, construit sur les rochers qui la bordent, l'environnait entièrement.

Seize colonnes de 2 pieds 3 pouces de diamètre, sur 14 pieds 6 pouces de hauteur, formaient, à son extrémité méridionale, une enceinte en carré-long, découverte et précédée de deux obélisques de

(1) Nouet, *Observations astronomiques* déjà citées.

22 pieds, placés sur le mur du quai. Cette enceinte conduisait, en allant vers le nord, au temple principal de l'île par deux galeries parallèles formées par des colonnes. La galerie occidentale avait près de 50 toises de longueur; celle de l'est était un peu moins étendue, et les colonnes de l'une et de l'autre, ainsi que le mur du fond de celle de l'ouest, étaient couverts de sculptures peintes ayant rapport à la religion.

L'entrée du temple était contiguë à ces deux galeries. Deux lions en granit, de grandeur colossale, assis sur leur croupe, droits sur leurs pates de devant, et placés en avant de deux obélisques de 44 pieds de hauteur, chacun d'un seul morceau de granit rouge et orné d'hiéroglyphes sur ses quatre faces, indiquaient cette première entrée du temple.

Elle est formée par un grand pylone de 118 pieds de largeur sur 54 pieds de hauteur, dont les faces extérieures sont couvertes de sculptures; ce pylone est composé de deux grands massifs, séparés par une porte couronnée d'une corniche égyptienne; elle conduit à une cour fermée à l'occident par le côté oriental d'un petit temple décoré de huit colonnes, et à l'orient par une galerie de dix autres colonnes, parallèle au petit temple. C'est en traversant cette seconde cour qu'on parvenait à un second pylone de moindre proportion que le premier; il servait d'entrée dans un portique de dix colonnes chargées, ainsi que les murs latéraux, de sculptures peintes en couleurs très-agréables. Ces colonnes ont 12 pieds de tour ; leur hauteur est de 22 à 23 pieds ; les chapiteaux en sont nobles et gracieux. Enfin, après avoir traversé plusieurs salles, on parvenait au sanctuaire du temple ; ses deux angles étaient occupés par deux tabernacles ou niches monolythes, dans lesquelles étaient renfermés les symboles de la Divinité. Ce temple existe encore tout entier (1).

Strabon (2) dit qu'on voyait un épervier sacré dans le sanctuaire du grand temple de Philæ. Cet oiseau est en effet assez fréquent sur les sculptures des monumens de cette île; il y était le symbole du Dieu auquel le temple était consacré. Strabon ajoute qu'il ne ressemblait point aux éperviers de l'Europe, et qu'il les surpassait en grosseur. Les Égyptiens lui dirent qu'après la mort de cet oiseau sacré, on le remplaçait par un autre de la même espèce, tiré de l'Éthiopie. Cet usage a dû nécessairement être admis à Philæ long-tems avant la conquête de l'Égypte par Cambyse.

---

(1) Cette description de Philæ est extraite de celle que M. Lancret, dont la perte est si sensible aux sciences et à la Commission d'Égypte, a donnée de l'état actuel de cette île. Ce Mémoire fait partie de la première livraison du grand ouvrage sur l'Égypte.

(2) Liv. XVII, page 818.

Le même auteur assure ensuite que Philæ appartenait en commun aux Égyptiens et aux Éthiopiens. Mais nous pensons qu'il n'en était ainsi que de l'île de Métachompsos, les monumens dont Philæ est ornée, étant évidemment l'ouvrage des Égyptiens ; cette île n'ayant d'ailleurs qu'une très-petite étendue, il est impossible que les Égyptiens eussent souffert qu'un peuple étranger habitât avec eux l'enceinte de leurs temples. Du tems de Strabon, les Éthiopiens pouvaient être établis à Philæ; mais sous les Pharaons, les Égyptiens seuls en étaient certainement les maîtres.

Elle tenait un rang distingué parmi les lieux sacrés de l'Égypte. C'était dans cette île, ou dans son voisinage, que les Égyptiens plaçaient le tombeau d'Osiris (1). Les prêtres seuls pouvaient y pénétrer. Trois cent soixante patères étaient dans ce lieu saint, et ses ministres les remplissaient de lait chaque jour de l'année. Selon une tradition vulgaire, qui est des tems postérieurs à la chûte de l'Empire égyptien, Isis bâtit le grand temple de Philæ en l'honneur d'Osiris son époux ; lorsque les Égyptiens juraient par *Osiris qui est à Philæ*, ce serment était regardé comme inviolable (2).

---

(1) Diodore de Sicile, liv. I, chap. 22. — Plutarque, d'*Isis et* d'*Osiris*. — Sénèque, *apud Servium ad Æneid.* lib. 6, vers. 154.

(2) Diodore de Sicile, liv. I, chap. 22.

On a diversement écrit le nom de Philæ. Dans Strabon on le trouve orthographié Φυλαῖς, dans Plutarque Φιλαις, dans Étienne de Byzance Φιλια, et *Filis* dans la Notice des dignités de l'Empire romain. Ces diverses orthographes semblent indiquer que ce nom n'est pas grec d'origine. Cependant on a donné à Φιλαι la signification de *amicæ, amies* (1); d'autres ont cru que Φυλας désignait des *tribus*. Mais ce nom paraît avoir été donné à cette île par les Égyptiens; et c'est dans la langue de ce peuple qu'on doit en chercher la signification.

Zoëga l'a dérivé de la racine égyptienne Ⲫⲉⲗϩ ou Ⲫⲱⲗϩ, *verberare, percutere, allidere, frapper, se briser* (2), à cause, dit-il, des rochers contre lesquels le Nil se brise en cet endroit. Mais d'après la description de l'état actuel de Philæ, il ne paraît pas que le Nil se jette, avec fracas, contre les rochers de l'île. Les Égyptiens pourraient cependant lui avoir donné ce nom, à cause de sa proximité des Cataractes, dont elle n'est éloignée que de 1500 toises (3).

Le véritable nom égyptien de Philæ est Ⲡⲉⲗⲁⲕ (4) ou Ⲡⲓⲗⲁⲕ, *Pilak*, comme on le trouve dans les livres coptes (5). Ce nom signifie *frontière, lieu reculé*.

(1) Tzetzès, *ad Lycophr.*, vers 212.

(2) Zoëga, *de Obeliscis*, sect. 4, cap. 1, pag. 286.

(3) Jomard, *Description de Syène et des Cataractes*, page 14.

(4) Mss. copte, Bibl. imp., n.° 43, f.° 58, recto.

(5) Mss. copte, Bibl. imp., n.° 46.

Telle est en effet la position de l'île de Philæ dépendante de l'Empire égyptien.

Les Arabes lui ont long-tems donné le nom de *Bilaq*; aujourd'hui elle est connue dans le pays sous le nom vulgaire de *Djéziret-el-Birbé*, l'île du *Birba* ou du *Temple*, car ⲡⲣⲡⲉ ou ⲡⲉⲣⲡⲉ, *perpe* ou *perpa* en dialecte thébain, se traduit par *temple* : ce nom égyptien a peut-être été en usage autrefois dans les environs de Philæ.

Éléphantine.

En suivant le cours du Nil, vers le nord, et sa rive orientale, on traversait un sol inégal, parsemé de blocs informes de granit ornés de figures hiéroglyphiques, et l'on arrivait à Syène; c'est vis-à-vis de cette ville qu'est située la petite île d'Éléphantine.

Sa longueur est d'environ 700 toises, et sa largeur de près de 200. La ville qui lui donnait son nom avait un peu moins de 400 toises de tour (1). Au sud et au nord se trouvaient deux temples. Le premier, auquel on arrivait par un escalier de plusieurs marches, fut un des plus petits de l'Égypte. Il était soutenu par des piliers et des colonnes. C'est le seul temple égyptien dont les lignes ne soient point

(1) C'est l'espace qu'occupent aujourd'hui ses ruines, selon M. Jomard, *Description d'Éléphantine*, page 3.

inclinées. Il était couvert de sculptures, tant à l'extérieur qu'à l'intérieur. Dans la principale salle de ce temple, un grand bas-relief représentait un roi ou un héros faisant à *Amoun* (le Dieu à tête de bélier) de riches offrandes. Le Dieu reçoit le héros dans ses bras.

Le temple situé au nord était à-peu-près semblable à celui que nous venons de décrire. On voyait encore dans cette ville un troisième temple, plus étendu que les autres. C'était probablement celui de Chnouphis dont parle Strabon (1). Les deux montans de sa porte principale sont encore debout. Ils sont de granit et couverts de sculptures symboliques et d'hiéroglyphes.

Une famille originaire de la ville d'Éléphantine monta sur le trône d'Égypte. Ce fait, attesté par Manéthon, a induit les chronologistes en erreur, et leur a fait croire que l'île d'Éléphantine, dont ils ignoraient la petite étendue, avait formé un royaume à elle seule.

Les Égyptiens exploitaient les carrières de granit situées dans cette île. Son nom égyptien nous est inconnu. Elle porte dans le pays celui d'*El-Sag* ou *Ile-Fleurie*.

Syène.

---

(1) Strabon, liv. XVII. Voyez aussi le Mémoire de M. Jomard.

Syène. — Souan.

Syène, bâtie sur la rive orientale du Nil, était la dernière des villes un peu considérables de l'Égypte, du côté du sud. Elle est au 30.e d. 34 m. 49 s. de longitude, et au 24.e d. 5 m. 23 s. de latitude, sur le penchant d'une montagne qui se termine au Nil. C'était une des places de guerre des anciens Égyptiens. Ils y entretenaient des troupes pour empêcher les Éthiopiens nomades de la Nubie de faire des incursions sur les terres d'Égypte. Sous les rois égyptiens, Syène possédait un temple de 40 pieds de largeur; il est presque entièrement détruit aujourd'hui (1). Il paraît cependant que ce temple ne fut point l'édifice le plus considérable de l'antique Syène. Léon l'Africain, en donnant la description de cette ville, dit que c'est dans cette place frontière qu'il faut particulièrement admirer divers bâtimens des premiers égyptiens, et sur-tout des tours d'une hauteur prodigieuse, appelées *Barba* dans la langue du pays (2). Par ces tours, Léon l'Africain désigne évidemment des pylones, formant l'entrée de quelque grand temple qui n'existe plus, et auquel on donnait encore le nom égyptien de *Barba*, ⲡⲉⲣⲡⲉ, *Temple*. On

(1) M. Jomard, *Description de Syène*, page 7.

(2) Léon l'Africain, *Description de l'Afrique*, art. Asuan.

peut donc conclure du rapport de Léon l'Africain, historien du XV.e siècle, qu'il exista à Syène des monumens importans dont il ne reste plus de traces.

C'est dans ses environs qu'étaient les fameuses carrières de granit, desquelles les Égyptiens tiraient leurs plus grands obélisques, et la plupart de leurs monolithes.

On voit encore, parmi les blocs de granit, un obélisque ébauché, ayant plus de 55 pieds de longueur, et prêt à être sculpté. C'est de ces mêmes carrières que fut extrait le célèbre colosse d'Osymandias (1).

Συηνη (2) fut le nom par lequel les Grecs désignèrent Syène dans leurs écrits. Quoique ce nom soit égyptien, ils en cherchèrent cependant l'origine dans leurs traditions historiques. Étienne de Byzance (3) assure que cette ville fut ainsi appelée de *Syénos*, fils de *Daétés*. Nous avons dit ailleurs ce que valent ces prétentions des Grecs (4).

Le nom arabe de Syène est *Osouan*, que plusieurs personnes lisent *Asouan*, comme il est écrit, et

---

(1) Cette intéressante découverte est dûe à M. Jomard, que nous avons déjà cité.

(2) Hérodote, liv. II. — Strabon, liv. XVII, §. 38. — Stephanus Byzantinus, etc.

(3) Stephanus Byzantinus, verbò Σνηνη.

(4) *Suprà*, page 75.

d'autres *Assouan* (1), dans la fausse persuasion que la syllabe *as* n'est autre chose que l'article arabe *al*, dont le *lam* se change en *sin*, par une régle euphonique de la langue des Arabes. Mais ceux-ci ont seulement ajouté un *alif* initial, surmonté d'un *dhamma*, qui le fait prononcer *o*, par un motif que nous avons exposé dans notre Introduction (2). Nous avons dit que c'est un usage constant chez les Arabes, d'ajouter un *alif* aux noms étrangers qui commencent par une consonne; cependant cette règle a de nombreuses exceptions, et elle s'applique particulièrement à l'Égypte.

Le nom grec Συηνη et le nom arabe *Osouan* ne sont que des corruptions de celui que portait Syène chez les anciens Égyptiens. Ce nom fut ⲤⲞⲨⲀⲚ, *Souan*; c'est celui qu'on trouve dans tous les écrits des Coptes ou Égyptiens du moyen âge (3), et il est hors de doute que cette ville l'avait déjà reçu sous les rois de Thèbes et de Memphis. Le grec Συηνη et sa corruption ⲤⲈⲚⲞⲚ par le copiste du manuscrit thébain que nous

---

(1) M. Lacher, *Table géographique* de sa traduction française d'Hérodote, tome VIII, page 524.

(2) *Suprà*, page 43.

(3) Mss. coptes, Bibl. imp., n.° 44, f.° 79, rectò; — n.° 46; — *idem*, fonds de Saint-Germain, suppl., n.° 17, page ⲣϥⲃ; — n.° 43, f.° 58, rectò; — n.° 64, f.° 150, rectò; — Kircher, page 211, etc.

avons cité plus haut (1), sont aussi les mêmes que le mot égyptien Ⲥⲟⲩⲁⲛ.

Sa signification nous paraît être en rapport avec la position militaire de Syène, considérée comme première place frontière de l'Égypte, vers le midi, et comme la *clef* de ce royaume, du côté de l'Éthiopie. *Alexandrie* et *Syène* étaient les villes les plus considérables sur les deux points opposés de cette contrée. Les Coptes saisirent ce rapport, et ils désignaient l'Égypte entière par le pays compris entre *Rakoti* (Alexandrie) et *Souan* (Syène), comme on le voit dans la citation suivante. L'égyptien Jules (Ⲓⲟⲩⲗⲓⲟⲥ), auteur du Martyre de saint Épime (2), rapporte un édit de Dioclétien, par lequel cet empereur ordonnait à Arménius, gouverneur d'Alexandrie, de faire détruire les églises, et lui recommandait, ⲟⲩⲟϩ ⲛ̀ⲧⲉⲕⲟⲧ ⲛ̀ⲛⲓⲉⲣⲫⲏⲟⲩⲓ ϧⲉⲛ ⲙⲁⲓ ⲛⲓⲃⲉⲛ ⲓⲥϫⲉⲛ ⲣⲁⲕⲟϯ ϣⲁⲥⲟⲩⲁⲛ, *la reconstruction des Temples dans tous les lieux* (de l'Égypte), *depuis Rakoti jusques à Souan*, ce qui comprenait en effet la totalité de l'Égypte.

(1) Page 29 de l'Introduction, et Mss. copt., Bibl. impér., n.° 43, fol.° 58, *rectò*.

(2) Mss. copte, Bibl. imp., fonds du Vatican, n.° 66. Le père Georgi a donné aussi le texte de ce passage dans son livre *de Miraculis sancti Coluthi*, préface, page CVIII.

Ⲥⲟⲩⲁⲛ est dérivé de la racine ⲟⲩⲏⲛ *(ouèn)*, ⲟⲩⲉⲛ *(ouan)*, la même que ⲟⲩⲱⲛ, *ouôn*, *aperire*, *ouvrir*, et l'on en a formé ⲥⲁⲟⲩⲉⲛ, ou ⲥⲁⲟⲩⲁⲛ, et par contraction ⲥⲟⲩⲁⲛ, qui signifie *ce qui a la puissance d'ouvrir*, *la possession d'ouvrir*, le monosyllabe *sa*, ⲥⲁ, indiquant l'attribution, la faculté ou la puissance de faire une action quelconque. Un grand nombre de mots égyptiens sont formés de la même manière ; tels sont ⲥⲁⲙⲁϣⲓ (1), *samaschi*, *peseur*, *celui qui a l'attribution de la balance*, et ⲥⲁⲙⲉⲑⲛⲟⲩϫ, *sameth-nousj*, *menteur*. Il en est ainsi de ⲥⲁⲛϫⲣⲟϥ, *san-chrof*, *méchant* (2). De la même manière que les Égyptiens disaient ⲥⲟⲩⲁⲛ, *aperiens*, les Coptes disaient aussi ⲉ̀ⲥⲟⲩⲏⲛ, *asouén*, *aperta*. Ce terme, qui manque dans Lacroze, se trouve dans un Vocabulaire copte de la Bibliothèque impériale. Dans ce dernier mot, on remarque la même contraction que dans le nom égyptien de *Syène*, Ⲥⲟⲩⲁⲛ, dont nous croyons avoir proposé la véritable signification.

Les Coptes donnaient aussi à *Souan* le même nom

---

(2) Ce mot est composé de ⲥⲁ, *celui qui a l'attribution*, et de ⲙⲁϣⲓ, *balance*. Ce dernier signifie exactement *dans mensuram*. Il est la réunion des mots ⲙⲁ, *dare*, et de ϣⲓ, *mensura*.

(3) Ce mot manque dans Lacroze ; nous l'avons trouvé dans le manuscrit copte, n.º 500, provenant de Saint-Germain.

qu'à *Philæ*, ⲡⲓⲗⲁⲕ (1), que nous pensons être le mot égyptien ⲡⲓⲗⲁⲕϩ, *angle, extrémité d'une chose.* Il sert aussi dans la langue égyptienne à désigner les frontières, ou plutôt Philæ, comme dans cette phrase : ϯⲟⲩⲓϯ ⲙ̀ⲡⲟⲗⲓⲥ ϣⲁϯϩⲁⲓ ⲙ̀ⲡⲟⲗⲓⲥ ⲛ̀ⲧⲉ ⲫⲙⲁⲣⲏⲥ ⲉⲧⲉ ⲡⲓⲗⲁⲕϩ ⲡⲉ ϧⲁⲧⲉⲛ ⲛⲓ ⲉ̀ⲑⲁⲩϣ (2); *depuis la première ville* (de l'Égypte) *jusques à la dernière ville du Maris* (la haute Égypte), *qui est Pilakh, du côté de l'Ethausch* (l'Éthiopie).

Contra-Syène. — Souan-Am-Pément.

De l'autre côté de l'île d'Éléphantine et vis-à-vis de *Souan*, sur la rive occidentale du Nil, était *Contra-Syène*. Le lieu qu'occupa cette espèce de bourg est appelé de nos jours *Gharbi-Osouan*, la *Souan occidentale*, par les Arabes de la haute Égypte. Le nom égyptien fut Ⲥⲟⲩⲁⲛ ⲙ̀ⲡⲉⲙⲉⲛⲧ, *Souan de l'occident*, en supposant, ce qui est très-probable, que *Gharbi-Osouan* soit l'exacte traduction de l'ancien nom égyptien de cette dépendance de Syène. Nous citerons bientôt plusieurs exemples de noms égyptiens traduits avec précision par les Arabes, lorsqu'ils furent

---

(1) Mss. copt., Bibl. imp., fonds de Saint-Germain, suppl., n.° 17.

(2) *Martyre de saint Épime;* le P. Georgi n'a pas fidèlement traduit ce passage, dans sa préface *de Miraculis sancti Coluthi*, p. CIII.

les maîtres de l'Égypte. Rien n'empêche que *Gharbi-Osouan* ne soit de ce nombre, et nous le pensons.

Ombos. — Ambô.

En quittant les rochers de Syène, les Égyptiens s'embarquaient sur le Nil, et arrivaient à Ombos après huit heures de navigation (1).

Cette ville, à neuf lieues au nord de Syène, est située sur la rive orientale du fleuve, par le 30.e d. 39 m. 9 s. de longitude, et le 24.e d. 27 m. 17 s. de latitude (2). Elle fut la capitale d'un nome ou *Pthosch* qui existait encore sous les Romains, et dont Syène faisait partie (3). Ombos était une ville considérable; ses ruines servent à prouver la magnificence de ses monumens. On y voyait deux temples qu'environnait de toutes parts une enceinte de grandes briques, ayant près de 750 mètres de tour sur 8 d'épaisseur. Cette enceinte avait deux portes, l'une au sud et l'autre au sud-ouest, vis-à-vis du Nil.

---

(1) C'est le tems qu'on met aujourd'hui pour descendre d'Asouan à Ombos. *Description d'Ombos*, par MM. Chabrol et Jomard, page 16; c'est de ce Mémoire que nous avons tiré la description de cette ville.

(2) *Observations astronomiques* de M. Nouet.

(3) Pline, *Histoire naturelle*, tom. I, liv. V, chap. IX, page 255. Lugduni Batav., Elsevirius, 1635, in-12.

Le grand temple d'Ombos, tourné vers le fleuve, avait cent quatre-vingt-cinq pieds de longueur sur une largeur de cent quatorze. Son premier portique était composé de quinze colonnes de dix-huit pieds de tour et de trente-sept de hauteur. Il conduisait à un second portique de dix colonnes de moindre proportion que les précédentes. On trouvait ensuite plusieurs salles par lesquelles on arrivait au sanctuaire. Les murailles, les colonnes et les corniches de ce superbe temple étaient entièrement chargées de sculptures symboliques et d'hiéroglyphes, peints de couleurs variées. L'intérieur du premier portique était orné d'une corniche d'*agathodæmons* ou *ubæus*. Ce sont des serpens de trois pieds de hauteur, se tenant sur leur queue et ayant la tête surmontée d'un globe aplati. Cette corniche est du plus grand effet. Sur les plafonds des portiques, peints en bleu de ciel, on voit encore sculptés des vautours gigantesques portant des enseignes. Dans d'autres parties sont des tableaux astronomiques.

Au nord-ouest de ce temple, il en existait un second bâti de grès, comme tous les temples de l'Égypte. Les chapiteaux de ses colonnes sont formés de quatre têtes de femmes, surmontées d'un massif qui a la forme d'un petit temple. Cette espèce de chapiteau et les sculptures qui représentent des offrandes à Isis, portent à croire que ce temple, bien plus petit que le premier, était consacré à cette déesse. Le grand temple était commun à deux divinités, dont l'une était figurée symboliquement par l'épervier, et l'autre par un crocodile. Les auteurs anciens nous apprennent que cet amphibie était en grande vénération à Ombos.

Dans les tems anciens, cette ville communiquait au Nil par un grand canal; depuis, ce fleuve s'est tellement rapproché de la ville, qu'il a fait écrouler une des portes de la circonvallation des temples; il menace même de les détruire.

Les Coptes ne nous ont point transmis l'orthographe du nom égyptien de cette ville, qui devait être *Ambô*, ou bien *Ombou*, nom que portent encore ses ruines, appelées par les Arabes *Koum-Ombou*, *hauteur* ou *butte* d'*Ombou*. On le trouve écrit *Ambo* dans la Notice des dignités de l'Empire Romain (1), ce qui fait soupçonner que l'orthographe égyptienne de ce mot fut ⲁⲙⲃⲱ, *Ambô* ou *Ombô*. Nous ne hasarderons rien ici sur le sens de ce mot.

Silsilis. — Sjolsjel.

Entre Ombos et Apollinopolis-Magna, se trouvait Silsilis. Le Nil, en cet endroit, est resserré entre les

---

(1) *Notitia Dignit. Imper. Rom.*, ex typographiâ Regiâ, p. 32. On lit aussi Ομβροι dans Hiéroclès grammaticus, *Impér. orient.*, *apud* Banduri; Paris, 1711, in-f°.

deux chaînes de montagnes qui le bordent dans toute la haute Égypte. La Libyque, aux pieds de laquelle se trouvait Silsilis, est de grès. Les anciens Égyptiens y ouvrirent de profondes carrières, d'où ils tirèrent les grandes pierres avec lesquelles Ombos fut peut-être construit; la proximité de cette ville semble l'indiquer. L'entrée de ces carrières, voisines de la rive occidentale du Nil, est décorée de petits portiques taillés dans le rocher même. Leur exécution est très-soignée, et prouve jusques à quel point les Égyptiens portaient la manie des monumens. Il est vrai qu'après l'exploitation, les rues de ces carrières devenaient des tombeaux : des figures d'Égyptiens, de grandeur naturelle, assises et sculptées à même dans la montagne, ne permettent point d'en douter. A l'extérieur sont de grands cadres d'hiéroglyphes, surmontés du globe ailé qu'on trouve sur les portes de tous les temples.

Le nom égyptien des carrières et de la ville est facile à retrouver. Ce fut Ϫⲟⲗϫⲗ, *Sjolsjel*, *mur*, *chose qui empêche le passage*. La montagne en effet est si près du Nil, en cet endroit, qu'elle interrompt presque la marche de ceux qui vont à Syène par la rive occidentale : ce chemin n'existait peut-être pas avant l'exploitation de ces carrières. Ϫⲟⲗϫⲗ, *Sjolsjel*, que l'on trouve orthographié ϫⲱⲗϫⲉⲗ, ayant la signification de *mur*, *enceinte*, *haie*, *muraille*, ce nom a donc été donné, avec raison, à l'endroit que nous venons de décrire. Nous ferons aussi remarquer que le mot thébain ϫⲟⲗϫ̅ⲗ̅, *mur*, se retrouve dans le dialecte memphitique, sous la forme de ϫⲱⲗϫ, *adhærere*. Le premier paraît n'être autre chose que ϫⲟⲗ ou ϫⲟⲗϫ qu'on aura redoublé. La langue égyptienne abonde en mots de ce genre; tels sont ⲗⲉϫⲗⲉϫ; *humilitas*, ϫⲟⲙϫⲉⲙ, *palpare*, ϧⲉⲗϧⲱⲗ, *jugulare*, ϧⲉⲣϧⲉⲣ, *stertere*.

Les Arabes trouvant quelque rapport entre *Sjolsjel* et leur mot *Selséléh*, *chaîne*, appelèrent ce lieu *Djèbél-Selséléh*, *Mont de la Chaîne*. Pour justifier ce nom, ils dirent dans la suite qu'en cet endroit-là le Nil avait été autrefois fermé par une chaîne qui s'étendait d'un bord à l'autre du fleuve. L'existence de cette chaîne étant de toute impossibilité (1), il est probable que cette supposition ne repose que sur l'analogie du nom égyptien *Sjolsjel* avec le *Selséléh* des Arabes.

Sjolsjel fut une ville de peu d'étendue, à cause de son emplacement qui est resserré entre le Nil et la montagne Libyque; on y voyait cependant un temple, dont les arrachemens existent encore. Cet endroit intéressant de l'Égypte paraît être mentionné dans la Notice des dignités de l'Empire Romain, sous le nom de *Silili*, qui n'est qu'une corruption de *Silsilis* ou *Sjolsjel*.

---

(1) *Voyage dans la basse et la haute Égypte*, par M. Denon, planche 76, et son explication.

Toum. — Pithom.

A peu de distance de Ⲭⲟⲗϫⲗ, un lieu semblable par sa position, portait aussi un nom analogue. D'Anville le place presque à égale distance de *Silsilis* et d'*Apollinopolis - Magna*, sur la rive orientale du fleuve, près d'une espèce de défilé formé par la montagne Arabique, laquelle se rapproche brusquement du Nil. Ce lieu porta chez les Romains le nom de *Toum;* et cest une altération de l'ancien nom égyptien, qui devait être Ⲑⲱⲙ, *empêchement*, ou mieux *Pithom*, Ⲡⲓⲑⲟⲙ, *Pithom* (1). Ce nom étant rendu en arabe par *El-Hhassir*, prouve que cette petite ville, ou plutôt ce bourg, était situé près d'un lieu *resserré* (entre la montagne et le Nil), *près d'un passage étroit;* car la racine arabe, de laquelle dérive *Hhassir*, a toutes ces significations (2). Il en est de même des racines égyptiennes d'où Ⲡⲓⲑⲟⲙ est dérivé : ⲑⲱⲙ correspond au latin *obturare*, *boucher* (3), et veut aussi dire *muraille* (4); ⲑⲟⲙ, ⲑⲱⲙ et ⲑⲱⲙⲓ ont

---

(1) Mss. copt., Bib. imp., n.° 44. Ce mot manque dans Lacroze.

(2) *Hhassara*, *Arcte circumdedit*, *Prohibuit*, *Angustum fuit*, *Impeditus fuit*, *etc.* Golius, *Lexicon arabicum.*

(3) Pseaume LXII, 11, texte copte.

(4) Eph. II, 14.

en égyptien la valeur de *conjungere*, *adhærere*, *adhærescere*, *se joindre*, *se toucher* (1).

Les Arabes ont traduit avec exactitude le nom égyptien de *Pithom*, Πιϣωм. Ce bourg est encore connu, parmi eux, sous celui de *El-Bouaïb*, *la Petite-Porte*.

Quelques peuples orientaux, et les Arabes en particulier, se servent du mot *bab*, *porte*, pour désigner un *détroit* ou un *défilé*. Ainsi *Bab-el-Mandéb*, *la Porte d'Affliction*, est le nom du canal qui joint la Mer-Rouge à l'Océan indien, et *Bab-al-Abouab*, *la Porte des Portes*, est celui d'un défilé situé dans l'une des provinces septentrionales de la Perse, que les habitans du pays nomment *Derbend*, c'est-à-dire, Porte-Fermée. Les Grecs ne furent point étrangers à cette manière de parler ; ils donnèrent aussi le nom de πυλη aux défilés.

Un fait analogue justifie le nom égyptien que nous avons donné au *Toum* des Romains. Une autre ville, dont la situation est la même que celle de *Toum*, existe dans la basse Égypte ; elle fut également appelée *Tom* ou *Tohum* par les Romains, et les Arabes traduisirent aussi son nom par *Al-Bouaïb*. Ce rapprochement important confirme l'opinion que nous avons émise sur le nom égyptien de *Tohum*.

---

(1) Math. XIX, 5. — Marc., X, 9. — Pseaume XXIV, 21, texte copte.

Apollinopolis-Magna. — Atbô.

Cette ville, bâtie sur la rive occidentale du Nil et à un tiers de lieue du fleuve, était située au 30.e d. 33 m. 44 s. de longitude, et au 24.e d. 58 m. 43 s. de latitude septentrionale. Le nombre et la beauté de ses monumens nous font juger de son importance.

Les Grecs, fidèles à leur système de tout rapporter à eux et à leur religion, l'appelèrent Απολλωνος πολις, *la ville d'Apollon* (1).

Son principal temple égalait en magnificence ceux de Thèbes et de Memphis.

La longueur totale de ce monument était de quatre cent vingt-quatre pieds; sa façade en avait près de deux cent douze en largeur. La hauteur des deux massifs pyramidaux qui accompagnaient sa première porte, était de cent sept pieds; ils étaient couronnés d'une corniche élégante. Leurs quatre faces, couvertes de sculptures d'une proportion colossale, représentaient des figures symboliques et des offrandes aux dieux. Les deux portes battantes qui fermaient cette entrée, avaient environ cinquante pieds de hauteur. Leurs gonds existent encore (2).

Après avoir passé cette porte gigantesque, on se trouvait au milieu d'une vaste cour, dont trois côtés étaient une galerie continue, soutenue par trente

(1) Strabon, liv. XVII.

(2) *Description d'Edfou*, par M. Jomard.

colonnes. Le premier portique du temple, dont la hauteur était de cinquante pieds, faisait face à la porte, et formait ainsi le quatrième côté de cette cour magnifique.

Les dix-huit colonnes de ce portique, rangées sur trois rangs, avaient quarante pieds de hauteur, vingt pieds de circonférence, et leurs chapiteaux trente pieds de tour à leur évasement. Un second portique, d'une plus petite proportion, conduisait dans six salles, par lesquelles on arrivait au lieu le plus reculé du temple. Là se trouvait le sanctuaire, environné d'une nuit mystérieuse. Les salles, ayant trente-un pieds d'élévation, étaient plus ou moins éclairées; les jours étaient pratiqués vers le plafond. Des sculptures, représentant des scènes symboliques et de longues inscriptions en hiéroglyphes, couvraient entièrement le pylone, les galeries, les colonnes, et les murs intérieurs et extérieurs du temple. Elles étaient revêtues de couleurs claires, dont l'effet, qui semble devoir choquer un goût épuré, était au contraire très-agréable, et concourait à augmenter la richesse de ces somptueuses décorations.

Malgré le tems qui s'est écoulé depuis sa construction, ce monument est encore intact dans toutes ses parties. Cette étonnante conservation est dûe à la grandeur des pierres de grès que les Égyptiens employèrent pour sa construction. Celles de neuf pieds de longueur sont les moindres de toutes; celles de quinze pieds y sont communes; les plus grandes n'ont pas moins de dix-huit pieds de long sur six d'épaisseur.

En avant du grand temple, il en existait un second composé d'un portique et d'un sanctuaire, entouré d'une galerie. C'était un *Typhonium*, espèce de petit temple consacré au mauvais génie, ou aux victoires symboliques d'Isis et d'Osiris sur Typhon. Les *Typhoniums* précèdent presque toujours les grands monumens.

Tout porte à croire que du tems de Strabon, peut-être même d'Hérodote, cette ville était déchue de son ancienne splendeur. L'historien d'Halicarnasse n'en fait aucune mention, et Strabon la nomme seulement, sans la distinguer d'aucune manière. Mais sous les Pharaons, elle dut occuper un des premiers rangs.

Strabon observe que, de son tems, les habitans de cette ville faisaient la guerre aux crocodiles (1). Kircher, s'appuyant sur Hérodote qui a dit que l'Horus des Égyptiens était l'Apollon des Grecs (2), prétend (3) que le nom égyptien d'Apollionopolis fut

Ϣpoc,

(1) Strabon, liv. XVII.

(2) Hérodote, liv. II.

(3) Kircher, *Œdipus œgyptiacus*, t. I; *Chorograph. Ægypti*, chap. V, page 47, n.° 22.

ϢΡΟϹ, *Oros* (1). Mais cette supposition de Kircher ne mérite pas la moindre considération, et il n'est point prouvé qu'*Apollinopolis* fût la traduction du nom égyptien de cette ville. Tout semble attester le contraire. Les villes égyptiennes ne portaient en effet que très-rarement le nom de la divinité qu'elles adoraient. Nous aurons occasion, dans la suite de nos recherches, d'offrir des preuves nombreuses de cette assertion; et quand on admettrait même qu'*Apollinopolis* fût une exception à cette règle presque générale, il n'en résulterait pas que les Égyptiens eussent appelé cette ville ϢΡΟϹ, puisque ce mot a évidemment une terminaison grecque.

Kircher donne encore à *Apollinopolis-Magna* le nom de Φϯⲱⲛϯ, *Phtiônti* ou *Phtônti*, qui, selon lui, est la véritable orthographe du *Phthonthis* de Ptolémée, et il croit que le mot Φϯⲱⲛϯ signifiait *Dieu sublime*. Φϯ en copte se traduit en effet par *dieu*, mais ⲱⲛϯ n'est point un mot égyptien. Kircher commet une autre erreur, en faisant de *Phthontis* et d'*Apollinopolis-Magna* une seule et même ville; il est en cela entièrement en contradiction avec Ptolémée, qui les distingue expressément l'une de l'autre (2), et ne parle de Phthontis que comme d'un

(1) *Opus citatum*, page 40.

(2) Ptolémée, liv. IV, chap. V.

bourg ou d'un village (*vicus*) situé dans l'intérieur des terres, et dépendant d'*Apollinopolis-Magna*. Nous n'avons trouvé le nom égyptien de cette dernière ville que dans un seul manuscrit; c'est dans la nomenclature géographique que nous publions à l'Appendix (1). Il est écrit Ⲁⲧⲃⲱ, *Atbô*, et c'est de-là, sans contredit, que s'est formé l'arabe *Odfoû*, en observant que les Coptes prononçaient la lettre ⲃ comme V.

Nous n'insisterons pas trop sur la signification de ce mot, mais nous ferons remarquer que ⲙ̀ⲃⲱ, *Ambô*, nom d'une ville dont nous avons déjà parlé (Ombos), signifie rigoureusement *lieu où il y a des arbres*, et que Ⲁⲧⲃⲱ se traduit régulièrement par *lieu où il n'y a point d'arbres*. Nous ignorons si l'état des lieux, à l'époque de la fondation de ces villes, leur avait fait donner ces noms.

Le père Vansleb, en publiant la liste des évêchés du patriarchat d'Alexandrie, met Odfou (Edfou) de ce nombre, et dit que le nom copte de cette ville fut *Ombon* (2). Mais cet estimable voyageur se trompe, car ce mot n'est autre chose qu'une corruption du nom égyptien d'Ombos, et non pas d'Edfou.

Hiéracônpolis.

Au nord-ouest et à peu de distance d'Atbô, était

(1) Appendix, n.° IV.

(2) Vansleb, *Histoire de l'église d'Alexandrie*, page 12.

Hiéracônpolis, ou *la ville des Éperviers*. D'Anville la place à un lieu nommé aujourd'hui Kéléh. Les ruines de cette ville suffisent pour constater son existence sous les rois égyptiens, mais on n'en peut rien conclure sur les monumens qu'elle pouvait renfermer. Son nom égyptien nous est inconnu.

Éléthya.

Lorsqu'on partait d'Atbô, en traversant le fleuve, et qu'on se dirigeait vers le nord-est, on arrivait à Éléthya, ville célèbre, non par ses monumens et sa magnificence, mais par une tradition des anciens qui en fait le théâtre du plus horrible abus de la superstition, des sacrifices humains. Cette tradition sera discutée dans nos recherches sur la religion des Égyptiens, et nous parviendrons peut-être à prouver que ce rapport des anciens ne mérite aucune confiance.

Éléthya était placée à deux myriamètres d'Atbô, sur le bord du Nil, auprès de la montagne Arabique. Ses édifices sacrés, aujourd'hui ruinés, étaient renfermés dans une enceinte carrée, en briques, et construite par les premiers Égyptiens. Cette circonvallation, semblable à celle d'Ombos, se retrouve autour des temples de Quarnak et de Médineh-Tabou à Thèbes, et à Dendérah. Le mur d'enceinte d'Éléthya a onze à douze mètres d'épaisseur, et la longueur de chaque côté du carré, dont un est parallèle au Nil, est de plus de huit cents pas (1). Cette enceinte contenait un temple et un bassin destiné aux ablutions et à l'usage des prêtres, qui, probablement, furent logés dans la circonvallation. A un quart d'heure de marche, vers le nord, au pied de la montagne Arabique, était une petite chapelle égyptienne, ornée d'hiéroglyphes et de sculptures emblématiques ou religieuses.

On voit encore, vers le haut de la montagne, les grottes taillées dans le roc par les Égyptiens, pour y déposer les cadavres embaumés de leurs proches. Ces grottes, qui n'égalent pas en somptuosité celles de Thèbes, renferment cependant des peintures du plus haut intérêt. Un grand bas-relief peint offre à l'observateur la représentation complète de toutes les occupations domestiques des anciens Égyptiens. On y trouve figurés le labourage, les semailles, la coupe des blés, la levée de la récolte, un personnage écrivant la quantité de sacs de blé qu'on a recueillis, la culture du lin, celle de la vigne, la pêche et la chasse; une partie de cet intéressant monument est consacrée à la navigation et au commerce. On y retrouve aussi les

---

(1) M. Costaz, *Description des ruines d'Éléthya; Décade égyptienne*, tome 3, page 114. La longueur exacte de chaque côté du carré est de 640 mètres, selon M. Saint-Genis, *Description des ruines d'Elkâb ou Éléthya*, page 2. Ce Mémoire fait partie de la première livraison de la *Description de l'Égypte*.

cérémonies funèbres et des offrandes aux dieux. Ce seul tableau nous fournit plus de notions sur la vie domestique des anciens Égyptiens, que tout ce que les auteurs grecs et latins ont écrit sur cette matière. Il est gravé et accompagné d'une excellente description par M. Costaz, dans le magnifique ouvrage sur l'Égypte, publié par les ordres de l'EMPEREUR. Nous reviendrons sur ce sujet dans la partie historique de nos recherches.

Les Grecs croyant reconnaître, dans la divinité égyptienne adorée dans cette ville, leur Ειλήθυια (Latone), lui donnèrent ce nom dans leurs descriptions géographiques. Les Romains, par suite de cette détermination, l'appelèrent aussi *Lucina*, nom correspondant à l'Éléthya des Grecs. L'essence de la religion égyptienne semble n'avoir point admis de personnage théologique ayant quelques rapports avec la déesse des accouchemens chez les Grecs; par conséquent le grec Ειληθυια ne nous paraît point être la traduction exacte du nom égyptien. Cette ville est connue de nos jours sous celui d'*Elkab*, qui pourrait être le nom égyptien auquel les Arabes auraient ajouté leur article *el* ou *al;* cependant en égyptien Ⲕⲏⲃⲥ, *Administrator*, Ⲕⲏⲡⲉ, *Fornix*, et Ⲕⲁⲃ, *Filum*, *Chorda*, ne présentent aucun sens propre à être appliqué à une ville. Nous remarquerons seulement que le nom grec d'Ειληθυια paraît avoir été usité dans le pays, puisque un village voisin de l'ancienne ville égyptienne porte encore celui d'*Éleitz*, qui en conserve des traces frappantes ; mais il ne faut pas en conclure qu'Éléthya ait pu être un nom égyptien.

Chnubis. — Chnoub.

A la moitié de la distance qui séparait Éléthya de Latopolis, se trouvait Chnubis, ou plutôt Chnoubis (1). Elle était bâtie sur la rive orientale du Nil ; un quai avait été construit sur toute la longueur de la ville. Ses temples, et peut-être la ville elle-même, étaient environnés d'une grande et épaisse muraille. Près de ses édifices religieux, décorés de tableaux hiéroglyphiques, était un bassin environné de colonnes (2).

L'orthographe égyptienne du nom de cette ville est d'autant plus difficile à fixer, que les manuscrits coptes que nous avons consultés ne nous l'ont présentée nulle part. Nous émettrons cependant ici une conjecture appuyée sur les monumens antiques. La haute Égypte adorait principalement *Cnouphis*, *la bonne Intelligence*, *le Dieu bon*, mot égyptien que les Grecs traduisirent fidèlement par Αγαθος Δαιμων, *le bon génie*. Dans Cnouphis, Κνουφις, on reconnaît en effet l'adjectif égyptien ⲛ̄ⲛⲟⲩϥⲓ, *bonus*. Il ne serait pas

(1) Ptolémée, liv. IV, tab. III.

(2) *Voyage en Égypte* de M. Denon, planche 75 et son explication.

invraisemblable que dans la Thébaïde on écrivît autrefois ce nom *Chnoubi.* Un grand nombre de pierres gravées semblent en offrir une preuve non-équivoque. Les auteurs grecs et latins s'accordent à dire que chez les anciens Égyptiens, un serpent appelé *Ubœus*, et le plus ordinairement Αγαθοδαιμων, était le symbole du dieu *Cnouphis*, dont il portait aussi le nom parmi les Égyptiens. Ce serpent sacré, ayant tantôt une tête de lion, tantôt une tête humaine radiées, se trouve représenté sur les pierres gravées basilidiennes ou des Gnostiques. Ces pierres, comme nous aurons occasion de le démontrer dans la suite, offrent très-souvent des noms égyptiens écrits en lettres grecques. Celui du dieu Cnouphis y est inscrit par-tout où se trouve le serpent, son symbole. On le voit aussi quelquefois orthographié ΧΝΟΥΜΙϹ (1). Le cabinet des pierres gravées antiques de Gorlée en fournit deux exemples (2); mais l'orthographe la plus fréquente est ΧΝΟΥΒΙϹ (3). Trois de ces pierres sont gravées dans le même recueil (4). Il résulte nécessairement de cette comparaison, que si les

---

(1) En lettres grecques ordinaires, Χνουμις.

(2) Planche CCXVI, n.° 424; planche CCXIII, n.° 413; Paris, 1778, 2 vol. in-4°.

(3) En lettres grecques ordinaires, Χνουβις.

(4) *Idem*, planche CCXV, n.° 421; même planche, n.° 422; même planche, n.° 426.

Égyptiens disaient *Cnoubi* au lieu de *Cnouphi*, c'était là le nom égyptien de *Chnoubis;* mais si l'on regarde le ΧΝΟΥΒΙΣ des pierres gravées basilidiennes comme une corruption de Κνουφις, il faudra aussi admettre que le nom de la ville de *Chnoubis* n'est encore qu'une altération naturelle de l'égyptien Κνουφι. Ce nom désignera alors la consécration de cette ville au culte de la bonne *Intelligence*, c'est-à-dire du dieu *Chnouphis*, qu'on a aussi appelé *Knef*. On peut aussi dériver le nom égyptien *Chnoubis* de ⲚⲞⲨⲂ, *Or*.

Phnoum.

Ce lieu, comme on le lit dans les actes de saint Pakhôm (Pacôme), se trouvait dans la haute Égypte et au midi de la montagne de Sné.

ⲪⲚⲞⲨⲘ était donc vers la chaîne Libyque, sur le bord occidental du Nil, et par conséquent au sud de *Sné* (Latopolis). Nous ne pouvons donner la signification de ce nom.

Latopolis. — Sné.

De Chnoubis, en passant sur la rive occidentale et en se dirigeant toujours vers le nord, on arrivait à Latopolis située au 30.e d. 33 m. 44 s. de longitude, et au 25.e d. 17 m. 38 s. de latitude septentrionale, selon les observations astronomiques de M. Nouet.

Cette grande ville, bâtie sur le bord du Nil, fut la capitale d'un nome ; la rive du fleuve fut revêtue d'un quai pour défendre la ville des ravages des eaux, dont le courant est aujourd'hui très-impétueux dans cet endroit.

Cette ville possédait dans son sein un grand temple d'une beauté admirable : ce monument, témoignage éternel de la haute perfection de l'architecture égyptienne, présentait dans son plan, dans sa distribution et dans ses ornemens, un des plus beaux modèles de l'ancienne architecture, et égalait en majesté et en élégance les plus belles conceptions des Grecs.

Son portique, de plus de 16 mètres de profondeur sur une largeur de plus de 32, est soutenu par vingt-quatre colonnes de 5 mètres 40 c. de circonférence, et dont la hauteur est de 11 m. 30 c. Ces superbes colonnes, couvertes de décorations d'un goût parfait et de scènes symboliques, sculptées par un ciseau ferme et gracieux, sont disposées sur six de face et sur quatre de hauteur. Leurs chapiteaux variés d'ornemens, quoique leur galbe soit parfaitement semblable, sont d'une richesse et d'une élégance achevées. Les murs latéraux de ce portique furent décorés, tant à l'intérieur qu'à l'extérieur, de sculptures religieuses et d'un nombre immense d'hiéroglyphes de différentes proportions. Les couleurs qui recouvraient ces tableaux emblématiques ajoutaient encore au grand effet de l'ensemble. Le fond du portique était percé de trois portes : celle du milieu conduisait dans le temple même, et les deux autres portes latérales donnaient entrée dans une magnifique galerie qui régnait autour du monument. Le plafond du portique présentait un zodiaque. Le portique de ce magnifique temple existe encore dans tout son entier ; l'on peut donner une idée de la profusion des sculptures répandues sur ce portique seul, en disant que sa surface intérieure et extérieure est de 5000 mètres carrés entièrement couverts d'hiéroglyphes : il est entré dans sa construction 35,000 mètres cubes de pierre (1). Le reste du temple répondait à la magnificence de ce portique admirable.

Ce monument fut le principal de Latopolis, mais non pas le seul. Selon Léon l'Africain, cette ville était encore remarquable de son tems par plusieurs édifices couverts de caractères égyptiens, qui probablement étaient des hiéroglyphes (2). D'ailleurs, un temple aussi grand que celui que nous avons décrit,

---

(1) Voyez la *Description d'Esné et de ses environs*, par MM. Jollois et Devilliers, d'où nous avons extrait la description du temple de cette ville.

(2) *In hujus civitatis ambitu, maxima visuntur ædificia, operisque admirandi sepulturæ, cum epitaphiis, tàm ægyptiis notis quàm latinis characteribus insculptis.* Description de l'Afrique, liv. VIII, artic. *Asna*, page 283, édit. d'Anvers, 1556.

devait être accompagné de bâtimens semblables à ceux qui entouraient ordinairement les grands temples de l'Égypte.

Strabon parle ainsi de Latopolis : Après Aphroditopolis est Λατοπολις τιμωσα Αθηναν και τον λατον, *Latopolis qui adore Athènè (Minerve) et le Latus* (1). Λατος était chez les Grecs le nom d'un poisson ; ils crurent que les habitans de cette ville l'adoraient, et ils lui donnèrent le nom de Λατοπολις, *ville du Latus.* Il est cependant bien difficile d'admettre que les anciens Égyptiens, et même ceux du tems des Grecs depuis long-tems tombés dans l'ignorance, aient jamais rendu les honneurs divins à un poisson, et l'on peut opposer, avec succès, à l'opinion des Grecs, l'absence totale de la figure du Latus, et l'extrême rareté de toute espèce de poisson, sur le grand temple de Latopolis et sur tous les monumens religieux de l'Égypte.

Le principal temple de Latopolis était consacré au grand dieu *Amoun, la lumière éternelle, la divinité resplendissante ;* les sculptures de la frise de la partie antérieure du portique en sont des preuves certaines. Au-dessous du grand disque ailé qui se trouve sur toutes les portes des temples égyptiens, et qui est l'emblème de la divinité, on remarque plusieurs images du dieu Amoun, avec sa tête de bélier,

(1) Strabon, lib. XVII, page 817.

adoré par des prêtres qui l'environnent. Cette scène se trouve plusieurs fois répétée dans l'intérieur du portique. La représentation d'Amoun, placée au-dessus de la principale entrée et dans lieu le plus apparent du portique, prouve sans contredit que le temple était spécialement destiné à son culte. *Latopolis* n'était donc point la traduction du nom égyptien de cette ville, et ce mot doit être classé dans le grand nombre des noms que les Grecs, trompés par de fausses apparences ou mus par leur amour-propre, ont donnés à plusieurs villes égyptiennes.

Le père Kircher a voulu offrir à ses lecteurs le nom copte de Latopolis, dans sa *Chorographia Ægypti*; mais manquant entièrement de renseignemens exacts, il se vit obligé d'inventer ce nom : ce fut, selon lui Ⲧⲉⲃⲧ (1), mot égyptien qui est la corruption de Ⲧⲉⲃⲧ, *Poisson*. Il est aisé de voir qu'il se fondait sur le nom grec, en croyant que les Coptes nommaient *Poisson* la ville qui, chez les Grecs, portait le nom de Latopolis. Parmi les Égyptiens et les Coptes, ⲧⲉⲃⲧ n'a jamais servi à désigner aucune ville de l'Égypte, quoique Kircher l'applique à deux d'entr'elles (2). Le nom égyptien était bien différent, comme nous allons le voir.

---

(1) *Œdip. œgypt.*, tom. I; *Chorogr. œgypt.*, cap. V, page 47.

(2) Voyez l'article Oxyrynchus.

On trouve dans Léon l'Africain (1), que dans les *premiers tems*, c'est-à-dire du tems des anciens Égyptiens, la ville que les Grecs connaissaient sous le nom de *Latopolis*, et les Arabes sous celui d'*Asna*, qui est le nom actuel, était appelée *Sena*. C'est ainsi en effet qu'est écrit le nom de cette ville dans les livres coptes. Dans un fragment de manuscrit thébain de la bibliothèque du chevalier Nani, publié par Mingarelli (2), on lit : Ⲟⲩⲥϩⲓⲙⲉ ⲇⲉ ⲟⲛ ⲛ̄ⲣⲙ̄ⲡⲡⲟⲗⲓⲥ ⲥⲛⲏ ⲉⲥϣⲟⲡ ϩⲛ̄ ⲧⲃⲁⲃⲩⲗⲱⲛ, « une » femme de la ville de *Sna* était alors à Babylone » (d'Égypte). » Et ce nom, constamment écrit Ⲥⲛⲏ (qu'on prononce *Sna* ou *Sné* indifféremment), se trouve dans les Vocabulaires et les écrivains coptes, qui rapportent des noms de villes (3), comme correspondant au nom arabe *Asna* ou *Esné*, ou même *Isna* (4). Enfin, l'identité de Ⲥⲛⲏ et de la Λατοπολις

---

(1) *Asnam antiquitus* SENAM *vocitarunt : quæ nominis immutatio ab Arabibus dimanavit, quorum idiomate* SENA *rem fœdam ac turpem significat. Asnam igitur appellarunt, etc.* Leo. Afric., loco citato.

(2) *Ægyp. codic. reliquiæ*, frag. X, page CCLVIII.

(3) Mss. copt., Bibl. imp., n.os 43, 46; supplément Saint-Germain, n.o 17; n.o 44, etc.

(4) Asna ne diffère de l'égyptien *Sna* que par l'addition ordinaire de l'alif initial. Nous ajouterons à cela que selon l'*Edrissi*, cité par *Aboulfeda*, célèbre géographe arabe, Asna était une des anciennes villes bâties par les *premiers Coptes*, c'est-à-dire les anciens Égyptiens. — Aboulfeda, *Description de l'Égypte*, édit. de Vienne, 1807, aux frais des frères Zozime, page 220.

des Grecs ne peut être douteuse, car nous avons vu dans le manuscrit thébain dont nous avons parlé dans notre Introduction, que ⲖⲀⲦⲞⲚ (pour λατοπολις) était la même ville que l'égyptien ⲤⲚⲎ, et l'*Asna* des Arabes (1). Il reste donc prouvé que ⲤⲚⲎ est l'ancien nom égyptien de Latopolis. Dans la vie de saint Pakhôm, écrite en thébain (2), il est dit que Sné est une ville de l'*antique royaume*.

Il nous reste maintenant à chercher la signification du nom de ⲤⲚⲎ dans la langue égyptienne. M. Ignace Rossi, dans ses *Etymologiæ ægyptiacæ* (3), dérive le nom égyptien ⲤⲚⲎ de ϢⲚⲎ (4), *Jardin*, en se fondant sur Aboulféda qui, d'après le Scherif-el-Edrissi, rapporte qu'aux environs de cette ville étaient beaucoup de beaux jardins. Il nous semble cependant qu'il est bien loin d'être prouvé que sous les anciens Égyptiens qui donnèrent le nom de ⲤⲚⲎ

---

(1) Mss. copt., Bibl. imp., n.° 43, f.° 58, versò, et n.° 44, f.° 79, rectò.

(2) Mss. du Vatican, n.° LXIX. Zoëga, dans son catalogue des Mss. du musée Borgia, rapporte le texte, page 72.

(3) Pages 19 et 20.

(4) ϢⲚⲎ, Tuki, page 110, veut dire *jardin*. ϢⲚⲈ a la même signification; Kircher, page 259. Ces deux mots équivalaient aussi, en égyptien, à *rets*, *filets*. Osée, V, 1. —Voy. aussi le Mss. copt., Bibl. imp., n.° 500, fonds de Saint-Germain, où ϢⲚⲎ est rendu par l'arabe *Schabakéh*, *rets*, *filets*.

à cette ville, il y eût beaucoup de jardins en Égypte, et sur-tout à *Sna* dont le territoire, assez borné, était plutôt ensemencé qu'employé à faire des jardins et des lieux d'agrément. Quoi qu'il en soit, cette étymologie nous paraît hasardée.

Le mot égyptien qui se rapproche le plus de Cⲛⲏ, est ⲛⲓⲥⲛⲏⲟⲩ, dont le singulier aurait pu être Cⲛⲏ, quoique on trouve aussi ⲡⲓⲥⲛⲏⲟⲩ. Ce mot a la valeur de *ruisseaux*, *irrigation*, ou *canal*. Nous n'avons trouvé Cⲛⲏ dans aucun Vocabulaire égyptien; nous ne pouvons donc donner aucune indication positive sur la véritable signification du nom égyptien de Latopolis.

Contra-Latopolis.

A l'orient de *Sné*, sur la rive droite du Nil, était une petite ville connue des anciens, sous le nom de *Contra-Latopolis*. La place qu'elle occupa jadis est marquée par un petit temple égyptien, orné d'un portique de huit colonnes; quelques-uns des chapiteaux, formés de quatre têtes de femmes coiffées à l'égyptienne et surmontées d'un petit temple, font soupçonner qu'il fut consacré à Isis. Nous ignorons le nom égyptien de cette ville.

Aphroditopolis. — Asphoun.

A trois lieues au nord de *Sna* était *Asphoun*, que les Grecs appelèrent Αφροδιτης πολις, *ville de Vénus*, ou Ἀσφυνίς, et dont les Arabes ont conservé le nom égyptien dans celui d'*Asfoun* que portent encore ses ruines. Dans son voyage en Égypte, le P. Sicard y vit les restes d'un temple, mais la Commission d'Égypte (1) n'y a trouvé de nos jours que de grands monceaux de décombres, sous lesquels est sans doute enseveli le temple vu par le père Sicard. Nous ne hasarderons ici aucune conjecture sur la signification ni sur l'orthographe du nom égyptien *ASFOUN*.

Crocodilopolis et *Tuphium.*

ENTRE Asfoun et Hermonthis se trouvait une ville nommée, dit-on, Κροκοδείλων πόλις par Strabon, et *Tuphium* par Ptolémée. D'Anville distingue l'une de l'autre : il place Tuphium sur la rive orientale du Nil, dans un lieu appelé *Taoud* par les Arabes, et Crocodilopolis sur la rive opposée, à quelque distance du passage de *Djebelaïn*, à l'endroit nommé *Démocrat* dans la carte de l'Égypte moderne. Mais un temple égyptien, sur les sculptures duquel la représentation du crocodile est très-fréquente, détermine la position de cette ville à *Taoud*, sur la rive droite, là où se trouve ce monument.

MM.

---

(1) Voyez la *Description d'Esné et de ses environs*, par MM. Jollois et Devilliers, *Géographie comparée*, page 24.

MM. Jollois et Devilliers pensent, d'après cela, que *Tuphium* et *Crocodilopolis* étaient la même ville. Cependant il nous paraît probable que Tuphium et Crocodilopolis furent deux lieux distincts l'un de l'autre, puisque dans un *État des provinces et des villages de l'Égypte*, publié par M. Silvestre de Sacy, à la suite de sa traduction d'Abd-Allatif, on trouve les noms des villages d'*Assfoun* (Asphynis ou Aphroditopolis), de *Thafis* (qui pourrait avoir été Tuphi-um), et de *Taoud* (Crocodilopolis). (1)

Le village de *Thaphis* ou *Thafis* n'est point mentionné dans les relations des voyageurs modernes, du moins à notre connaissance; mais étant peut-être dans l'intérieur des terres, ou n'existant plus depuis long-tems, il a dû nécessairement échapper à leurs recherches et à celles de la Commission d'Égypte. L'état que nous venons de citer, ayant été dressé du tems de Melik-el-Aschraf-Schaban, l'an 777 de l'hégire (de J. C. 1375), Thafis peut avoir disparu dans un espace de plus de quatre siècles. Ce ne serait point au reste le seul village connu depuis peu de tems, et dont on chercherait en vain la place, sur-tout dans la haute Égypte, où le désert empiétant journellement sur les terres cultivées, force les habitans

---

(1) *Relat. d'Égypte d'Abd-Allatif. État de l'Égypte, province de Kous*, pag. 702 et 703, n.os 6 et 31.

à se rapprocher du Nil, et à abandonner successivement et pour jamais leurs anciennes demeures.

Le nom égyptien de Touphi-um (Tuphium) devait nécessairement être *Touphi*, qui, écrit en lettres coptes, donne ⲧⲟⲩϥⲓ, mot dans lequel on reconnaît l'égyptien ⲟⲩϥⲓ, *le bien*, *ce qui est bon*, et qu'on remarque dans ⲥⲑⲟⲓⲛ̀ⲛⲟⲩϥⲓ (1), *parfum*, *aromate*, composé de ⲥⲑⲟⲓ, *odeur*, et de ⲛ̀ⲛⲟⲩϥⲓ, *bonne*, le parfum n'étant autre chose qu'une *odeur bonne*, suave et agréable. Le nom de Touphi-um pouvait aussi s'écrire en égyptien ⲉⲧⲟⲩϥⲓ, *étouphi*, *qui est bon*, *la ville bonne*, d'où l'on aura pu faire facilement *Touphium* et *Tafis*. Au reste, nous ne donnons tout ceci que comme une conjecture. Il n'en résulte pas moins cependant que le nom égyptien du *Tuphium* des anciens était *Touphi*, quelle que fût son orthographe : nous ne l'avons lu dans aucun manuscrit copte. Il en est de même du nom de Thaoud, qu'on trouve écrit *Touot* ou *Tuot* dans une ancienne Relation de l'Égypte (2), et qui, sous cette dernière forme, a

(1) Ce mot, appliqué aux parfums dont on embaumait les cadavres, pouvait aussi signifier *odeur conservatrice ;* car la racine ϥⲓ, de laquelle dérivent ⲟⲩϥⲓ et ⲛ̀ⲛⲟⲩϥⲓ, veut dire *conserver*. Math. IX, 17.

(2) *Relation du voyage de Saïd* (la haute Égypte) par les pères Portais et Charles-François D'Orléans, page 2, imprimée dans l'*Histoire de la haute Éthiopie*, traduite du portugais de Balthazard Tellez.

des rapports frappans avec le mot égyptien ⲐⲞⲨⲰⲦ, *Thouôt*, ιερον, *temple* (1), *lieu sacré*.

Hermonthis. — Ermont.

VERS le nord de Thouôt, et à peu de distance de cette petite ville, existait celle d'Hermonthis. Elle était située à deux lieues au midi de Thèbes, dans une grande plaine bornée au sud-ouest par le Nil, et à l'occident par la montagne Libyque. De la plate-forme des édifices de cette ville on distinguait, au nord, les môles et les obélisques de Thèbes (2). Cette ville avait près d'un quart de lieue de longueur.

Son principal temple, dirigé presque parallèlement au Nil, avait environ cent quarante-trois pieds de long. Ce monument, bâti de grès, était entouré d'une galerie de colonnes, et en avant il existait une enceinte formée aussi par des colonnes, au nombre de dix. L'intérieur du temple était divisé en trois salles de vingt-un pieds de hauteur. Un escalier très-étroit, pratiqué dans l'épaisseur du mur, conduisait sur la

---

(1) Ce mot égyptien ne se trouve point dans Lacroze. Nous l'avons extrait du Vocabulaire copte et grec de la Bibliothèque impériale, coté n.° 500, fonds de Saint-Germain.

(2) *Description d'Hermonthis* par M. Jomard. C'est de cet excellent Mémoire que nous allons extraire la description d'Hermonthis.

terrasse. Le temple était entouré d'une circonvallation. Les tableaux symboliques sculptés dans son intérieur, avaient rapport à Isis, Horus et Typhon. Les principaux en sont gravés dans le grand ouvrage sur l'Égypte. Par une singularité remarquable, on y trouve deux fois sculptée la figure de la giraffe, animal qui ne vit plus qu'à l'extrémité méridionale de l'Afrique (1).

Les habitans d'Hermonthis adoraient autrefois *Amoun* et *Horus*, que Strabon appelle en grec *Zëus* (Jupiter) et *Apollon*. Dans un temple de cette ville on nourrissait un bœuf sacré nommé *Pacis* (2).

Le nom d'Hermonthis a été écrit Ερμονθις par Strabon, Ερμωνθις par Étienne de Byzance, et *Armant* ou *Erment* par les Arabes. Ces noms sont, à peu de chose près, l'exacte orthographe de celui que la ville porta chez les Égyptiens : ce fut Ⲉⲣⲙⲟⲛⲧ, *Ermont*, ainsi que le prouvent les manuscrits coptes (3). Dans un vocabulaire thébain de la Bibliothèque impériale

(1) Il paraît que dans les tems anciens on pénétrait dans le temple par un chemin caché. Voici ce que disent les pères Portais et C.-F. D'Orléans : « *A Armand* (Hermonthis) ou *Balad-Mousa*, » *le pays de Moyse* (selon une tradition arabe), *il y a un temple* » *d'idoles, où l'on va par un chemin couvert et souterrain.* »

(2) Macrobe, *Saturnales*, liv. I, §. XXI, page 305.

(3) Mss. copt., Bibl. imp., n.° 17, suppl. Saint-Germain; — n.° 46, ancien fonds.

nous avons aussi trouvé Ⲁⲣⲙⲟⲛⲑ (1), mais ce mot corrompu a été mis à la place d'Ⲉⲣⲙⲟⲛⲧ.

La signification du nom égyptien d'Hermonthis, que Kircher a cru être celui de Lycopolis (2), nous est inconnue, les vocabulaires égyptiens, que nous avons consultés, ne nous ayant donné aucun résultat à cet égard. Quelques savans philologues ont émis des opinions sur sa valeur, et nous allons les faire connaître.

Zoëga, dans son estimable ouvrage sur les Obélisques, croit qu'il dérive de Ϩⲣⲙⲛϩⲛⲧ, *Hrmnhnt*, qui aurait signifié *arx sacerdotum* (3). Cette étymologie est inadmissible, ou du moins fort hasardée, car elle est fondée sur la supposition de la racine égyptienne Ϩⲣⲙ, à laquelle il donne la valeur de l'hébreu *Hermoun* et *Armoun*, *château*, *citadelle*. Mais M. Silvestre de Sacy a fait voir dans ses *Observations sur le nom des Pyramides* (4), que si la racine ϩⲣⲙ a appartenu à la langue égyptienne (5), elle devait

(1) N.° 44, ancien fonds, f.° 79, verso.

(2) Kircher, page 211, cité par Lacroze, au mot Ⲉⲣⲙⲟⲛⲧ.

(3) *De origine et usu Obeliscorum*, sect. III, cap. 2, page 132.

(4) Insérées dans le Magasin encyclopédique.

(5) Le seul mot copte qui conserve quelque trace de cette racine, est ⲡⲓϩⲣⲓⲙ, nom de plante correspondant à l'arabe *El-Schihh*, que Gonus croit signifier *Absynthum*, l'absynthe. Nous l'avons trouvé dans le Vocabulaire copte-arabe, n.° 17, suppl., fonds de Saint-Germain.

avoir eu l'acception de *lieu sacré, chose sainte.* Outre cela, si le nom égyptien d'Hermontis, Ⲉⲣⲙⲟⲛ̄ⲧ, commençait par un Ϩ, *Hori* (H), pourquoi les Coptes l'auraient-ils supprimé, puisque on le trouve dans plusieurs autres noms d'anciennes villes égyptiennes du Ssâïd, comme Ϩⲟⲩ et Ϩⲛⲏⲥ? D'ailleurs Ϩⲣⲙⲛ̀ϩⲛ̄ⲧ, de quelque manière qu'on le prononce, aurait toujours fait *Hermanhont*, *Hermnhont*, et non Ⲉⲣⲙⲟⲛ̄ⲧ, *Ermont* ou *Hermont*, nom égyptien, grec, romain et arabe de cette ville.

Avant Zoëga, Jablonski, dans ses Opuscules, avait dérivé le nom d'*Hermonthis* de Ⲉⲣⲙⲁⲛ, *Erman*, *grenade*, ce qui est contraire à l'orthographe égyptienne Ⲉⲣⲙⲟⲛ̄ⲧ, et n'est fondé sur aucune preuve plausible.

Il est raconté dans l'éloge de Pisenti, évêque de Coptos, écrit par Moyse, son successeur à l'épiscopat de cette ville, que ce saint étant sur la montagne de *Shémi*, conduisit Jean, son disciple, dans un tombeau creusé dans le rocher par les anciens Égyptiens. Ils y trouvèrent un grand nombre de corps embaumés. Pisenti renvoya Jean dans son monastère, et lui commanda de ne revenir le joindre dans ce lieu que le jour du sabbat suivant. Au jour indiqué, le disciple arrive au tombeau, et étant près d'y entrer, il s'apperçut qu'une momie parlait à son maître. Ce miracle ayant attiré son attention, il entendit le dialogue suivant : « ⲡⲉϫⲉ ⲡⲁⲓⲱⲧ ⲙ̀ⲡⲓⲕⲱⲥ ϫⲉ ⲛ̀ⲑⲟⲕ ⲫⲁϣ ⲛ̀ⲑⲟϣ ⲡⲉϫⲁϥ ⲁⲛⲟⲕ ⲟⲩⲉ̀ⲃⲟⲗϧⲉⲛ ϯⲡⲟⲗⲓⲥ ⲥⲉⲣⲙⲁⲛⲧ (1). « De quel nome es-tu, dit » mon père au cadavre? (c'est Jean qui raconte ce » fait.) — Celui-ci lui dit : Je suis de la ville de » *Sermant.* » Il répondit ensuite très-bien à différentes questions que Pisenti lui fit sur sa famille et sur sa religion. Nous pensons, avec Zoëga (2), que la ville de Ⲥⲉⲣⲙⲁⲛⲧ, *Sermant*, n'est pas différente de celle d'Ⲉⲣⲙⲟⲛⲧ, dont le nom se trouve corrompu dans le manuscrit. Il ne serait cependant point étonnant qu'en Égypte il y eût eu une ville du nom de *Sermant;* mais nos recherches à cet égard ont été inutiles. Nous n'avons trouvé dans les listes de villes et villages arabes de l'Égypte, que des noms assez éloignés de Ⲥⲉⲣⲙⲁⲛⲧ, tels que *Sament* et *Salment.*

Thèbes. — Tapè.

LA ville de Thèbes rappelle tout ce que les hommes ont fait de plus étonnant. Ses ruines sont des preuves non-équivoques de l'antique civilisation de l'Égypte et du haut degré de puissance auquel les Égyptiens s'étaient élevés par les efforts de leur génie et l'étendue

(1) Mss. copt., Bibl. imp., n.° 66, fonds du Vatican, f.° 149.

(2) Zoëga, *Catalog. manuscriptorum musœi Borgiani*, page 43.

de leurs lumières. L'origine de cette première capitale de l'Empire égyptien se perd dans la nuit des tems, et c'est donner une idée suffisante de son antiquité, que de dire que lorsque le premier roi de l'Égypte, Ménès, eut jeté les fondemens de Memphis, et que son fils Athotis I.er y eut transporté le siège du gouvernement, dès-lors Thèbes commença à décheoir. Le séjour momentané qu'y firent ensuite quelques monarques égyptiens, sembla la ranimer quelques instans; mais elle ne parvint plus à ce point de splendeur dont elle jouissait avant l'existence de Memphis.

Lorsque des peuplades vinrent s'établir en Égypte, Thèbes fut un des premiers lieux habités. Ce fut d'abord un assemblage de maisons éparses, construites avec des roseaux, selon la manière primitive des anciens Égyptiens (1). Cependant le chevalier Bruce regarde comme un fait certain, que les premiers habitans de Thèbes firent leur séjour dans les cavernes et les grottes voisines creusées dans le roc et ornées de sculptures et d'hiéroglyphes par les Égyptiens (2). Mais il suffit, pour détruire cette supposition, de considérer que les Thébains ne purent entreprendre de tailler ces grottes profondes, et les décorer avec tant de magnificence, que lorsque leur ville fut devenue

(1) Diodore de Sicile, liv. I, section II, page 41.

(2) *Voyage aux sources du Nil*, tome I.er, chap. 6, page 149.

riche, populeuse et puissante. D'ailleurs il est prouvé par les plans et les peintures de ces grottes, qu'elles ont été primitivement destinées à être des tombeaux, et à renfermer les cadavres embaumés des habitans de Thèbes.

Il est impossible d'indiquer l'époque où cette ville fut fondée, et l'on peut dire, avec probabilité, qu'elle est aussi ancienne que la nation même qui habita l'Égypte. Les Mythes religieux des Égyptiens en attribuaient la fondation à Osiris (1); mais les auteurs grecs, comme les prêtres égyptiens eux-mêmes, n'étaient pas d'accord sur le nom de son fondateur (2) : ils l'ignoraient selon toute apparence.

Dès son origine Thèbes ne s'étendait que sur la rive orientale du Nil, et le point le plus anciennement habité de la plaine située entre ce fleuve et la montagne Arabique, fut sans doute le lieu où se voient encore les ruines du plus grand et du plus ancien temple de l'Égypte, appelé aujourd'hui *Qarnac*. Mais bientôt cette ville s'accrut à un tel point, que la rive occidentale fut aussi couverte de maisons, de palais et d'édifices religieux. Thèbes s'étendit alors d'une montagne à l'autre, et remplit entièrement la vallée de l'Égypte. Le fleuve qui la traversait, court d'abord

---

(1) Diodore de Sicile, liv. I, page 14. — Étienne de Byzance, *de Urbib. et Popul., verbo* Διοσπολις.

(2) Diodore de Sicile, *loco citato*.

au sud-est au nord-ouest, et revient du sud-ouest au nord-est, en partageant la ville (1).

L'étendue de Thèbes était immense ; sa circonférence était de près de douze lieues, et son diamètre de deux lieues et demie au moins (2). Le nombre de ses habitans était proportionné à sa vaste enceinte. Les maisons étaient de quatre et de cinq étages (3).

Il ne reste aujourd'hui aucune trace de ses murailles et de ses *cent portes* si vantées ; il paraît même qu'elles n'ont jamais existé. Les conjectures diverses de nos savans modernes pour expliquer l'Εκατομπυλος d'Homère, qui parlait en poète et non en géographe, sont par conséquent en pure perte. Cependant, d'après les rapports des anciens, il est à présumer que quelques quartiers de Thèbes furent ceints d'une muraille. Diodore de Sicile parle d'un mur de cent quarante stades, dont un roi d'Égypte, appelé Busiris II, environna la ville (4). Mais il est impossible que ce mur la contînt entièrement, et ces remparts ne renfermaient, à notre avis, que la partie orientale de la ville qui était la Thèbes, et mieux

---

(1) *Voyage en Égypte*, par M. Denon, planche 43 et son explication.

(2) D'Anville, *Mémoires sur l'Égypte*, pag. 201 et suiv. Voyez aussi les Voyageurs modernes.

(3) Diodore de Sicile, liv. I, §. XLV, page 54, édit. de Wesseling.

(4) Ibid., *loco citato*.

la Διοςπολισ proprement dite, ou bien le Memnonium qui fut la partie occidentale de cette même capitale, car il est hors de doute que Thèbes eut autrefois bien plus de 140 stades de tour.

Plusieurs rois d'Égypte, qui résidèrent à Thèbes, l'embellirent en y construisant de nouveaux édifices et en ornant ses temples d'obélisques. Parmi les princes qui y firent placer plusieurs de ces superbes monolythes, se trouvent le grand Sésostris et Ramessès, son fils et son successeur, rois égyptiens de la 19.e race, qui portaient le nom de *Diospolitains*, parce qu'ils étaient issus d'une famille originaire de Thèbes.

Sous l'empereur Auguste, du tems du géographe Strabon, Thèbes était ruinée depuis long-tems, et ses habitans, dont le nombre avait alors beaucoup diminué, s'étaient retirés les uns sur les principaux points de la rive orientale, et les autres vers le *Memnonium*, près de la chaîne Libyque (1).

Quoique Thèbes eût bien déchu avant la conquête de l'Égypte par Cambyse, ce fut cependant ce conquérant qui porta le dernier coup à sa grandeur. Ce prince la ravagea, pilla les temples et enleva tous les ornemens d'or, d'argent et d'ivoire qui les décoraient (2). Mais avant cette époque malheureuse, aucune ville du monde n'égalait Thèbes en étendue

---

(1) Strabon, liv. XVII.

(2) Diodore de Sicile, liv. I.

et en richesse, et selon l'expression de Diodore, *le soleil n'a jamais vu de ville si magnifique* (1).

Avant que le gouvernement monarchique fût établi en Égypte, Thèbes était le séjour du principal collège des prêtres qui tenaient alors ce pays sous leur domination, et c'est sans doute à cette époque qu'il faut rapporter les constructions de ses plus anciens édifices. C'est encore à cet état de choses qu'il faut attribuer le peu de monumens remarquables dans lesquels les rois aient fait autrefois leur demeure. Nous exposerons ailleurs les causes qui firent préférer aux rois égyptiens le séjour de Memphis à celui de Thèbes.

Si nous voulions décrire avec détail ses monumens, ses temples, ses palais, ses obélisques et ses colonnes, nous dépasserions les bornes que nous nous sommes prescrites dans cet ouvrage. Nous allons donner cependant une idée succincte de ses principaux édifices, et nous renverrons, pour de plus grands détails, au magnifique ouvrage de la Commission d'Égypte.

On comptait quatre principaux temples dans l'enceinte de Thèbes, et ceux dont les ruines se trouvent aujourd'hui à *Qarnac*, à *Louqsor*, peut-être même celui de *Qournou*, étaient de ce nombre.

(1) Ibid., *loco citato*.

Le temple ou le palais de Qarnac (1) était sans doute le plus considérable des monumens de l'ancienne Thèbes. Il avait près de demi-lieue de circonférence, et M. Denon mit environ 20 minutes pour en faire le tour à cheval et au grand galop (2). Sa circonvallation contient de petites montagnes de décombres et des étangs, qui sont peut-être des restes de bassins pour le service du temple. Sa principale entrée, dirigée de l'ouest à l'est, était formée par un pylone dont les deux massifs sont énormes. Elle était précédée de deux grands colosses. Cette porte donnait entrée dans une grande cour divisée en deux par une avenue de colonnes ; la partie droite de cette cour était occupée par un édifice qui fut peut-être un palais, et vers le fond, à gauche, se trouvait une grande colonnade parallèle à celle du milieu, à l'extrémité de laquelle se présentaient deux môles (aujourd'hui ruinés) moins grands que ceux de la première entrée, et précédés aussi de deux colosses de granit. Derrière ce pylone était le principal portique du temple. On y comptait 142 colonnes disposées en deux quinconces, dont vingt colonnes de 11 pieds de diamètre et de 31 pieds de circonférence formaient le rang du milieu. Celles

---

(1) Situé au 30.e d. 19 m. 34 s. de longitude du méridien de Paris, et au 25.e d. 42 m. 57 s. de latitude septentrionale (Nouet).

(2) *Voyage en Égypte*, d'où nous tirerons la description de Thèbes.

des deux quinconces n'avaient pas moins de 7 pieds de diamètre. La hauteur des premières fut de 60 à 80 pieds, et celle des secondes était en proportion avec leur diamètre.

Après ce portique, éclairé d'un jour mystérieux, se trouvait une seconde entrée suivie de quatre obélisques de granit d'un travail précieux, et dont trois sont encore de bout. Ils précédaient le sanctuaire, bâti aussi en granit et couvert de sculptures de petite proportion, représentant des scènes symboliques et la divinité à laquelle était consacré le temple entier. C'était le dieu générateur, dont l'attribut est le même et tout aussi prononcé que celui du Priape des Grecs; c'était *Pan* ou *Amoun*, le Père de toutes choses, le Créateur, le Ζευσ des Grecs, et le Jupiter des Latins. Le plafond, peint en bleu, était parsemé d'étoiles jaunes. Des deux côtés du sanctuaire étaient de petits appartemens qui servaient à loger les prêtres, ou à renfermer les choses sacrées. Derrière le lieu saint, on voyait d'autres habitations ornées de portiques à colonnes, et qui donnaient dans une cour immense bordée de galeries fermées. Une galerie, ouverte et supportée par un grand nombre de colonnes et de pilastres, formait le fond de cette dernière cour; le sanctuaire se trouvait par conséquent environné de ces vastes et somptueux édifices. Ces cours, ces colonnades et ces portiques étaient renfermés par un mur de circonvallation, couvert de symboles et d'hiéroglyphes sculptés sur ses faces intérieure et extérieure.

Au tour de ce grand temple, une seconde circonvallation renfermait non-seulement l'immense édifice que nous venons de décrire, mais plusieurs autres encore dont nous parlerons bientôt. La porte par laquelle on y pénétrait du côté du nord, était bordée de sphynx, dont les socles existent encore, élevés sur un chemin pavé en larges pierres, et aboutissait à une galérie couverte. On voyait à l'ouest du grand temple un second édifice dont les môles se sont écroulés. En dehors de ce pylone et dans la première cour entourée de galeries, étaient des colosses de grès et de marbre blanc. Cette cour était terminée par un second pylone, dont les deux massifs étaient décorés de la même manière que les précédens. La porte qui donnait entrée dans une seconde cour qui conduisait au sanctuaire, était de granit et ornée d'hiéroglyphes d'un fini extrêmement précieux et d'un travail très-délicat. La première porte de ce second temple était précédée d'une allée de sphynx à tête de taureau, qui arrivait à un embranchement d'une seconde allée de sphynx à tête humaine, coupant une troisième avenue de sphynx à tête de bélier (1).

(1) Les pères Portais et Charles-François D'Orléans comptèrent 120 sphynx dans une allée, et 102 dans l'autre. Ils ne disent pas desquelles, de ces quatre allées, ils entendent parler.

Celle-ci, la plus grande des quatre dont nous avons parlé, commençait à un mille de-là, au temple de Louqsor, et se terminait à la porte du sud de celui de Qarnac. Au-delà de la porte méridionale de la circonvallation, l'allée de sphynx à tête de bélier continuait et arrivait jusqu'au pylone d'un troisième temple. Après avoir franchi ce pylone, on se trouvait dans un portique de vingt-huit colonnes, formant une cour intérieure, du style le plus grave et le plus majestueux ; venait ensuite le sanctuaire renfermé, ainsi que tout l'édifice, par une circonvallation qui se terminait aux deux môles du pylone. A l'ouest on trouve encore de nos jours un quatrième temple plus petit que les précédens. Dans l'enceinte générale de ces temples, on remarque encore des arrachemens de plusieurs autres édifices qui répondaient à la magnificence de ceux que nous avons indiqués.

En se dirigeant au sud de cet amas de grands monumens, on marchait, pendant à-peu-près une demi-lieue, dans l'allée de sphynx à tête de bélier (1). Cette rue, bordée de monumens, était sans contredit la plus belle de Thèbes, et aboutissait au temple de Louqsor; elle était formée, dans toute sa longueur, par les palais et les maisons des grands de l'État.

Ce

(1) Sur les côtés de cette allée sont aujourd'hui des colonnes tronquées, des murailles et des fragmens de statues.

Ce second grand temple de l'antique capitale de l'Égypte, sans égaler les proportions colossales de celui de Qarnac, lui est supérieur par la beauté de l'exécution, et ne lui cède point en magnificence. Son entrée est par excellence celle d'un lieu saint, et annonce la grandeur de la divinité qu'on y adorait. Deux obélisques de cent pieds d'élévation, et chacun d'un seul bloc de granit rose, se présentaient d'abord. Les hiéroglyphes qui sont sculptés sur leurs quatre faces répondent à la beauté et à la perfection inouie du fuselé et des arêtes de ces monolythes. C'est au pied de ces obélisques qu'on reconnaît à quel point les anciens Égyptiens avaient porté la connaissance de la mécanique (1). Ils étaient suivis de deux statues ayant près de quarante pieds de haut; ensuite venait le pylone dont les massifs, couronnés d'une corniche élégante, offrent des sculptures représentant des batailles. On y observe des guerriers combattant sur des chars traînés par deux chevaux. Le tore qui recouvre les arêtes du pylone, semblable à celui de tous les temples de l'Égypte, est du plus grand effet. Derrière le pylone était une galerie de seize colonnes, et il en existait, à droite et à gauche, deux autres

(1) Selon M. Denon, de qui nous empruntons cette description des monumens de Thèbes, il en coûterait des millions pour les changer seulement de place. Voyez l'explication de la 50.e planche de son Atlas.

absolument semblables. Cette cour était terminée, au sud, par deux petits édifices entre lesquels était une porte. Elle conduisait à deux rangs de huit colonnes d'une énorme grosseur, qui se terminaient à l'entrée d'une troisième cour bordée à l'orient par une galerie de colonnes au nombre de vingt-quatre, et à l'occident par une galerie semblable, soutenue par vingt-six colonnes. Au fond, vers le sud, était un portique composé de trente-deux colonnes divisées en deux quinconces de seize colonnes chacun. Ce portique précédait le sanctuaire environné de plusieurs grandes salles, soutenues aussi par des colonnes. Ce temple (1) est sur le bord du Nil ; un quai le défendait contre les atteintes du fleuve.

Tels étaient les principaux monumens de la partie orientale de Thèbes.

La partie occidentale de cette ville célèbre contient aujourd'hui un plus grand nombre d'édifices qu'il n'en existe sur la rive orientale du Nil. Le plus au nord est un temple près du village arabe de *Qournou*, en partie enfoui ; il est d'un style très-grave et paraît un des plus anciens de Thèbes. Plus au sud, était le *Memnonium* (2), tombeau, temple ou palais bâti par le roi Osymandias, que les Grecs crurent être le

---

(1) Il est situé au 30.e d. 19 m. 38 s. de longitude, et au 25.e d. 41 m. 57 s. de latitude (Nouet).

(2) Au 30.e d. 18 m. 6 s. de longitude, et au 25.e d. 43 m. 27 s. de latitude (Nouet).

même que Memnon. L'état des ruines de ce monument permet d'en donner une idée satisfaisante. On trouvait d'abord un pylone de grande proportion. La porte, placée entre les deux massifs, conduisait à une grande cour, au milieu de laquelle était placé le plus grand colosse de l'Égypte. C'était la statue du roi Osymandias : elle avait soixante-quinze pieds de hauteur ; son pied seul, qu'on trouve aujourd'hui détaché, a près de 130 pouces de long. Derrière la statue était un second pylone, par lequel on entrait dans une seconde cour entourée d'une galerie soutenue par cinquante colonnes, ou pilastres formés par des statues de prêtres colossales en cariatides ; dans le fond, étaient quatre statues de granit noir et d'un travail parfait. Par une troisième porte, on entrait dans un grand portique d'environ soixante colonnes divisées en quinconces, comme celui du grand temple de Qarnac. Après avoir traversé plusieurs appartemens ornés de colonnes et de sculptures, on trouvait dans ce monument la fameuse bibliothèque sur laquelle était écrit, *Pharmacie de l'ame.*

Entre le *Memnonium* et le Nil, on voit encore avec étonnement deux colosses (1) qui ont 55 pieds

(1) Les habitans du pays les appellent, selon Paul Lucas, *le Bœuf* et *la Vache*, à cause de certains ornemens semblables à des cornes, dont leurs têtes étaient chargées. Bruce les nomme, d'après les Arabes du lieu, *Schami* et *Tama*, que les pères Portais et Charles-François D'Orléans écrivent *Cama* et *Tama*.

de haut, assis l'un à côté de l'autre, et chacun d'un seul bloc de pierre. Le style en est sévère et l'exécution admirable, autant qu'on en peut juger dans l'état de délabrement où ils se trouvent de nos jours. Au milieu d'eux est un bloc de granit qui paraît avoir appartenu à un colosse de plus grande proportion, et qu'on croit avoir été la statue d'Osymandias. Cependant il nous semble que c'était au Memnonium qu'elle devait se trouver.

Au sud de ces statues colossales, le village arabe de *Medineh-Tâbou* (1) offre au voyageur un ensemble de monumens égyptiens qui font soupçonner que quelques rois ou quelques grands de l'état firent leur séjour dans cette partie de Thèbes, dans le haut tems de l'Empire égyptien. On y voit d'abord une grande enceinte précédée d'un pylone, et dont le fond est une galerie en colonnes. En avant, est un petit temple entouré d'une galerie en pilastres, et dont l'intérieur est tout obscur. A côté, est un petit palais à un seul étage, avec des fenêtres, des portes, un escalier, et des balcons dont le soubassement est soutenu par des figures d'hommes en buste et en relief. Une porte latérale de ce palais, qui communique au temple, est surmontée d'une corniche au-dessus de laquelle sont deux éperviers en regard et les aîles

(1) Au 30.e d. 17 m. 52 s. de longitude, et au 25.e d. 42 m. 58 s. de latitude (Nouet).

déployées; les fenêtres sont quarrées et entourées d'une bande d'hiéroglyphes. Plus loin, est un vaste édifice dont les premières cours, précédées d'un pylone, sont ornées de galeries en colonnes et en pilastres; le reste de ce monument est enfoui et couvert de maisons. Les bas-reliefs qui ornent tout l'édifice, particulièrement la galerie de la seconde cour et tout le grand mur extérieur, sont pour la plupart historiques. Ils représentent un roi égyptien livrant, avec ses troupes, une bataille à des peuples dont le costume est exactement celui des Perses. Le roi remporte la victoire, fait compter le nombre des morts, poursuit les ennemis et assiège une de leurs villes; on le voit ensuite triomphant, faisant des sacrifices aux dieux qui lui ont donné la victoire, et dont la protection est exprimée par un vautour portant une enseigne, planant sur la tête du héros et l'accompagnant dans le cours de ses conquêtes. Nous reviendrons sur le sujet de ces bas-reliefs, qui ont été vus et décrits par Diodore de Sicile.

Le sol de Thèbes possède encore d'autres monumens non moins importans que ceux dont nous venons de donner une idée; mais les tombeaux des rois, situés dans une vallée au nord-ouest de la ville, offrent peut-être plus d'intérêt. Au fond de cette vallée très-étroite, se présentent tout-à-coup aux yeux des voyageurs plusieurs ouvertures creusées dans le roc. Ce sont des portes surmontées d'un bas-relief en forme d'attique, et représentant une ovale dans laquelle sont un scarabée et une figure d'homme à tête d'épervier. De chaque côté de ce tableau emblématique, sont deux hommes en acte d'adoration. Chaque tombeau, composé d'un grand nombre de chambres taillées dans le roc, couvertes de sculptures et de peintures riches et intéressantes, a son entrée particulière; on pénètre dans quelques-uns d'entr'eux par deux portes différentes. Dans le plus reculé des appartemens de chaque tombeau, soutenu quelquefois par des colonnes ou des pilastres, on voit le sarcophage qui renferma la momie; il est d'un seul morceau de granit de douze pieds de long, et orné d'hiéroglyphes en dedans et en dehors. Le couvercle est aussi d'un seul bloc, et sur sa partie supérieure est sculptée en relief la figure du personnage auquel le tombeau était destiné. On a trouvé dans ces tombeaux des appartemens décorés de sculptures, qui nous font connaître les meubles des Égyptiens, faits en bois précieux et couverts d'étoffes brochées. Les fauteuils, les tabourets, les lits de repos, y sont d'une élégance très-recherchée et du goût le plus pur. On y admire la figure de plusieurs harpes magnifiques, dont le nombre de cordes indique qu'elles ont appartenu à un système de musique très-étendu et très-perfectionné. Les plafonds, peints en bleu, sont décorés de figures jaunes en relief. On y remarque un grand nombre de tableaux symboliques, religieux et domestiques, et quelques-uns qui se rapportent à l'astronomie. Du tems de Strabon, on comptait quarante-sept de ces tombeaux ; il n'y en a que huit d'ouverts aujourd'hui.

C'était encore au nord-ouest et dans la chaîne Libyque qu'étaient creusés les tombeaux des habitans de cette capitale. Des galeries innombrables, occupant dans l'intérieur de la montagne plus d'une demi-lieue carrée, recevaient les corps embaumés des citoyens de Thèbes ; le nombre de ces grottes atteste la grande population de la ville. Dans plusieurs autres parties, et sur-tout à l'occident des colosses et du *Memnonium*, la montagne est presque entièrement excavée, et contient aussi des tombeaux plus ou moins richement embellis.

Ces monumens, ces temples et ces tombeaux existent encore en grande partie ; et si les augustes ruines de Thèbes pénètrent d'admiration, comment se défendre d'un sentiment pénible, en voyant toutes ces magnificences reléguées maintenant dans un terrein presque inculte et désert ?

Qarnac et Louqsor, nommés aussi par les Arabes *Aqsoraïn, les deux Châteaux* (1), sont les seuls lieux

---

(1) Qarnac était aussi appelé *Louqsor-el-Kadim* (*le vieux Louqsor*) *; la tradition du pays veut que ce fût autrefois la demeure d'un roi.* Relat. du Saïd par les pères Portais et François D'Orléans, page 2.

habités et un peu considérables de la rive orientale; encore n'est-ce que de misérables villages, dont le second est renfermé dans l'enceinte même du temple. *Kournou* ou *Medineh-Tabou* sont sur la rive occidentale, auprès des temples de ce nom.

Chez les Grecs, Thèbes fut connue sous les noms de Θηβαι ou Θηβη, et de Διοσπολις. Le premier est le plus ancien, du moins les premiers écrivains grecs l'ont employé. Ce n'est que dans les tems postérieurs qu'ils se servirent de Διοσπολις, *Jovis civitas*, qu'ils surnommèrent Μεγαλη, *Magna*, pour la distinguer de deux autres villes d'Égypte du même nom.

Le mot Θηβαι ou Θηβη n'est pas grec, et est évidemment d'origine égyptienne. C'est donc dans la langue des Égyptiens que nous devons en chercher la signification.

On pourrait croire que le nom égyptien de Thèbes fut ⲧⲁⲡ, *Tap*, *Corne*, et qu'il aurait été donné à cette ville parce qu'elle adorait *Amoun*, le dieu à *tête* et à *cornes* de bélier; cependant nous ferons observer que ce mot ne contient pas la dernière syllabe du mot grec Θηβαι, et que d'ailleurs cette explication, qu'on ne peut pas adopter, n'est fondée que sur une supposition. Nous pensons que le Θηβαι des Grecs n'est autre chose que le mot égyptien ⲧⲁⲡⲉ, *tapé*, qui, en dialecte thébain, veut dire *tête*, *chef;* il s'appliquait naturellement, et à juste titre, à Thèbes, la *capitale* de l'Égypte, la plus ancienne et la première ville de ce royaume, le chef-lieu de l'Empire et de la *hiérarchie* (1). Nous ferons remarquer ici que, dans toutes les circonstances, les Egyptiens ne semblaient considérer les lieux que par rapport à eux, et que de même qu'ils appelèrent le Nil du nom générique de *Fleuve*, parce qu'il était le seul en Égypte, de même ils désignèrent Thèbes par *la capitale*, parce que aussi Thèbes était la seule *capitale* de l'Égypte.

Mais le mot grec Diospolis, Διοσπολις, *ville de Jupiter*, est une traduction exacte des mots qui formaient le nom propre de Thèbes, ⲧⲁⲡⲉ, *Tapé*, n'étant qu'une de ses qualifications. Les Grecs, au rapport d'Hérodote et de tous les anciens écrivains, appelaient Ζευς le dieu que les Égyptiens nommaient Αμȣν, et non Αμμων, ce qui est une orthographe vicieuse : Αμȣν, en lettres coptes, nous donne ⲀⲘⲞⲨⲚ. A force de recherches, nous avons trouvé ce mot égyptien écrit ⲁ̀ⲙⲟⲩⲛ dans un vocabulaire copte et arabe de la Bibliothèque impériale (2); il signifie *gloria*, *sublimis*, *celsitudo*, et ce nom convient, dans toutes ses acceptions, au dieu *sublime*,

---

(1) On prend ici le mot *hiérarchie* dans son acception étymologique.

(2) Mss. copte, Bibl. imp., fonds de Saint-Germain, suppl., n.° 17, f.° ⲣ̅ⲗ̅ⲁ̅.

au *premier des dieux, à Amoun* (1). Le mot ⲁⲙⲟⲩⲛ paraît dérivé de la même racine que l'ancien nom égyptien du soleil ⲱⲛ, *ôn*, et ils ont tous deux la plus grande analogie avec ⲟⲩⲱⲛϩ et ϯⲟⲩⲱⲛϩ, *illuminare, ostendere, apparere*, d'où sont formés ⲫⲏⲉⲑⲟⲩⲱⲛϩ, *Phéethouonh*, επιφανης, et beaucoup d'autres mots. Ⲁⲙⲟⲩⲛ fut aussi un nom que portèrent plusieurs Égyptiens. Dans le manuscrit du musée Borgia, publié par Schow, on trouve Παμουν; ce qui donne l'égyptien Ⲡⲁⲙⲟⲩⲛ, *Amoun*, ou peut-être même *Ammonien*, Αμμωνιος, en supposant que Ⲡⲁⲙⲟⲩⲛ est la contraction de Ⲡⲓⲁⲙⲟⲩⲛ, ce qui n'est pas impossible.

Ⲁⲙⲟⲩⲛ, *Amoun*, ou ⲐⲂⲁⲕⲓ ⲛ̀ⲧⲉ ⲡⲓⲁ̀ⲙⲟⲩⲛ, *Tbaki - anté - pi - Amoun, la ville d'Amoun* (en ajoutant le mot égyptien qui signifie *ville*), fut donc le nom propre de Thèbes; et les Grecs le traduisirent très-bien par Διοσπολις, *la ville de Zéus (Jupiter)*, l'*Amoun* des Égyptiens ayant été assimilé par les Grecs à leur *Zéus* ou *Jupiter*.

Quelques rapports qu'ait avec le nom égyptien de Thèbes le *No-Amoun* du texte hébreu des Prophètes, qu'on a quelquefois traduit par *Alexandrie*,

---

(1) Dans notre travail sur la religion égyptienne, nous prouverons, par les rapports des Anciens, que le dieu Amoun était le *chef* des dieux.

quoique celle-ci existât du tems des Prophètes sous un autre nom, et le plus souvent par *Thèbes*, il n'appartient pas à cette dernière ville, mais bien à un autre lieu de la basse Égypte, comme nous le ferons voir dans la suite.

Le principal temple de Thèbes ou de la *Capitale* était consacré à *Amoun*, dont la ville portait le nom (1). C'était dans son enceinte que les Égyptiens enterraient des serpens non-malfaisans (2). Ses prêtres, qui se vantaient de tenir leur science de *Thot* même, *la sagesse divine*, s'adonnèrent particulièrement à l'astronomie, et ce sont eux qui, les premiers, adoptèrent l'année solaire de trois cent soixante-cinq jours et un quart. Dans les diverses parties de notre ouvrage, nous reviendrons souvent sur Thèbes, parce que c'est dans tout ce qui est relatif à cette ville que se retrouvent les preuves du haut degré de civilisation auquel un gouvernement philantropique avait élevé la nation égyptienne.

Apollinopolis-Parva. — Kôs-Birbir.

La première ville un peu considérable qu'on rencontrait au nord de Thèbes, était *Apollinopolis*, qu'on avait surnommée *Parva*, à cause d'*Atbô* qui était la

---

(1) Strabon, liv. XVII.

(2) Hérodote, liv. II, §. LXXXII.

grande *Apollinopolis* des Grecs et des Latins. Cette ville renferma au moins un grand temple : ses ruines qui se voient encore au lieu qu'elle occupa, et parmi elles, une grande et belle porte enfoncée jusques à la cymaise, confirment assez cette conjecture.

Nous ignorons ce qui porta les Grecs à donner à cette ville le nom d'Απολλωνος πολις (1), *ville d'Apollon*, ou simplement Απολλωνος (2). Il se peut que les Égyptiens qui l'habitaient, eussent un temple consacré à Horus, et dans ce cas les Grecs, qui trouvèrent de la ressemblance entre le fils d'Isis et leur Apollon (3), se crurent autorisés à qualifier cette ville d'Απλλωνος πολις. Mais ce nom n'avait aucun rapport de prononciation ni de signification avec celui qu'elle porta chez les Égyptiens, et qui fut Κωϲ, *Kôs*. Ce mot, en langue égyptienne, s'écrit indifféremment ⲔⲈⲤ, ⲔⲞⲤ et ⲔⲰⲤ : cette dernière orthographe est la plus fréquente. Ce monosyllabe sert à désigner l'action d'*ensevelir*, et par suite un *endroit triste*, un *tombeau*. La raison qui fit ainsi appeler cette ville par les anciens Égyptiens, n'est pas venue jusqu'à nous. Quoi qu'il en soit, quatre villes de l'Égypte le portèrent du tems des Pharaons. Trois

(1) Strabon, liv. XVII.

(2) Etienne de Byzance, *de Popul. et Urbib.*

(3) Hérodote, liv. II. — Plutarque, *de Iside et Osiride.*

d'entr'elles étaient distinguées par des surnoms que nous avons recueillis dans les manuscrits coptes. Celle dont nous parlons maintenant, est toujours appelée Ⲕⲱⲥ Ⲃⲉⲣⲃⲉⲣ, *Kôs-Berber* (1), ou Ⲕⲱⲥ Ⲃⲣⲃⲓⲣ, *Kôs-Barbir* (2) en dialecte thébain, et Ⲕⲱⲥ Ⲃⲓⲣⲃⲓⲣ en memphitique (3) : les Coptes prononçaient *Kôs-Varvar*, *Kôs-Varvir* (4) et *Kôs-Virvir*. Ce surnom thébain, Ⲃⲣⲃⲉⲣ ou Ⲃⲣⲃⲓⲣ, correspond à la racine memphitique Ⲃⲉⲣⲃⲉⲣ, qui signifie *brûlant*, *chaud* (5). Il avait été donné à la Ⲕⲱⲥ voisine de Thèbes, pour la distinguer des trois autres situées dans des parties plus tempérées de l'Égypte, et sous un ciel moins brûlant, car *Kôs-Birbir* est plus au midi que les autres Kôs dont nous parlerons dans la suite.

---

(1) Mss. copt., Bibl. imp., n.° 43, f.° 58 versò, et n.° 44, f.° 79 rectò.

(2) Mss. copt., ancien fonds, n.° 46.

(3) Mss. copt., n.° 17, fonds Saint-Germain, suppl., f.° ⲣϥⲃ̅.

(4) *Histoire de l'église d'Alexandrie*, dans laquelle le père Vansleb parle de *Kous-Varvir* comme d'un évêché, page 22.

(5) On la trouve employée dans le verset suivant : ϯⲥⲱⲟⲩⲛ ⲛ̀ⲛⲉⲕϩⲃⲏⲟⲩⲓ̀ ϫⲉ ⲟⲩⲇⲉ ⲕϧⲟⲣϣ ⲁⲛ ⲟⲩⲇⲉ ⲕϧⲏⲙ ⲁⲛ ⲁ̀ⲙⲟⲓ ⲛⲁⲕⲟⲓ ⲉ̀ⲙⲟⲩϧⲱϫ ⲡⲉ ⲓⲉ ⲛⲁⲕⲃⲉⲣⲃⲉⲣ ⲡⲉ : *Cognosco opera tua, quia neque es frigidus, neque calidus ; utinam esses frigidus aut calidus.* Apocal. III, 15.

Cette ville était bâtie près du Nil, sur la rive orientale, et non pas dans le voisinage de la Libye, comme le suppose Étienne de Byzance, à moins que ce lexicographe ne désigne par Απολλωνος μικρα une autre petite Apollinopolis bâtie en effet sur la rive occidentale. Les Arabes ont conservé à *Kôs-Berbir* son nom égyptien dans celui de *Qouss*, sous lequel elle est connue parmi eux.

Papa — Papè.

On trouve mentionné dans Aboulféda un lieu appelé *'Aqssour* ou *Oqssour (les Châteaux)*. Il est, selon le même géographe arabe, au midi de *Qouss* et à une journée de chemin de cette ville. Des manuscrits coptes, en dialecte thébain (1), nous ont fourni le nom égyptien d'*Oqssour* : ce fut Ⲡⲁⲡⲏ, *Papè* ou *Papa*. Si on fixe la position d'*Oqssour* à *Louqsor*, dans l'enceinte de Thèbes, ce qui ne nous paraît pas absolument probable, Ⲡⲁⲡⲏ sera alors le nom égyptien de ce quartier de la capitale ; mais si l'on aime mieux placer Ⲡⲁⲡⲏ entre Thèbes et Tentyris, il répondra au *Papa* des anciens, village ou petite ville entre Tentyris et Contra-Coptos. En appliquant le nom de Ⲡⲁⲡⲏ, *Papé*, à une partie de Thèbes, on ne

---

(1) Mss. copt., Bibl. imp., n.° 44, f.° 79 rectò ; — n.° 43, f.° 58 versò.

doit point le regarder comme le nom égyptien de *Medîneh-Tabou* ou *Medinet-Abou*, comme on l'écrit ordinairement. Ce village, placé dans la partie occidentale de Thèbes, n'a jamais porté le nom de *Qassr*, ni celui d'*Oqssour;* par conséquent le nom de Ⲡⲁⲡⲏⲏ, que les Arabes font correspondre à un lieu qu'ils appelaient *Oqssour*, ne lui a jamais appartenu. Notre opinion est que Ⲡⲁⲡⲏⲏ n'est autre chose que le *Papa* des Itinéraires, et que ce lieu était situé sur la rive occidentale du Nil, entre Tentyris et Contra-Coptos.

Coptos. — Keft.

Sur la même rive du Nil et au midi de *Kôs-Birbîr*, se trouvait la célèbre ville de *Coptos;* elle était au milieu des terres, et presque sur le penchant de la chaîne Arabique. Elle avait dans son enceinte deux temples, dont on distingue facilement encore les ruines éparses (1). Coptos, sous les Pharaons, devait être l'entrepôt du commerce de la haute Égypte avec l'Arabie, et peut-être même avec l'Inde; elle le fut du moins sous les Grecs et sous les Romains. Les Arabes errans entre l'Égypte et la Mer-Rouge étaient, selon toutes les probabilités, les hommes qui transportaient les marchandises à Coptos, où ils

(1) M. Denon, *Voyage en Égypte*, tome II, page 213, édition en 3 vol. in-12.

séjournaient sans doute quelque tems ; c'est ce qui a fait dire à Strabon que cette ville était commune aux Égyptiens et aux Arabes. Elle fut la capitale d'un nome.

Quoique les Grecs n'eussent point traduit son nom égyptien, et qu'ils l'eussent assez fidellement écrit Κοφτος ou Κοπτος, cela ne les empêcha point de le dériver de leur langue. Plutarque (1) le croit formé du verbe grec Κοπτω, *Couper*, parce que, selon une certaine tradition, après la mort d'Osiris, la déesse Isis s'y coupa les cheveux. Cette étymologie est trop évidemment dénuée de toute vraisemblance, pour qu'on cherche à la détruire par des raisons sérieuses. Il suffira de dire que le nom égyptien de Coptos fut Ⲕⲉϥⲧ, *Keft*, comme on le voit dans un manuscrit copte (2), où il est fait mention de ⲀⲂⲂⲀ ⲘⲞⲨⲤⲎⲤ ⲠⲒⲈⲠⲒⲤⲔⲞⲠⲞⲤ ⲚⲦⲈ Ⲕⲉϥⲧ, *Moyse, évêque de Keft ;* on la trouve aussi désignée sous ce nom dans les vocabulaires coptes (3). Un manuscrit thébain porte Ⲕⲉⲡⲧⲟ (4), et un autre Ⲕⲉⲃⲧⲱ (5). Il se peut que ces

(1) *De Iside et Osiride.*

(2) Mss. copt., Bibl. imp., n.° 66, Vatic., f.° 125.

(3) Mss. copt., Bibl. imp., n.° 46, ancien fonds, etc.

(4) *Id.*, n.° 44, f.° 79 versò.

(5) Mss. copt., Bibl. imp., n.° 43, f.° 58 versò.

ces derniers noms ne soient qu'une corruption de Ⲕⲉϥⲧ, ou même du grec Κοπτος : nous n'avons pu trouver la valeur du nom égyptien de cette ville. Les Arabes l'appellent encore *Qift* ou *Qéfth*, comme les premiers habitans.

Pampanis. — Pampan.

Le géographe Ptolémée place au midi de Tentyris un bourg situé dans l'intérieur des terres, auquel il donne le nom de *Pampanis* (1). Les nomenclatures arabes des noms de villes et de villages de l'Égypte, que nous avons consultées, ne nous ont présenté, dans la province de Qouss, aucun nom correspondant et dont la position fût voisine de Tentyris. D'Anville, dans sa carte de l'Égypte ancienne, a fixé la position de Pampanis sur la rive occidentale du Nil, au sud de cette dernière ville. Nous pensons que *Pampan* fut le nom égyptien de ce lieu, et que les Grecs en firent Παμπανις, en ajoutant seulement la désinence ις. Nous ne fixerons point son orthographe égyptienne, parce que nous ne pouvons assigner la valeur du nom de ce bourg. Nous ferons seulement observer que sur la rive occidentale du Nil, vis-à-vis de l'ancienne ville d'Ambô (Ombos), se trouve encore aujourd'hui

(1) Ptolémée, Géographie, liv. IV.

un village que les Arabes appellent aussi Bamban (1). Cette circonstance nous confirme dans l'opinion que nous avons émise sur le nom égyptien de Pampanis.

Tentyris. — Nitenthôri.

Au nord de Coptos, la vallée de l'Égypte tourne vers l'occident; le Nil suit la même direction. C'est dans cet endroit, au 30.e d. 20 m. 42 s. de longitude et au 26.e d. 8 m. 36 s. de latitude, qu'était *Tentyris*, bâtie à une petite distance du bord occidental du Nil. Elle fut le chef-lieu d'une préfecture (Pthosch); son territoire était fertile en palmiers.

Le temple principal de cette ville fut le chef-d'œuvre de l'architecture égyptienne. On trouvait d'abord une porte construite en pierres énormes couvertes d'hiéroglyphes, et faisant partie d'une enceinte qui renfermait le grand temple dont nous allons donner une idée.

Ce monument avait 200 pieds de long sur 140 de largeur. « Le portique était plus élevé que la *celle* ou » *nef;* une austère simplicité dans l'architecture y était » enrichie d'une innombrable quantité de sculptures » hiéroglyphiques, qui n'en troublaient cependant pas » les belles lignes. Une large corniche couronnait » majestueusement tout l'édifice; un tore qui semblait

(1) Voyez la carte de l'Égypte moderne, par D'Anville.

» le cercler, ajoutait encore une espèce de solidité au » talus qui existait par-tout. » (1) Trois têtes colossales de lion sortaient du flanc de la nef du temple, et servaient à l'écoulement des eaux qu'on versait sur la plate-forme pour rafraîchir les appartemens qui y étaient construits ; car sur cette plate-forme on trouvait de petits temples particuliers décorés de sculptures très-soignées, qui présentaient des tableaux astronomiques et scientifiques ; aujourd'hui ils sont à moitié ensevelis sous les débris d'un village que les Arabes avaient autrefois bâti sur le comble même du temple.

Le portique, composé de 18 colonnes de 24 pieds de tour chacune et espacées de 12 pieds, fut un des plus beaux modèles de l'antiquité. A son aspect grand et majestueux se mêlait une sombre gravité, et l'homme qui se trouvait en face de ce superbe édifice ne pouvait se défendre d'une vive émotion, et d'un sentiment profond de respect.

Les têtes de femmes dont les chapiteaux des colonnes étaient ornés, prouvent que les Égyptiens l'avaient consacré à Isis (2), dont une image d'une

---

(1) C'est du voyage de M. Denon que nous avons extrait la description des temples de Tentyris. Les lignes marquées par des guillemets sont copiées de son texte.

(2) Strabon, livre XVII.

dimension colossale se trouvait sculptée dans le fond du sanctuaire, où deux figures gigantesques brûlaient des parfums devant elle.

« J'aurais voulu tout dessiner, dit M. Denon, et » je n'osais mettre la main à l'œuvre ; je sentais que » ne pouvant m'élever à la hauteur de ce que j'ad- » mirais, j'allais rapetisser ce que je voudrais imiter : » nulle part je n'avais été environné de tant d'objets » propres à exalter mon imagination.

« Ces monumens, qui imprimaient le respect dû au » sanctuaire de la Divinité, étaient les livres ouverts » où la morale était dictée, où la science était déve- » loppée ; tout parlait, tout était animé dans le même » esprit. »

Colonnes, chapiteaux, murs extérieurs et intérieurs, corniche, soubassement, tout est y couvert de bas-reliefs, d'inscriptions hiéroglyphiques, et de tableaux historiques offrant la représentation des cérémonies du culte et des usages de la vie civile des Égyptiens. Les couleurs agréables dont ces sculptures ont été entièrement couvertes, produisent un charme et une richesse qui ne nuisent ni à la simplicité ni à la gravité de l'ensemble.

Ce temple magnifique subsiste encore dans tout son entier; la circonvallation seule est en partie ruinée (1).

(1) Une Inscription grecque fut gravée postérieurement sur le listel du couronnement de la porte du mur de circonvallation, située au sud du grand temple ; elle a été vue par Paul Lucas,

C'est à Tentyris qu'existent deux monumens astronomiques très-importans : l'un est un zodiaque sculpté sur les deux plates-bandes les plus opposées du plafond du portique du grand temple ; l'autre est un planisphère sculpté sur le plafond d'une des pièces du petit appartement construit sur le comble de ce temple. L'un et l'autre représentent les douze signes célestes placés dans l'ordre selon lequel le soleil les parcourt, et ayant à leur tête le lion. Le zodiaque du portique est divisé en deux parties : le lion, la vierge, la balance, le scorpion, le sagittaire et le capricorne, placés à la gauche de l'observateur, semblent sortir du temple ; le verseau, les poissons, le bélier, le taureau, les gémeaux et le cancer, placés à la droite,

---

qui en a inséré quelques mots dans son troisième Voyage du Levant (tome III, page 35). M. Denon en a rapporté une copie entière. Cette Inscription a été publiée et expliquée par M. Champollion-Figeac, dans sa *Lettre sur l'Inscription du temple de Dendéra, adressée à M. Fourier* (Grenoble, Peyronard, 1806, in-8.°) ; elle rappelle que *les envoyés de la Métropole* (de Tentyris) *consacrèrent, en vertu d'une loi, le propylée à Isis, très-grande déesse, et aux dieux honorés dans ce temple, en l'an* XXXI *de César* (*Auguste*), *le* 18.e *jour du mois sacré de Thoth.* Cette consécration avait pour motif la conservation de l'empereur Auguste. L'auteur s'occupe d'une seconde édition de cette lettre, qui renferme beaucoup de recherches sur les ères diverses dont on fit usage en Égypte.

semblent y entrer et sont tournés vers la porte (1). Le soleil est figuré par un disque dont les rayons perpendiculaires viennent de quitter le cancer qui, dans l'ordre des douze signes, est le dernier. Sur le planisphère, ces signes forment une spirale où l'ordre des rangs est conservé : le lion ouvre la marche, et le cancer qui la ferme se trouve au-dessus de lui et tourné du côté opposé. On remarque dans ces deux tableaux un grand nombre d'étoiles diversement groupées, et des figures symboliques qui peuvent être des constellations représentées sous les formes propres aux Égyptiens. Ils durent en effet placer dans le ciel les emblèmes sous lesquels ils adoraient la Divinité, comme dans des tems postérieurs la Grèce, instruite par l'Égypte, y plaça ses héros et ses dieux.

Depuis leur découverte, ces deux monumens ont fixé l'attention de l'Europe savante; l'histoire de l'astronomie doit y recueillir des faits du plus grand intérêt. Des savans français, italiens, allemands et anglais ont entrepris de les expliquer; ils ont émis des opinions différentes et sur l'époque astronomique qu'on peut y trouver, et sur le tems où le temple dont ils font partie a été construit. Sans nous engager dans cette grande discussion, nous ferons remarquer

(1) Cet ordre des signes, bien constaté par l'Institut d'Égypte, n'est pas conservé dans les dessins publiés par M. Denon.

ici que ces deux monumens ont dû perdre beaucoup de leur importance, isolés des zodiaques observés à Hermonthis, à Esné, et des tableaux astronomiques de Thèbes, qui appartiennent tous à un même système de connaissances astronomiques, et dont l'explication doit devenir plus facile et plus exacte, rapprochés les uns des autres. On peut donc regarder comme prématurés tous les Mémoires dont le planisphère et le zodiaque de Tentyris ont été le sujet (1). Pour obtenir à cet égard un ensemble complet de notions précises et satisfaisantes, on doit attendre le travail sur les monumens astronomiques découverts dans la Thébaïde, que M. le baron Fourier rédige pour le grand ouvrage dont sa main savante a élevé l'élégant et majestueux frontispice.

Nous répéterons ici ce qu'il a dit lui-même de l'antiquité de ces monumens, qui a été exagérée dans quelques écrits : « Dans les dissertations nombreuses » et prématurées auxquelles cette question, déjà » célèbre, a donné lieu, on a souvent attribué à » l'auteur de ces recherches, des opinions diffé- » rentes de celles qu'il se propose d'établir. Les » conséquences qui résultent de l'étude attentive » des monumens, ne permettront jamais de com- » prendre l'histoire de l'Égypte entre les limites

(1) Le nombre de ces Mémoires s'élève aujourd'hui à plus de vingt.

» d'une chronologie restreinte qui n'était point suivie
» dans les premiers siècles de l'ère chrétienne. Elles
» ne sont pas moins contraires au sentiment de ceux
» qui fondent sur des conjectures l'antiquité exagérée
» de la nation Égyptienne, et ne distinguent point
» les époques vraiment historiques, des supputations
» qui servaient à régler le calendrier (1). »

C'est à Tentyris qu'il faut chercher le type antique des ordres et des principales beautés de l'architecture grecque; celle des Égyptiens est devenue le principe de tout ce que nous avons admiré depuis.

Deux autres petits temples existaient encore à Tentyris ; mais ils ne pouvaient pas entrer en comparaison avec celui dont nous venons de parler, soit par rapport à la perfection du plan, soit par rapport à la beauté de l'exécution.

Du tems de Strabon, les habitans s'étaient adonnés à la chasse des crocodiles. Le satyrique Juvenal, qui s'est plu à ridiculiser l'Égypte, où il fut exilé dans la suite par l'empereur Néron, raconte les événemens d'une guerre sanglante et fanatique qui eut lieu entre les Ombites et les Tentyrites, au sujet des crocodiles, que les uns révéraient et que les autres cherchaient à détruire. Mais la fausseté de cette guerre ridicule et barbare, dans laquelle, selon le poète latin, chaque

---

(1) *Préface historique de la Description de l'Égypte*, pag. 84 et 85.

parti dévora les membres sanglans de ses ennemis (1), est prouvée par le récit de Juvénal lui-même, qui fait d'Ombos et de Tentyris *deux villes voisines* (2), tandis qu'elles se trouvent à plus de trente lieues l'une de l'autre. Cependant Juvénal dit, avec assurance, que les Tentyrites partirent de chez eux pendant la nuit, et *arrivèrent le matin à Ombos*. Cette rêverie a été adoptée sans examen par beaucoup d'auteurs modernes, sur la foi d'un poète.

Le père Kircher a cru voir le nom égyptien de Tentyris dans ϯⲁⲛⲟⲩϣⲉⲣ, qui étant écrit Ⲧⲁⲛⲟⲩϣⲉⲣ, aurait servi à désigner *le lieu* ou *la ville de l'Epervier*, ou plutôt la ville du *Vautour;* car nous avons trouvé dans un vocabulaire copte et arabe (3) le mot ⲡⲓⲛⲟⲩϣⲉⲣ rendu par *Baz-Alschahin, épervier des brebis*, c'est-à-dire le *vautour*, et même l'*aigle*, dont le nom arabe ressemble au nom égyptien; (et l'on ne doit pas confondre ⲛⲟⲩϣⲉⲣ avec ⲁ̀ⲛⲛⲟⲩϣⲉⲣ, nom de la plante appelée *Saris* par les Arabes). Nous ignorons d'où Kircher a extrait ϯⲁⲛⲟⲩϣⲉⲣ comme nom d'une ville égyptienne; mais il est hors de doute que ce ne

---

(1) Selon toute apparence, le chevalier Bruce avait lu fort à la hâte ce passage de Juvénal, puisqu'il observe (Voyage aux sources du Nil) *qu'il est singulier que du tems même de Juvenal, les Tentyrites et les Ombites fussent encore anthropophages.*

(2) Juvénal, satyr., liv. V, satyre xv, vers 33 à 36.

(3) Mss. copt., Bibl. imp., n.° 17, suppl. Saint-Germain.

fut jamais celui de la *Tentyris* des anciens. Le mot Τεντυρα n'est pas grec, et c'est évidemment le nom égyptien pur conservé par les Arabes dans leur *Dendéra.* On le retrouve dans les livres coptes, sous la forme du pluriel Ⲛⲓⲧⲉⲛⲧⲱⲣⲉ, *Ni-Tentôre* (1), Ⲛⲓⲧⲉⲛⲑⲱⲣⲓ (2). Il est écrit le plus souvent Ⲛⲓⲕⲉⲛⲧⲱⲣⲉ, *Ni-Kentôré* (3), Ⲛⲓⲕⲉⲛⲧⲟⲣⲉ, *Ni-Kentorè* en dialecte thébain (4), et Ⲛⲓⲕⲉⲛⲧⲱⲣⲓ, *Ni-Kentôri* en memphitique (5). Les manuscrits thébains publiés par le P. Mingarelli nous ont offert, dans le passage suivant d'un fragment des actes de saint Pakôm, une altération thébaine du mot Ⲛⲓⲕⲉⲛⲧⲱⲣⲉ, *Ni-Kentôre* : ⲁⲡⲁ ⲇⲓⲟⲛⲏⲥⲓⲟⲥ ⲉⲩⲡⲣⲉⲥⲃⲩⲧⲉⲣⲟⲥ ⲛ̀ⲧⲉ ⲧⲉⲕⲕⲗⲏⲥⲓⲁ ⲛ̀ⲛⲓⲅⲉⲛⲧⲱⲣⲉ (6); « Denis, prêtre de

---

(1) Mingarelli, *Ægypt. codic. reliquiæ*, pages CCXXVIII, CCXXIX et CCXXXI.

(2) Dans les actes memphitiques de saint Pakhôm (mss. copt., Bibl. imp., n.° 69), il est fait mention de l'abbé Ⲥⲁⲣⲁⲡⲓⲱⲛ ⲡⲓⲉⲡⲓⲥⲕⲟⲡⲟⲥ ⲛ̀ⲧⲉ ⲛⲓⲧⲉⲛⲧⲱⲣⲓ, « Sarapion, évêque de » Nitentôri, » et de ⲁⲡⲁ ⲇⲓⲟⲛⲏⲥⲓⲟⲥ ⲉ̀ⲟⲩⲡⲣⲉⲥⲃⲩⲧⲉⲣⲟⲥ ⲡⲉ ⲛ̀ⲧⲉ ⲛⲓⲧⲉⲛⲑⲱⲣⲓ, « Apa Denis, prêtre de Nitenthôri. »

(3) Mss. copt., Bibl. imp., n.° 46.

(4) Mss. copt., Bibl. imp., n.° 44, f.° 79 rectò. On trouve aussi le nom de cette ville écrit Ⲛⲉⲕⲛ̀ⲧⲟⲣⲉ, mss. copt., Bibl. imp., n.° 43, f.° 58 versò.

(5) Mss. copt., Bibl. imp., n.° 17, suppl. Saint-Germain.

(6) Mingarelli, frag. IX, pag. CCXXVI et CCXXVII.

» l'église de *Ni-Gentôre,* » où l'on observe le ⲅ̀ (g) mis à la place du ⲕ (k). Le dialecte thébain offre quelques exemples de cette permutation d'autant plus remarquable, que la lettre ⲅ̀ est étrangère à la langue et à l'alphabet des Égyptiens.

Dans les recherches que nous avons faites pour trouver la signification du nom égyptien de Tentyris, nous n'avons obtenu aucun heureux résultat. Les seuls mots qui en approchent, sont ⲁⲛ̀ⲧⲱⲣⲓ, que Kircher explique par *Senex,* et Ⲑⲱⲣⲓ, *Salix* (1), qui n'offrent aucun rapport satisfaisant avec l'égyptien Ⲛⲓⲕⲉⲛ̀ⲧⲱⲣⲉ, ou plutôt Ⲛⲓⲧⲉⲛ̀ⲧⲱⲣⲉ.

Thmounschons.

Ce lieu doit avoir appartenu à la préfecture (Pthosch) de Ni-Tenthôri ; c'est du moins ce que l'on peut inférer de plusieurs passages de la vie de Pakhôm (2) ; dans les actes de ce saint, ce nom est écrit Ⲑⲙⲟⲩⲛ̀ϣⲟⲛⲥ. Nous l'avons retrouvé dans une nomenclature de noms égyptiens et arabes des villes de l'Égypte (3), sous la forme de Ⲙⲟⲩϣⲁⲛⲥ, et rendu

(1) On pourrait peut-être dériver Ⲧⲉⲛ̀ⲑⲱⲣⲓ de Ⲧⲁⲛ̀ⲑⲱⲣⲓ, qui désignerait un lieu où se trouvent des saules (ⲑⲱⲣⲓ).

(2) Mss. copt., Bibl. imp., n.° 69.

(3) Mss. copt., Bibl. imp., n.° 43, f.° 58 versò.

par l'arabe *Makhans* ou *Moukhans*. Ce dernier lieu est compris dans la province arabe de Qouss (1), selon un état des villes, des bourgs et des villages de l'Égypte. Il se peut que ce mot ait été autrefois écrit par les Égyptiens Ⲙⲟⲩⲭⲁⲛⲥ, et que ce soit la raison qui ait engagé les Arabes à l'écrire *Moukhans*, au lieu de *Mouschans*.

Tabenna. — Tabennisi.

Entre Tenthôri et la petite Diospolis, se trouvait une île appelée Ταϐεννη (2) par les Grecs, connue aujourd'hui chez les Arabes sous le nom de *Djèziret-el-Gharib*, *l'île de l'Occident*, et qui dut autrefois faire partie du nome *Tentyrite*. Cette île est mentionnée dans les livres coptes, sous le nom de Ⲧⲁⲃⲛ̄ⲛ̄ⲏⲥⲉ, *Tabnnêsé* (3), et de Ⲧⲁⲃⲉⲛ̄ⲛ̄ⲉⲥⲓ, *Tabennési* (4), nom dans lequel on reconnaît, selon Mingarelli (5), le grec νησος, *île*, ajouté au nom égyptien de ⲧⲁⲃⲛ̄, *Taben*, ou même ⲧⲁⲃⲛ̄ⲛⲉ, *Tabenné*, qui, en dialecte thébain, désigne un *endroit*

(1) M. Silvestre de Sacy, *trad. d'Abdallatif; État de l'Égypte*, page 704, n.° 38.

(2) Sozomenus, liv. III, cap. 14, etc.

(3) Mingarelli, *Ægypt. codic. reliquiæ*, frag. VII, pag. CLXII.

(4) Mss. copt., Bibl. imp., n.° 64, vatic. f.° 156 recto.

(5) Mingarelli, *loco citato*, page CLXXXII.

abondant en palmiers, ou *le lieu des Troupeaux* (1). Mais nous ne sommes point convaincus que ⲛ̀ⲏⲥⲉ ou ⲛ̀ⲏⲥⲓ, qui termine le nom copte de cette île, soit le grec νησος, et nous regardons plutôt ces deux syllabes comme le nom d'Isis (ⲏⲥⲓ), précédé de l'article du génitif. Le nom de Ⲧⲁⲃⲉⲛ̀ⲛ̀ⲏⲥⲓ signifiera donc alors *l'Ile où se trouvent les palmiers d'Isis.* C'est là, à notre avis, sa véritable valeur. On sait en effet, par les rapports des anciens, que cet arbre était très-abondant dans le nome Tentyrite, et dans les tems modernes on remarquait, près de Tenthôri, une superbe forêt de palmiers *doum* (2). Cette espèce de palmier, au lieu de n'avoir qu'un seul tronc, comme le palmier de la basse Égypte et de l'Arabie, en a plus de seize groupés ensemble, ce qui a fait donner à cet arbre le nom de *Palmier éventail;* son fruit est d'une qualité inférieure à celui du palmier ordinaire. Dans des tems postérieurs à celui des Égyptiens, l'île de *Tabenné* fut le lieu que choisit saint Ⲡⲁϧⲱⲙ, *Pakhôm* ou Ⲡⲁϩⲱⲙ, *Pahôm*, selon les

---

(1) Jablonski le dérive de ⲧⲁⲃⲉⲛⲓ qui, en dialecte memphitique, veut dire la même chose que ⲧⲁⲃⲉⲛⲛⲉ en dialecte thébain.

(2) Juvenal, satyre xv, liv. V. — Sicard, dans le tome VI des Lettres édifiantes. — *Choix des Lettres édifiantes*, tome II; Missions du Levant, page 237; Paris, 1809.

dialectes de la langue égyptienne, pour bâtir un célèbre monastère, où un nombre considérable de pieux anachorètes firent leur séjour.

Diospolis-Parva. — Hou.

Au nord-ouest de Tenthôri, et non loin de Tabennisi, était *Diospolis-Parva*, Διοσπολις μικρα, *la petite ville de Jupiter.* Elle se trouvait au 30.e d. 0 m. 57 s. de longitude, et au 26.e d. 11 m. 20 s. de latitude septentrionale, selon les Nouvelles Observations astronomiques de M. Nouet.

Cette ville ne dut point être fort considérable; du moins les ruines qu'on remarque à la place qu'elle occupa, ne portent point à le croire. Le voisinage de Thèbes et de Tenthôri dut nécessairement s'opposer à son accroissement. Le nom de *Hou*, qu'on donne encore dans le pays à cette ville, est l'ancien nom égyptien ϩⲟⲩ (1), ou bien ϩⲱ, *Hô* (2). La position de cette Διοσπολις des Grecs, assignée par D'Anville à *Hou*, est justifiée par deux manuscrits coptes de la Bibliothèque impériale, où l'on voit que la ville que les Grecs nommaient ⲦⲓⲟⲤⲠⲟⲗⲓⲤ (Διοσπολις), s'appelait ⲆⲚⲟ en égyptien, et *Hou* en arabe (3). ⲆⲚⲟ

---

(1) Mss. copt., Bibl. imp., n.° 46, anciens fonds.

(2) Mss. copt., Bibl. imp., fonds du Vatican, n.° 69.

(3) Mss. copt., Bibl. imp., n.° 43, f.° 88 versò; — n.° 44, f.° 49 rectò.

est mis à la place de ⲛ̀ϩⲟⲩ, *Anhou*, et nous croyons qu'il n'en est que la corruption. M. Akerblad a déjà émis la même opinion sur le même mot (1), quoique dans un but différent, et nous nous félicitons de pouvoir appuyer notre conjecture de son suffrage.

M. Silvestre de Sacy a été induit en erreur par le P. Kircher (2), en présentant, d'après lui (3), le nom copte ou égyptien de *Hou*, sous la forme de ϧⲟⲩⲡⲉ, *Khoupé*. Dans l'ouvrage de Kircher, le ϧ (khei) de ce mot doit être remplacé par le Hori ϩ, et c'est probablement par une faute d'impression que ce changement de lettre a eu lieu. La syllabe ⲡⲉ qui terminait ce mot ϩⲟⲩⲡⲉ́ dans le manuscrit que Kircher avait consulté, n'y est pas déplacée; mais c'est le verbe ⲡⲉ, *est*, qui se met après le nom égyptien pour désigner que ce nom *est* la même chose que le mot arabe qui l'accompagne. C'est ainsi, par exemple, qu'on trouve Ⲧⲁⲗⲁⲛⲁⲩⲡⲉ, Ⲫⲁⲣϭⲓⲛⲉⲡⲉ, Ⲡⲧⲉⲛⲥⲧⲱⲓⲡⲉ, Ⲡⲓϣⲁⲣⲱⲧⲡⲉ, Ⲑⲉⲛⲛⲏⲥⲓⲡⲉ, Ⲛⲁⲑⲱⲡⲉ, à la place de Ⲧⲁⲗⲁⲛⲁⲩ, Ⲫⲁⲣϭⲓⲛⲉ, Ⲡⲧⲉⲛⲥⲧⲱⲓ, Ⲡⲓϣⲁⲣⲱⲧ, Ⲑⲉⲛⲛⲏⲥⲓ et Ⲛⲁⲑⲱ (4).

---

(1) *Lettre sur l'Inscription de Rosette*, pag. 35 et 36.

(2) Kircher, *Lingua ægyptiaca restituta*, page 211.

(3) Traduct. d'Abdallatif, page 704.

(4) Mss. copt., Bibl. imp., n.° 17, suppl. Saint-Germain, f.° ⲣ̄ϥ̄ⲃ̄ versò, et ⲣ̄ϥ̄ⲅ̄.

Cette syllabe ⲡⲉ terminant plusieurs noms de villes égyptiennes, Kircher crut qu'elle en faisait partie essentielle, et il les inséra, tels qu'il les trouva, dans sa *Lingua ægyptiaca restituta;* Lacroze les y puisa pour les placer dans son vocabulaire égyptien. Nous aurons occasion dans la suite de rappeler cette observation.

La signification de *Hou*, ϩⲟⲩ, n'est pas venue jusqu'à nous. Nos recherches à cet égard ont été infructueuses. Nous n'avons pas osé le dériver du thébain ϩⲟⲟⲩ, *dies*, quoique plusieurs circonstances eussent autorisé cette étymologie jusques à un certain point. Mais nous avons pour règle de ne présenter aucune explication, à moins qu'elle ne soit fondée sur des preuves irrécusables, et sur des raisons auxquelles on ne puisse faire aucune objection que nous ne soyons en état de résoudre d'une manière satisfaisante. La science étymologique est trop discréditée de nos jours, par l'abus qu'en ont fait plusieurs auteurs, d'ailleurs pleins d'érudition, pour qu'on ose s'abandonner aux licences grammaticales et aux permutations qu'elle autorise. Nous aimons mieux avouer notre impuissance, que de donner des conjectures trop hasardées.

Le père Vanlesb, en parlant de Hou, et classant cette ville parmi les évêchés coptes, croit que c'était autrefois

autrefois *Thèbes la grande* (1) ; mais c'est une erreur que D'Anville a démontrée. Les ruines de Hou, ϩⲟⲩ, consistent aujourd'hui en briques et en monceaux de décombres.

Chênoboscia. — Schénésêt.

Dans les tems anciens, il exista dans la préfecture de Hou plusieurs petites villes, des bourgs et des villages dont la plupart nous sont inconnus. Parmi eux, les Grecs nomment Χηνοβοσκια (2) ou Χηνοβοσκιον (3) qui, selon Alexandre Polihistor cité par Etienne de Byzance (4), était situé dans la dépendance de Diospolis (Hou).

Notre célèbre géographe D'Anville, après avoir combattu avec succès le père Sicard qui avait fixé la position de la ville de Lépidotum au bourg arabe Qassr-Essaïad, fait de celui-ci l'ancienne Chênoboscia (5). L'identité de ces deux noms n'est pas douteuse, et il est bien agréable pour nous de justifier à ce sujet le sentiment de ce géographe, dont la sagacité, l'érudition et la saine critique se

(1) *Histoire de l'église d'Alexandrie*, page 21.

(2) Etienne de Byzance, *de Urbibus et Populis*.

(3) Ptolémée, liv. IV, chap. v.

(4) *Loco citato.*

(5) D'Anville, *Mémoires sur l'Égypte*, pag. 193 et 194.

sont montrées avec tant d'avantages dans ses Mémoires sur l'Égypte. Plusieurs manuscrits coptes, et notamment les Actes de saint Pakhôm (1), font souvent mention d'un bourg ou d'une ville de la haute Égypte, qui est appelée *Schénését*. A son retour d'Antinoé, ⲡⲓϦⲉⲗϣⲓⲣⲓ ⲇⲉ ϩⲱϥ ⲡⲁϦⲱⲙ ⲁϥϯ ⲙ̀ⲡⲉϥⲟⲩⲟⲓ ⲉ̀ⲫⲙⲁⲣⲏⲥ ϣⲁⲛⲧⲉϥⲓ̀ ⲉ̀ⲟⲩϯⲙⲓ ⲛ̀ⲉⲣⲏⲙⲟⲥ ϫⲉ ϣⲉⲛⲉⲥⲏⲧ, « le jeune Pakhôm marcha » dans la haute Égypte jusqu'à ce qu'il fût arrivé à » un village désert nommé Schénésêt. » Ce village qui, du tems de saint Pakhôm, était presque abandonné, comme on le voit par le passage que nous venons de citer, se trouvait dans le nome de Diospolis : ⲁϥϣⲱⲡⲓ ⲛ̀ⲭⲣⲏⲥⲧⲓⲁⲛⲟⲥ ϧⲉⲛ ⲡⲑⲟϣ ϯⲟⲥⲡⲟⲥⲟⲗⲓⲥ ϧⲉⲛ ⲟⲩϯⲙⲓ ϫⲉ ϣⲉⲛⲉⲥⲏⲧ : « Il (Pakhôm) devint chrétien dans le nome de » Diospolis, dans le village de Schénésêt. » On ne peut douter que Ϣⲉⲛⲉⲥⲏⲧ ne soit le même lieu que *Chenoboscia*, puisque dans les vies des Pères, qui ne sont en grande partie que des traductions du copte, on trouve Ϣⲉⲛⲉⲥⲏⲧ par-tout où le grec porte Χηνοβοσκια. Cette observation a déjà été faite par M. Ignace Rossi (2). Au reste, tous les auteurs qui ont traité de la vie de saint Pakhôm ou Pacome, ont dit

(1) Mss. copt., Bibl. imp., n.° 69.

(2) *Etymologiæ ægyptiacæ*, page 261.

que ce saint avait reçu le baptême à *Chenoboscia.* L'égyptien ϢⲈⲚⲈⲤⲎⲦ est donc le Χηνοβοσκια des Grecs.

Schénésêt était situé sur la rive orientale du Nil, dans une coupure de la chaîne Arabique, au lieu nommé aujourd'hui *Qassr-Essaïad* (1), ce qui justifie tout ce qu'il est dit de ce bourg dans quelques passages qu'il serait trop long de rappeler ici. Nous reviendrons, dans l'article Bopos, sur la position de Schénésêt ou Qassr-Essaïad, mal indiquée par D'Anville.

Quant à la valeur du mot égyptien ϢⲈⲚⲈⲤⲎⲦ, nous doutons qu'elle ait été fidèlement rendue par le grec Χηνοβόσκια ou Χηνοβοσκιον, qui signifie l'*endroit où se nourrissent les oies*, quoique M. Ignace Rossi trouve un grand rapport entre le nom égyptien de Chenoboscia, ϢⲈⲚⲈⲤⲎⲦ, et le mot ⲔⲈⲚⲈⲤⲰⲞⲤ, qui veut dire *oie* en langue égyptienne, selon Kircher. Nous ignorons la signification de Schénésêt.

Bopos. — Phôou.

DANS les environs de la ville de Hou (Diospolis), était un bourg ou un village qui porta chez les Grecs le nom de Bopos (2).

---

(1) Sonnini, *Voyage dans la haute et la basse Égypte*, tome III, page 165.

(2) Agatharchides apud Phothium, Bibl. græc, cod. 250.

Le célèbre D'Anville a fixé sa position au village connu chez les Arabes sous le nom de *Fau-Bâasch*, qui appartient à la province de Qouss. Dans le mot *Fau* (1), on ne peut méconnaître le nom de Ⲃⲱⲟⲩ ou Ⲫⲃⲱⲟⲩ, si fameux dans les Actes de saint Pakhôm. C'est le nom que prit un monastère fondé par cet anachorète dans un ancien village appelé Ⲫⲃⲱⲟⲩ ; car il est à remarquer que presque tous les monastères fondés par les anciens Pères du désert et les saints hommes de l'Égypte, prirent toujours le nom du lieu ou de la ville près de laquelle ils étaient bâtis. L'auteur de la Vie de saint Pakhôm est formel sur ce point. Il raconte que les disciples de ce saint étant trop nombreux à *Tabennisi*, il eut une vision dans laquelle on lui dit : ϫⲉ ⲧⲱⲛⲕ ⲙⲁϣⲉⲛⲁⲕ ⲉ̀ϧⲏⲧ ⲉ̀ⲡⲁⲓ ϯⲙⲓ ⲛ̀ⲉⲣⲏⲙⲟⲥ ⲉⲧⲥⲁⲡⲉⲙϩⲓⲧ ⲙ̀ⲙⲟⲕ ⲫⲏⲉⲧⲟⲩⲙⲟⲩϯ ⲉ̀ⲣⲟϥ ϫⲉ ⲫⲃⲱⲟⲩ : « Lève-toi, marche vers ce village désert qu'on » appelle Phbôou, vers le septentrion (2). » Il résulte nécessairement de ce passage, que le village de Phbôou existait long-tems avant le monastère qui en prit le nom, puisqu'il était déjà abandonné à cette époque ; il est aussi hors de doute que les noms de

---

(1) *Bâasch* est un surnom que les Arabes lui ont donné pour la distinguer d'une autre Fau, située dans la province d'Ikhmim. Cette dernière porte le surnom de *Djoula*.

(2) Mss. copt., Bibl. imp., Vie de saint Pakhôm, n.° 69.

ⲫⲃⲱⲟⲩ et de *Bopos* ont appartenu au même lieu, et que le grec n'est que la simple corruption du nom égyptien.

Le passage que nous venons de citer, établit non-seulement l'identité de Bopos et de Phbôou, mais encore nous sert à fixer d'une manière certaine la position de ce bourg, que D'Anville a placé beaucoup trop au midi. Saint Pakhôm allant fonder un monastère à Phbôou, part de celui qu'il avait bâti précédemment près de l'île de Tabennisi, et, comme on la vu, il marche vers le nord pour arriver au terme de son voyage; Phbôou ou Bopos était donc au nord de Tabennisi, appelée par les Arabes *Djeziret-abou-Gharib*. D'Anville, au contraire, place Bopos ou Fau-Bâasch au midi de cette même île, et presque à la place que doit occuper Schénésêt, la *Chænoboscia* des Grecs, qui tient celle de Phbôou. Il faut donc nécessairement reculer Schénésêt (Chænoboscia) un peu plus au midi, et mettre Phbôou (Bopos) plus au nord de Tabennisi. Notre correction est justifiée par les voyageurs modernes, qui placent Fau-Bâasch sur la rive orientale et vis-à-vis de la ville de Hou (Diospolis) (1).

Le passage suivant, extrait des manuscrits coptes saïdiques publiés par Mingarelli, nous donne le nom

---

(1) *Nouveaux Mémoires des missions du Levant*, vol. II, page 157. — Sonnini, *Voyage dans la haute et la basse Égypte*, tome III.

de Phbôou en dialecte thébain : ⲁⲩⲱ ⲉⲧⲉⲓ ⲉⲣⲉ ⲛⲉⲥⲛⲏⲩ ϩⲛ̄ ⲣⲁⲕⲟⲧⲉ ⲁϥⲱⲕⲁϩ ϩⲙ̄ ⲡϣⲱⲛⲉ ϩⲙ̄ ⲡⲃⲟⲟⲩ ϭⲓ ⲁⲡⲁ ⲡⲉⲧⲣⲱⲛⲓⲟⲥ : « Pétrone fut affligé » d'une maladie à Phbôou, tandis que les frères » étaient à Rakoté (Alexandrie) (1). » Il est facile de voir que les Grecs ont formé Bopo-s du nom thébain Ⲡⲃⲟⲟⲩ, *Pboou*. Ils auraient dit *Phopos*, s'ils l'avaient formé selon le dialecte memphitique, d'après lequel on disait Ⲫⲃⲱⲟⲩ, comme on l'a vu plus haut.

Éthbêou ou Thbêou.

Un lieu nommé Ⲉⲑⲃⲏⲟⲩ était situé dans le nome de Hôu (Diospolis). C'est ce qui résulte de la comparaison et de l'analyse de plusieurs passages des Actes de saint Pakhôm (2). Nous en faisons grace à nos lecteurs.

Bershoout.

A cinq lieues au nord de la ville de Hou, se trouvait celle de Ⲃⲉⲣϭⲟⲟⲩⲧ. Elle était placée dans l'intérieur des terres, entre le Nil et la montagne Libyque. Bershoout était séparé du fleuve par un espace de deux lieues (3).

---

(1) Mingarelli, *Ægyptiorum codicum reliquiæ*, frag. VII, page CLXXXV.

(2) Mss. copt., Bibl. imp., n.º 69, fonds du Vatican.

(3) Sonnini, *Voyage dans la haute et basse Égypte*, tome III, pag. 153 et 159.

Son nom égyptien de Βερϭοουτ, que nous n'avons trouvé que dans un seul manuscrit (1), a été conservé dans le pays. Les Arabes nomment encore cette ville *Fardjiouth*, qui ne diffère de l'égyptien Βερϭοουτ que d'orthographe et non de prononciation, car les Coptes donnaient au B le son de V, ce qui fait prononcer le nom égyptien *Varshoout*. M. Sonnini (2) reconnaît dans la moderne Fardjiouth une ancienne ville nommée *Achantus*. Nous ignorons sur quelle autorité l'observation de cet estimable voyageur est fondée. Nos recherches ne nous ont donné aucun éclaircissement à cet égard.

Tpourané.

Sur la même rive du fleuve, au septentrion de Bershoout et à quatre ou cinq lieues de la même ville, se trouvait celle de Τπουρανη (3). Elle était située sur le bord du Nil, et avait à l'occident un canal qui sortait du fleuve vers un lieu placé entre Hôu et Bershoout. Il est fait mention de cette ville que les Arabes appellent *Bouliena* (4), et qu'ils comprenaient dans la province de Qouss, dans l'ouvrage

(1) Mss. copt., Bibl. imp., n.° 43, f.° 58 versò.

(2) Voyage cité, page 159.

(3) Mss. copt., Bibl. imp., n.° 43, f.° 58 versò.

(4) M. Silvestre de Sacy, *État des villes et villages de l'Égypte*, page 702, n.° 7.

de Mourtadhi, sur l'Égypte; selon cet auteur, ce lieu fut le théâtre des enchantemens d'un célèbre magicien copte, du tems des rois de race égyptienne.

Lepidotum.

Près de la ville que les Égyptiens nommaient *Tpourané*, était celle de *Lepidotum* que Ptolémée (1) et D'Anville placent à une petite distance de Bouliena, sur la rive opposée du fleuve. Le géographe grec est formel à cet égard, ce qui doit empêcher de les confondre entre elles. Le nom de Λεπιδοτον est grec, et fut donné à cette ville à cause d'un poisson du Nil que les Grecs nommaient ainsi, et qu'ils crurent avoir été en grande vénération dans ce lieu. Nous avons vu, dans l'article de Latopolis, quel fonds on doit faire sur le culte des poissons parmi les Égyptiens.

Psjôsj.

Le bourg de Ⲡϫⲱϫ était du nome de Hou. Dans les Actes de S. Pakhôm, il est parlé de ⲡⲉⲧⲣⲱⲛⲓⲟⲥ ⲟⲩⲣⲉⲙⲡϫⲱϫ ⲡⲉ ⲛ̀ⲧⲉ ⲡⲑⲟϣ ⲛ̀ϩⲱ : « Pétrone » qui était de Psjôsj du nome de Hô. » La position de Psjôsj ne nous est pas bien connue, quant aux circonstances locales.

---

(1) Ptolémée, *Géographie*, liv. IV.

SECTION SECONDE.

ÉGYPTE MOYENNE.

Abydos.

Sur la rive occidentale du Nil et à plusieurs lieues au nord de *Hou*, était une ville que les Grecs nommèrent ensuite *Abydos*. Elle fut le séjour d'un roi d'Égypte, appelé *Memnon* par les uns, et *Ismandès* par les autres. Sous les Pharaons, Abydos fut sans doute une place importante, et l'étendue de ses ruines nous indique sa magnificence et son antique splendeur. Elle était placée à l'entrée du désert qui conduisait à la grande Oasis. Les habitans de cette île fertile au milieu des sables, faisaient le commerce avec l'intérieur de l'Afrique, et par conséquent Abydos dut être le débouché des marchandises. Quoique le négoce ne fût peut-être pas fort considérable, il dut contribuer néanmoins à la prospérité d'Abydos, attestée encore aujourd'hui par les restes de plusieurs monumens considérables. Nous puiserons dans le Voyage de Savary la description de ses temples.

Un portique de soixante pieds de hauteur et soutenu par deux rangs de grosses colonnes, se présentait d'abord aux regards du voyageur. Ce portique, aujourd'hui isolé, donnait entrée dans un magnifique édifice qui n'existe plus. Au-delà, se trouvait un temple de trois cents pieds de long, sur une largeur de cent quarante-cinq. Le portique de ce monument sacré fut composé de vingt-huit colonnes de soixante pieds de haut, et de dix-neuf de circonférence à la base. L'entrecolonnement était de douze pieds, et le plafond couvert de sculptures, comme tous les murs intérieurs et extérieurs, était formé de grandes pierres qui s'étendaient d'une colonne à l'autre. En entrant dans le temple, on se trouvait dans une vaste salle de quarante-six pieds de long sur vingt-six de largeur, dont le plafond posait sur quatre grands piliers; elle communiquait à une autre bien plus considérable, puisque sa longueur était de soixante-quatre pieds. Six lions, placés comme ceux du temple de Tenthôri, servaient de gouttière pour faire écouler les eaux qu'on versait sur la plate-forme du temple. A gauche de ce superbe monument, on voyait un second temple plus petit, mais dont les formes ne le cédaient point en élégance à celles du premier. Du tems de Strabon, ils étaient environnés d'un bois d'acacias (1), dont les fleurs et l'agréable verdure devaient contraster avec la sévérité et le grandiose de l'architecture égyptienne.

Nous ignorons à quel roi du canon de Manéthon répond le *Memnon* ou l'*Ismandès* des Grecs. Ce

---

(1) Strabon, liv. XVII.

dernier nom est égyptien, et nous paraît être le même que celui du famaux Osymandias, dont il ne diffère que par les voyelles. Ce roi est placé par Manéthon parmi ceux de la douzième race des rois d'Égypte, sous le nom de *Sesokhris*, qu'il fait régner environ 3400 ans avant l'ère vulgaire, comme on le pourra voir dans notre histoire des Pharaons. Les monumens d'Abydos remonteraient à cette époque, si toutefois c'est à ce prince qu'on doit en attribuer la fondation (1).

Le père Kircher ayant trouvé dans un manuscrit copte le nom de Ⲛⲓⲫⲁⲓⲁⲧ, crut devoir l'appliquer à Αϐυδος (2), parce qu'il trouvait quelques rapports de prononciation entr'eux, sur-tout en défigurant le nom égyptien et l'écrivant Ⲁⲃⲁⲓⲁⲧ (3), *Abaïad*, qui, en effet, sous cette forme empruntée, ressemble à Abydos. Mais il est nécessaire d'observer que la licence que se donne ici le père Kircher, est contre toutes les règles avouées par la saine critique. Ⲛⲓⲫⲁⲓⲁⲧ ne fut point le nom d'Abydos, mais bien celui d'un lieu de la basse Égypte, appelé par les Grecs *Marea* ou *Mareotis*. C'est ce que prouvent le manuscrit copte que Kircher lui-même a consulté,

---

(1) Strabon, liv. XVII.

(2) Kircher, *Œdipus œgyptiaçus*, tome I; *Chorographia Ægypti*, chap. V.

(3) *Ibidem*.

ainsi qu'un grand nombre d'autres (1), puisque le nom arabe correspondant est *Mariouth*, nom que porte encore la *Mareotis* des Grecs. L'auteur de l'Œdipus a prévu cette objection, et s'est vu dans la nécessité de supposer qu'Étienne de Byzance assurait que la ville d'Abydos en haute Égypte porta aussi le nom de *Mareotis* (2). Cependant cet auteur grec ne fait aucune mention de cela, et dit seulement Αβυδοι.... — κατ' Αιγυπτον των αυτων αποικος απο Αβυδȣ τινος κληθεισα. *Abydos*, — *ville d'Égypte, colonie (milésienne) qui prit son nom d'un certain Abydos.* Cette manière du P. Kircher n'est pas sans exemple, sur-tout chez les auteurs qui veulent tout expliquer. L'opinion d'Étienne de Byzance, qui fait de l'Abydos d'Égypte une colonie milésienne, n'est pas moins hasardée, et ne mérite point qu'on la réfute. Le vrai nom égyptien de cette ville nous est inconnu. Ses ruines sont appelées par les Arabes *Elberbi*, c'est-à-dire *le Temple*.

This.

Dans la partie occidentale de l'Égypte, c'est-à-dire entre le Nil et la chaîne Lybique, fut une petite ville ou bourg appelé Θεις (3), rendu célèbre

(1) Mss. copt., Bibl. imp., n.° 17, suppl. Saint-Germain. — N.° 64, Vatican, f.° 156 recto. — Doxolog., mss. page 209 et suiv.

(2) *Hanc Abydum et Mareotin quoque vocatam Stephanus ait.* Kircher, *Œdip. ægypt.*, tome I, chap. V, page 44.

(3) Ptolémée, liv. IV.

par les systèmes modernes sur le synchronisme des dynasties égyptiennes. Son nom égyptien dut être indubitablement *This* ou *Thi*. Le géographe Ptolémée est le seul qui parle de This, ce qui est très-étonnant, si cette ville a joué, comme on le croit, un rôle aussi important dans les affaires politiques de l'Égypte.

Ptolemaïs. — Psoi.

Le nome égyptien qui précédait celui de Panopolis était celui de Psoi, dont une ville de ce nom était la capitale.

D'après une longue nomenclature de noms égyptiens de villes disposés par ordre géographique (1), il nous paraît que Psoi était situé entre Abydos et Panopolis. Le nom arabe qui accompagne le nom égyptien écrit Ⲯⲟⲓ (2) ou Ⲯⲱⲓ (3), est *Absaï* ou *Ibsaï* (4). Le père Vansleb range Psoi, qu'il appelle en copte *Absaï* (pour Psoi), au nombre des évêchés de l'Égypte (5) ; il donne pour son nom arabe celui de *Minséié*, et la place près de Djirdjé.

---

(1) Mss. copt., Bibl. imp., fonds de Saint-Germain, suppl., n.° 17.

(2) Mss. copt., Bibl. imp., n.° 44, f.° 79 versò. — *Id.*, suppl. Saint-Germain, n.° 17.

(3) Mss. copt., Bibl. imp., n.° 46. — *Id.* n.° 43, f.° 58 versò. — Kircher, page 210.

(4) Mss. copt., Bibl. imp., n.° 44. — *Id.* Saint-Germain, n.° 17.

(5) Vansleb, *Histoire de l'église d'Alexandrie*, page 22.

Son témoignage est confirmé par un vocabulaire copte et arabe, qui rend le nom de lieu Ψωι par l'arabe *Monschah* ou *Monschat* (1). On trouve dans un état arabe des provinces et des villages de l'Égypte, *Minschat-Ikhmim*, comme faisant aujourd'hui partie de la province d'Ikhmim (2). C'est indubitablement le lieu appelé dans la carte de l'Égypte moderne de D'Anville, *Memshiet-el-Nèdé*. Psôi, Ψωι, qui est le même lieu, se trouvait donc placé entre Abydos et Panopolis, sur la rive occidentale du Nil et un peu éloigné de ce fleuve.

Le nom égyptien de cette ville, Ψωι ou Ψοι, se trouve plus correctement orthographié Πcωι ou Πcoι dans plusieurs manuscrits coptes (3) ; car la lettre Ψ n'est autre chose que le Ψ des Grecs, et n'a jamais appartenu à l'alphabet égyptien. Les Coptes ne l'employèrent que comme abréviation des lettres π et c. Le mot coι ou πcoι signifie *dorsum*, *trabes* en langue égyptienne. La situation de Psoi n'étant pas connue d'une manière parfaite, nous ne pouvons juger jusques à quel point la valeur de son nom égyptien était en rapport avec la localité même.

---

(1) Mss. copt., Bibl. imp., n.° 46.

(2) *État des provinces et des villages de l'Égypte*, publié par M. de Sacy, à la suite de sa traduction d'Abd-Allatif, page 701.

(3) Zoëga, *Catalog. manuscript. musæi Borgiani*, pag. 34, 61 et suiv.

La ville de Psoi fut autrefois la capitale d'un nome, car les manuscrits égyptiens ou coptes font souvent mention du ⲡⲑⲟϣ ⲡⲥⲟⲓ, *le nome de Psoi* (3). On trouve aussi ⲡⲑⲟϣ ⲛ̀ⲥⲟⲓ, *le nome de Soi* (4), où l'on observe le nom égyptien ⲡⲥⲟⲓ, privé de son article masculin ⲡ. Strabon et Ptolémée n'ont point parlé de cette ville ni de sa préfecture, ce qui semblerait établir que sous les Pharaons, *Soi* n'était point au nombre des nomes; mais Hécatée, cité par Étienne de Byzance (5), lève toute espèce de doute à cet égard. Il faisait mention dans ses ouvrages qui sont perdus, d'une ville d'Égypte qu'il nommait Συις, mot qui n'est évidemment qu'une corruption du vrai nom ⲥⲟⲓ; et le νομος Συΐτης, du même auteur, n'est autre chose que le ⲡⲑⲟϣ ⲛ̀ⲥⲟⲓ des Égyptiens.

Après la chûte de l'empire d'Égypte, Psoi devint une ville considérable et prit le nom de *Ptolémaïs*. Elle fut alors la seconde ville de la haute Égypte, et la capitale du nome Thinites de Ptolémée. Peut-être est-ce la ville que les Grecs appelèrent This.

Dans un manuscrit de la Bibliothèque impériale provenant de celle du Vatican, et qui contient les

---

(3) Mss. copt., Bibl. imp., n.° 66, Actes de S.t Schenouti.

(4) *Ibidem.*

(5) Étienne de Byzance, au mot Συις.

Actes de saint Schenoudi, on lit le passage suivant : ⲁⲥϣⲱⲡⲓ ⲇⲉ ⲟⲛ ⲛ̀ⲟⲩⲥⲏⲟⲩ ⲉ̀ⲣⲉ ⲛⲓⲃⲁⲗⲛⲉⲙⲙⲱⲟⲩⲓ ⲉ̀ϧⲏⲧ ⲛ̀ⲥⲉϭⲓ ⲛ̀ϩⲁⲛ ⲡⲟⲗⲓⲥ ⲟⲩⲟϩ ⲛ̀ⲥⲉⲉⲣⲭⲙⲁⲗⲱⲧⲉⲩⲓⲛ ⲛ̀ⲛⲓⲣⲱⲙⲓ ⲛⲉⲙ ⲛ̀ⲟⲩⲧⲉⲃⲛⲱⲟⲩⲓ ⲁⲩⲓ ⲉ̀ⲣⲏⲥ ⲛⲉⲙ ϯⲉⲭⲙⲁⲗⲱⲥⲓⲁ ⲧⲏⲣⲥ ⲟⲩⲟϩ ⲁⲩⲟⲩⲟϩ ⲉ̀ⲃⲟⲗϧⲉⲛ ⲡⲑⲟϣ Ⲯⲟⲓ : « Il arriva dans ce tems-là » que les Balnemmôoui (1) vinrent vers le nord, » s'emparèrent des villes, et firent prisonniers des » hommes et des troupeaux ; ils retournèrent dans » le midi avec leur butin, et s'arrêtèrent dans le » nome de Psoi. » Zoëga ayant donné ce même texte d'après un manuscrit de la collection du cardinal Borgia, a écrit ϯⲟⲓ, *Tioi*, au lieu de Ⲯⲟⲓ, et l'a rendu par *nommum Tioi* (2). Cette erreur de copiste vient de ce qu'il est fort aisé de confondre le Ⲯ avec le ϯ.

Psenhôout *ou* Psemhôout.

Psenhôout faisait partie du nome de Psoi. On lit dans un manuscrit copte (3) : ⲟⲩϯⲙⲓ ϫⲉ ⲡⲥⲉⲛϩⲱⲟⲩⲧ

---

(1) Les *Balnemmôoui* sont les peuples habitant entre l'Égypte et la Mer-Rouge. Les anciens les appelèrent *Blemmyes*, corruption évidente de *Balnemmôoui.*

(2) Zoëga, *Catalog. mss. musœi Borgiani*, pag. 26 et 40.

(3) Mss. copt., Bibl. imp., n.° 66, Actes de S.t Schénoudi. Dans les mêmes actes, on parle du bourg de Ⲕⲟⲙⲉⲛⲧⲓⲟⲥ. Il était dans le nome de Psoi, ou celui de Panopolis. Ⲕⲟⲙⲉⲛⲧⲓⲟⲥ n'est pas égyptien.

ⲡⲥⲉⲛϩⲱⲟⲩⲧ ϧⲉⲛ ⲡⲑⲟϣ ⲡⲥⲟⲓ, *le bourg de Psenhôout, dans le nome de Psoi.* Il est écrit Ⲥⲉⲙϩⲱⲟⲩⲧ, *Semhôout*, dans une nomenclature manuscrite (1). Son nom arabe est *Samhout;* ce dernier se trouve dans l'état précité des provinces et des villages de l'Égypte, comme appartenant à la province arabe de Qouss (2).

Panopolis. — Schmin *et* Chmim.

Cette ville exista sur la rive orientale du Nil, au nord et à peu de distance de This. Strabon la donne comme une des plus anciennes villes de l'Égypte : Πανων πολις λινουργων και λιθουργων κατοικια παλαια. *Panopolis*, dit-il, *est l'antique demeure d'hommes travaillant le lin et taillant les pierres* (3). Cette périphrase indique seulement la haute antiquité de cette ville, et sa fondation dès les tems les plus reculés par les Égyptiens (4), qui travaillaient tous le lin et qui taillaient des pierres, comme l'attestent les monumens nombreux qui ornent leur patrie. Diodore rapporte (5) que les Égyptiens bâtirent la ville de Πανος πολις en mémoire de Pan, qui accompagna Osiris

(1) Mss. copt., Bibl. imp., n.° 43, f.° 79.

(2) M. Silvestre de Sacy, *Traduction d'Abdallatif*, page 703, n.° 27.

(3) Strabon, liv. XVIII.

(4) *Ichmin* (Panopolis) *vetustissimam totius ægyptii civitatem.* Léon l'Africain, *Description de l'Afrique*, liv. VIII.

(5) Diodore de Sicile, liv. I, page 16.

dans toutes ses expéditions. Mais il nous semble que cette tradition n'est pas d'origine égyptienne, et nous croyons que les Grecs inventèrent eux-mêmes beaucoup de circonstances de la vie de l'Osiris des habitans de l'Égypte, pour le faire ressembler à Διονυσος (Bacchus) avec lequel Osiris avait des rapports frappans, selon les idées des Grecs. Il n'est pas moins vrai cependant, qu'à Panopolis le dieu qu'on adorait, était celui de la génération et de la multiplication des êtres. C'était, à proprement parler, *Dieu générateur, créateur et fructificateur.* Étienne de Byzance, en nous donnant la description du simulacre de la divinité de Panopolis, nous en fournit une preuve irréfragable : Εςι δε και του θεου αγαλμα μεγα, ορθιακον εχον το αιδοιον εις επτα δακτυλυς· επαιρει τε μαςιγας τη δεξια σεληνη ης ειδωλον φασιν ειναι τον πανα: *Est etiam Dei magnum signum, quod habebat pudendum arrectum, circiter septem digitorum. Dexteraque intentat flagellum lunæ infligere, cujus idolum aiunt esse Pana* (1). Cette statue avait la même forme et représentait la même divinité que celle du temple de Qarnac à Thèbes ; c'était Dieu *auteur de la fertilité.* Le temple de ce dieu à Panopolis était magnifique. Ses ruines furent dans la suite célèbres chez les Arabes (2). Il n'en existe plus

---

(1) Steph. Byzant., *de Urbib. et Popul.* verbo πανος.

(2) Aboulféda, *Géographie*, article *Akhmim*, page 212, édit. de Démétrius Alexandrides, à Vienne, 1807.

maintenant que de grands blocs de pierres ornés d'hiéroglyphes qui conservent encore quelques restes de peinture.

Diodore de Sicile nous apprend lui-même le nom égyptien de cette ville : Χαλουμενην μεν υπο των εγχωριων Χεμμιν (1). « Les habitans du pays, dit-il, l'ap» pelaient *Chemmin* » ou *Chemmis* (2). Ce nom est évidemment le même que le copte ou égyptien Ϣⲙⲓⲛ, *Schmin* (3), que l'on trouve aussi écrit dans les livres coptes Ⲭⲙⲓⲙ, *Chmim* (4). Ils appartiennent tous les deux à la ville que les Arabes nomment *Akhmim* ou *Ikhmim* (5), et que D'Anville

---

(1) Diodore de Sicile, liv. I, page 10.

(2) On a traduit cet accusatif par le nominatif présumé, qui est *Chemmis*, Χεμμις ; cependant Χεμμιν ressemble exactement au nom égyptien. Nous avons cru devoir écrire *Chemmin*, et non *Chemmis*.

(3) Mss. copt., Bibl. imp., n.° 17, suppl. Saint-Germain, page ⲣϥⲃ. — Id. n.° 44, ancien fonds, f.° 79 versò; n.° 43, f.° 58 versò.

(4) Mss. copt., Bibl. imp., n.° 46, ancien fonds; n.° 43, f.° 58 versò.

(5) Mss. copt., Bibl. imp., n.° 44, f.° 79 versò. — Dans les livres coptes on trouve souvent les noms égyptien et grec de Panopolis réunis sous cette forme : Ϣⲙⲓⲛ-ⲠⲀⲚⲞⲤ. Zoëga, *Cotalog. manuscript. musœi Borgiani*, page 241. — Mss. copt., Bibl. imp., n.° 43, f.° 58 versò.

fait correspondre à la Panopolis des anciens. *Ikhmim* n'est autre chose que le nom égyptien, précédé de l'alif euphonique placé par les Arabes devant les noms étrangers, sur-tout lorsqu'ils commencent par deux consonnes.

L'identité de *Schmin* ou *Chmim* avec la Panopolis des Grecs ne peut être contestée, car nous avons trouvé dans les livres coptes Ⲡⲁⲛⲟⲥ (qui est le grec Πανος) comme correspondant à l'égyptien Ϣⲙⲓⲛ; et parmi les Coptes, ⲡⲓⲣⲉⲙⲡⲁⲛⲟⲥ, *Pirempanos*, et ⲛⲓⲣⲉⲙⲡⲁⲛⲟⲥ, *Nirempanos*, étaient synonymes avec l'arabe *Ikhmimi* et *Ikhmimioun*, *habitant et habitans d'Ikhmim*, et avec l'égyptien ⲡⲓⲣⲉⲙϣⲙⲓⲛ, *Piremschmin*, *Panopolitanus* (1).

Nous relèverons ici une erreur de Kircher, qui présente Ⲡⲁⲛⲁⲩ, *Panaou*, comme le nom copte de la ville de Panopolis (2). Nous ferons voir dans la la suite que la ville de Ⲡⲁⲛⲁⲩ, qui est appelée *Bana* par les Arabes, se trouve dans la basse Égypte, et ne peut par conséquent être confondue avec Panopolis de l'Égypte supérieure.

Jablonski s'est efforcé de prouver dans son *Panthéon*, que le nom égyptien de Pan, Ϣⲙⲓⲛ, *Schmin*, qu'il écrit Ϣⲙⲟⲩⲛ, *Schmoun*, devait avoir la valeur

(1) Tuki, *Rudimenta linguæ coptæ*, pag. 6 et 7.
(2) *Œdip. ægypt. chorograph. Ægypti*, page 41.

de *huitième*, *octavum* ; et pour expliquer pourquoi les Égyptiens donnèrent à un de leurs grands dieux le nom de *Huitième*, ce qui en effet est assez extraordinaire, il suppose qu'ayant adoré primitivement les *sept* planètes, ce peuple créa un nouveau dieu qu'il appela *Huitième* (1). Cette conjecture, aussi singulière que hasardée, repose principalement sur ce qu'Hérodote (2) assure que Pan était du nombre des *huit* grands dieux des Égyptiens ; mais il n'est pas dit pour cela que ce fût le huitième, et qu'il s'appelât ainsi. Nous ferons encore observer que dans la langue égyptienne, ϢⲘⲞⲨⲚ, *Schmoun*, ou ϢⲘⲎⲚ, *Schmên*, signifie seulement *octo*, *huit*, et non pas *octavus*, *huitième* (3).

Nous allons présenter ici notre sentiment sur la valeur de ϢⲘⲒⲚ et de ⲬⲘⲒⲘ (4). Le nom arabe écrit *Ikhmim* par un *kha*, semble autoriser d'écrire le nom égyptien par un Ϧ, *Khei*, ce qui donnerait alors ϦⲘⲒⲘ, dont l'analogie est incontestable avec la racine ϦⲘⲞⲘ, *incalescere*, *fervere*, *calefieri* en dialecte memphitique, ce qui, en haute Égypte, produisit ϨⲘⲒⲘ, semblable à ϨⲘⲞⲘ, racine thébaine,

(1) *Pantheon Œgyptior.*, lib. II, cap. VII, pag. 300 et 301.

(2) Hérodote, lib. II, §. XLVI.

(3) Voy. les grammaires et les dictionnaires.

(4) Léon l'Africain écrit *Ichmin*, ce qui est le nom égyptien ϢⲘⲒⲚ, *Arabisé* ; Leo Afric., lib. VIII.

qui a la même valeur que le bahirique ϧⲙⲟⲙ (1); et comme *hori*, ϩ, et *chi*, ϫ, sont deux aspirations, on a pu facilement les confondre : de ϩⲙⲓⲙ se sera formé ϫⲙⲓⲙ (2), d'où les Grecs firent Χέμμις. Comme les lettres ϫ et ϣ se mettent l'une pour l'autre dans la langue copte (3), et que leur prononciation est très-souvent la même, on aura écrit ϣⲙⲓⲙ au lieu de ϫⲙⲓⲙ, et par corruption ϣⲙⲓⲛ. Il se peut même que l'ancienne langue égyptienne possédât la racine ϣⲙⲓⲛ comme synonyme de ϧⲙⲓⲙ ou ϧⲙⲟⲙ, et que, comme cette dernière, elle signifiât *incalescere, calefieri*.

Le nom de ϫⲙⲓⲙ, *incalescens, fervens*, convient parfaitement au dieu générateur et fructificateur, et ceci peut être une preuve non-équivoque en faveur de notre opinion. Il nous paraît vraisemblable que

---

(1) Pour justifier pleinement notre conjecture, nous remarquerons qu'en memphitique on dit ϧⲉⲙ, ϧⲏⲙ et ϣⲱⲙ indifféremment, pour exprimer l'idée de *chaleur* et celle de *brûler*.

(2) Mss. copte, Bibliothèque impériale, n.° 46 et n.° 43.

(3) Les Coptes les ont confondues même dans les mots grecs. C'est ainsi, par exemple, qu'on trouve ⲡⲉⲛⲓⲱⲧ ⲁⲃⲃⲁ Ϣⲉⲛⲟⲩϯ ⲡⲁⲣϣⲓⲙⲁⲛⲇⲣⲓⲧⲏⲥ : « Notre père l'abbé » Schénouti, *Arschimandrite;* » ⲁⲣϣⲓⲙⲁⲛⲇⲣⲓⲧⲏⲥ, pour ⲁⲣϫⲓⲙⲁⲛⲇⲣⲓⲧⲏⲥ, *Archimandrités*. Liturg. basil., page 20; Lacroze, page 126.

l'on doit chercher l'origine de Ⲭⲙⲓⲙ, et peut-être même de ϣⲙⲓⲛ, dans la racine ϧⲙⲟⲙ. Dans une liste de mots usités parmi les habitans de Syouah, appelée autrefois *Oasis d'Ammon* et dépendante de l'Égypte, nous avons trouvé un mot qui appartenait sans doute à la langue égyptienne, et qui est dérivé de la racine ϧⲙⲟⲙ, *Khmom* (1); c'est *Akhmoun* qui veut dire *penis*, *membrum virile*, attribut principal du dieu de Ⲭⲙⲓⲙ, et qui était figuré sur les statues de cette divinité dans la même ville. Enfin, Pan et Priape ont eu chez les Grecs des attributions à-peu-près semblables, et ont présidé à la multiplication des êtres et à la fertilité de la terre. Nous dériverons donc l'étymologie du nom de la ville de *Chmim*, de ces diverses circonstances.

Thmoui-Am-Panéhêou.

Vis-a-vis de Schmin était une île de peu d'étendue. On trouve dans les Actes et les Miracles de S.t Schénouti (2) le nom de cette île ; ce fut *Thmoui-an-Panéhéou*. Voici ce que porte le texte : Ⲙⲉⲛⲉⲛⲥⲁ ⲛⲁⲓ ⲛⲉ ⲟⲩⲟⲛ ⲟⲩ ⲙⲟⲩⲓ ⲥⲁⲡⲉⲙⲉⲛⲧ ⲙ̀ⲫⲓⲁⲣⲟ

(1) *Voyage de Hornemann dans l'Afrique septentrionale*, page 37.

(2) Mss. copte, Bibl. imp., n.° 66, Actes de saint Schénouti.

ⲉϥϣⲁⲩⲙⲟⲩϯ ⲉ̀ⲣⲟⲥ ϫⲉ ⲑⲙⲟⲩⲓ ⲙ̀ⲡⲁⲛⲉϩⲏⲟⲩ ⲉⲥⲭⲏ ⲙ̀ⲡⲉⲙⲑⲟ ⲉ̀ⲃⲟⲗ ⲛ̀ϯⲡⲟⲗⲓⲥ ϣⲙⲓⲛ : « Il y » avait une île située vers le bord occidental du » fleuve (le Nil). On l'appelait *Thmoui - Ampa-* » *néhéou;* elle était en face de la ville de *Schmin* » (Panopolis). Cette île était cultivée et couverte de jardins. Saint Schénouti la fit miraculeusement disparaître sous les eaux. Le nom de Ⲑⲙⲟⲩⲓ ⲙ̀ⲡⲁ ⲛⲉϩⲏⲟⲩ signifie mot à mot *l'île de l'endroit où il y a des Bœufs*, ou simplement *l'île des Bœufs*, *l'île aux Bœufs*.

Pléuit.

Dans le voisinage de Schmim était un lieu appelé Ⲡⲗⲉⲩⲓⲧ. La Vie du même St Schénouti, écrite en dialecte thébain (1), dit que les habitans de Ϣⲙⲓⲛ et de Ⲡⲗⲉⲩⲉⲓⲧ accusèrent ce saint d'avoir renversé les statues des dieux dans les temples de ces villes. Les Actes memphitiques que nous avons cités dans l'article précédent, rapportent, avec détail, comment St Schénouti brisa les idoles des temples de Pléuit. Cette dernière ville faisait sans doute partie de la préfecture de Schmin. Nous ignorons la valeur de son nom.

(1) *Catalog.*, *mss. musæi Borgiani*, page 378.

Tsminé.

Ce lieu se trouvait aussi près de la ville de Schmim. Il en est fait mention dans la Vie de saint Pakhôm (Pacome); on y lit (1) : ⲁϥϣⲉ ⲉ̀ϧⲏⲧ ⲉ̀ⲡⲓⲕⲱϯ ⲛ̀ϣⲙⲓⲛ ϯⲡⲟⲗⲓⲥ ⲁϥⲕⲱⲧ ⲛ̀ⲕⲉⲙⲟⲛⲏ ϧⲉⲛ ⲡⲓⲙⲁ ⲉⲧⲉⲙⲙⲁⲩ ⲉⲩⲙⲟⲩϯ ⲅⲁⲣ ⲉ̀ⲣⲟⲥ ϫⲉ ⲧⲥⲙⲓⲛⲉ : « Ce saint s'étant rendu vers le septentrion, aux » environs de la ville de Schmin, y bâtit un monastère » qu'on appelle Tsminé. » Il est probable que le nom de *Tsminé* appartint d'abord à une ville qui exista bien long-tems avant que l'on construisît dans son voisinage un monastère qui porta son nom; car tous les monastères de l'Égypte, fondés par saint Pakhôm, prirent tous leurs noms des villes, des villages ou des montagnes près desquels ils étaient situés. La valeur du mot Ⲧⲥⲙⲓⲛⲉ ou Ⲥⲙⲓⲛⲉ nous est inconnue. Le seul mot égyptien qui en approche, est celui de Ⲥⲙⲟⲩⲛⲉ, *Smouné*, nom d'oiseau dont l'espèce n'est pas fixée.

Schenalolêt.

Ce village dépendait du nome de Schmin (Panopolis), comme l'indique la Vie de S.t Schénouti, écrite par Bisa, son disciple : ⲛⲉⲟⲩⲟⲛ ⲟⲩϯⲙⲓ ϫⲉ ϣⲉⲛⲁ-

(1) Mss. copt., Bibl. imp., n.° 69, fonds du Vatican.

ⲗⲟⲗⲏⲧ ϧⲉⲛ ⲡⲑⲟϣ ϣⲙⲓⲛ : « Il est un village du » nome de Schmin, appelé *Schenalolêt* (1). » Il paraît que ce lieu abondait en plantations de vignes, car le nom de ce village signifie *vigne* en égyptien. Il devrait plus régulièrement être écrit ϣⲉⲛⲁⲗⲟⲗⲓ, à moins que ⲁⲗⲟⲗⲏⲧ ne fût un synonyme de ⲁⲗⲟⲗⲓ, comme on dit ⲃⲏⲧ pour ⲃⲁⲓ, *palme, branche de palmier.*

Crocodolipolis. — Atripé.

Cette petite ville était au nord de Schmin et sur la rive occidentale du Nil.

Le nom d'*Atribé*, écrit aussi *Adribé* (2), paraît avoir été le nom égyptien primitif. Dans un fragment d'un ancien manuscrit thébain, appartenant à la Bibliothèque du chevalier Nani, à Venise, et qui a été publié par le père Mingarelli, nous avons remarqué le passage suivant : ⲡⲁⲓ ⲡⲉ ⲁⲛⲧⲱⲛⲓⲟⲥ ⲡⲁⲓ ⲡⲉ ⲡⲁϩⲱⲙ ⲡⲁⲓ ⲡⲉ ⲑⲉⲟⲇⲱⲣⲟⲥ ⲙⲛ ⲡⲉⲧⲣⲱⲛⲓⲟⲥ ⲡⲁⲓ ⲡⲉ ⲁⲡⲁ ϣⲉⲛⲟⲩⲧⲉ ⲡⲁⲡⲧⲟⲟⲩ ⲛⲁⲧⲣⲏⲡⲉ : « Voilà Antoine, Pachome, Théodore » avec Petrone; voilà l'abbé *Schenouté* (3), *habitant*

(1) Mss. copt., Bibl. imp., n.° 66.

(2) M. Sylvestre de Sacy, trad. d'Abdallatif. *État des provinces de l'Égypte*, page 700, prov. d'Ikmim, n.° 2.

(3) *Ægyptiorum codic. reliquiæ*, frag. X, page CCLXXV.

» *du mont d'Atripé.* » Nous pensons que ce mont ⲁⲧⲣⲏⲡⲉ est la partie de la chaîne Libyque contre laquelle Crocodilopolis, appelée ⲁⲧⲣⲏⲡⲉ par les Égyptiens, était autrefois adossée. Ce qui nous porte à le croire, c'est que ce nom ne peut s'appliquer à aucun autre endroit de la haute Égypte ; et la lecture du morceau copte que nous avons cité, ne permet pas de chercher le mont d'Atripé, ⲡⲧⲟⲟⲩ ⲛⲁⲧⲣⲏⲡⲉ, ailleurs que dans l'Égypte supérieure.

Au reste, un manuscrit copte confirme pleinement notre conjecture. On y lit que ⲁⲧⲣⲏⲃⲓ (ce qui est une des manières d'écrire en dialecte memphitique le nom thébain ⲁⲧⲣⲏⲡⲉ) était située dans le nome de Schmin (Panopolis) (3). Près d'Atripé, sur le bord occidental du Nil, était un village où l'on adorait une idole appelée *Kotho* (4). Nous reviendrons sur ce passage dans la partie de notre ouvrage relative à la religion des Égyptiens.

Aphroditopolis. — Atbô.

Cette ville, au nord et à peu de distance d'Atripé, dépendait probablement de son nome.

Le nom d'*Idfou* que porta l'Aphroditopolis des Grecs, se retrouve, ainsi que nous l'avons vu, dans la partie la plus reculée de la Thébaïde, comme nom

(3) Mss. copt., Bibl. imp., fonds du Vatican, n.° 68.

(4) *Idem.*

arabe de la grande Apollinopolis des Grecs, dont le nom égyptien fut Atbô. Cette conformité nous paraît suffisante pour nous faire avancer que l'Aphroditopolis des Grecs, appelée également *Idfou* par les Arabes, était aussi connue dans le pays sous celui d'ⲁⲧⲃⲱ. Au reste, nous ne l'avons jamais rencontré dans aucun manuscrit copte.

Phbôou-Tsjéli.

PHBÔOU-TSJÉLI était placé à égale distance de Schmin (Panopolis) et de la ville que les Grecs nommèrent Antœopolis, à six lieues environ au nord de l'une, et au midi de l'autre; assis sur la rive orientale et sur le penchant de la chaîne Arabique, ce bourg ou cette petite ville dépendit probablement du nome de Schmin.

Cette ville n'est point mentionnée dans les livres coptes, ni dans les anciens géographes grecs et latins. Nous avons été conduits à le regarder comme une ville égyptienne, par le nom de Faou-Djéli qu'il porte parmi les Arabes. En effet *Faou*, comme nous l'avons prouvé ci-dessus (1), n'est que la corruption arabe de l'égyptien ⲃⲱⲟⲩ, et *Djéli*, qu'on prononce aussi *Djola*, n'est autre chose que le mot égyptien ⲧϫⲉⲗⲓ que nous avons trouvé appartenir à d'autres lieux de l'Égypte (2). Le nom seul de ⲫⲃⲱⲟⲩ

(1) Voyez l'article *Bopos*.

(2) *Catalogus manuscritor. copticor. musæi Borgiani*, p. 134.

ⲧϫⲉⲗⲓ prouve l'existence de cette ville du tems des Égyptiens, et le surnom qu'elle porte vient à l'appui de notre sentiment; car en Égypte il existait, comme notre ouvrage en offre de nombreux exemples, plusieurs villes qui portaient le même nom. Les anciens Égyptiens durent les distinguer par des surnoms ou des épithètes. Ainsi, par exemple, deux villes de l'Égypte avaient en commun le nom de Ⲡⲁⲛⲟⲩϥ; l'une fut surnommée ϦⲎⲦ, c'est-à-dire *Panouf du ventre* ou *du septentrion*, et l'autre ⲢⲎⲤ, ou *Panouf du midi*. Il en était de même quant au nom de *Phbôou* qui appartenait à deux villes, et l'une d'elles, que les Grecs appelèrent *Bopos*, fut distinguée de *Phbôou-Tsjéli*, par la syllabe *Bâs* ou *Bâsch*.

Le surnom de ⲧϫⲉⲗⲓ dérive de la racine égyptienne ϫⲟⲗ ou ϫⲉⲗ, qui signifie *empêcher*, *défendre*, et nous croyons que ϫⲉⲗⲓ ou ⲧϫⲉⲗⲓ désignait un *poste militaire*. Nous aurons bientôt l'occasion d'en offrir une preuve.

Par ces diverses considérations et ces rapprochemens, nous pensons avoir établi d'une manière certaine l'existence de Phbôou-Tsjéli chez les anciens Égyptiens. Au reste, ce ne sera point la seule ville dont nous ferons connaître la dénomination et l'origine égyptienne, par le moyen du nom qu'elle porte encore dans le pays.

Antœopolis. — Tkôou.

CETTE ville, une des plus considérables de la haute Égypte, fut pour les Grecs le sujet d'une méprise très-grossière. Ils crurent (et nous ignorons pourquoi) que le temple de cette ville était consacré à Antée, fameux dans leurs traditions poétiques, à cause de son combat contre Hercule. C'était aussi une opinion établie chez les Grecs, qu'Antée avait été un des ministres d'Osiris, qui l'avait chargé de gouverner l'Éthiopie et la Libye pendant son absence (1); cela suffit aux Grecs, peu scrupuleux d'ailleurs sur des articles de cette nature, pour assigner à cette ville le nom de Ανταιȣπολις, d'où les Latins firent leur Antœopolis. Ce fut dans son voisinage que la théologie symbolique des anciens Égyptiens plaçait le théâtre du combat dans lequel Horus, fils d'Isis et d'Osiris, défit entièrement Typhon, le meurtrier de son père; Typhon vaincu prit la fuite sous la forme d'un crocodile (2). En traitant de la religion des Égyptiens, nous dirons quels furent les motifs qui engagèrent les prêtres égyptiens à fixer à Antœopolis le lieu de ce combat fictif. Les ruines de cette ville consistent aujourd'hui en un portique égyptien, d'une

(1) Diodore de Sicile, liv. I, page 15.
(2) Diodore de Sicile, liv. I, sect. 21.

grande proportion, entouré d'un bois de palmiers. Un quai de très-grosses pierres et une jetée coupent le courant du fleuve et l'empêchent d'empiéter sur le terrein qu'occupa jadis la ville égyptienne.

On ne saurait supposer qu'Antœopolis, Ανταιϰπολις, ait jamais été le nom égyptien de cette ville. Il est trop évidemment grec pour laisser la moindre place au doute le plus scrupuleux. Aussi dans les livres coptes est-elle appelée ⲦⲔⲞⲞⲨ, *Tkoou* en dialecte thébain (1), et ⲦⲔⲰⲞⲨ, *Tkôou* en dialecte memphitique (2), nom égyptien qui n'a absolument aucun rapport avec le grec Ανταιϰπολις. De l'égyptien ⲦⲔⲰⲞⲨ, *Tkôou*, les Arabes formèrent *Kaou* par la simple suppression de la lettre ⲧ, qui, dans ce mot égyptien, paraît être un article. Les Arabes donnèrent à leur Kâou tantôt le surnom de *El-Kharab*, c'est-à-dire la *Kâou des ruines*, parce que cette ville, du tems des Arabes, était encore remplie des ruines de l'antique ⲦⲔⲰⲞⲨ des Égyptiens. Elle reçut aussi ceux d'*El-Koubbara* et *de Grande*. De nos jours elle est entièrement déchue.

Le père Kircher ignorant que ⲦⲔⲰⲞⲨ fût le nom égyptien d'Antœopolis, prétend que son nom copte

---

(1) Mss. copt., Bibl. imp., n.° 44, f.° 79 rectò. — N.° 43, f.° 58 versò.

(2) Mss. copt., Bibl. imp., n.° 46. — Id., n.° 17, supplément Saint-Germain, page ⲢϤⲂ. — Id., fonds du Vatican, n.° 68, f.° 120. — Kircher, page 208, cité par Lacroze.

fut Ⲕⲁⲛⲩⲃ, *Kanub* (1). Ce mot n'est pas copte, et jamais la lettre ⲩ ne se rencontre seule entre deux consonnes dans les mots purement égyptiens. Kircher n'a donc point trouvé ce nom dans un manuscrit. Comme il place Antœopolis près de l'*île d'Éléphantine* (2) (erreur grossière), il aura supposé que Ⲕⲁⲛⲩⲃ était le nom égyptien d'Antœopolis, parce que Strabon parle d'un temple du dieu Κνοῦφις à Éléphantine, et il a cru devoir appliquer le nom de cette divinité à la ville d'Antœopolis. Non-seulement il a inventé la dénomination égyptienne, mais encore celle par laquelle les Arabes désignaient Antœopolis; ce fut, selon lui, *Kanouf*, qu'il a fait ressembler au nom égyptien. Nous avons cru devoir relever cette fraude littéraire.

L'identité d'*Antœopolis*, de *Qaou* et de *Tkôou* ne saurait être contestée, puisque un manuscrit copte (3) fait voir que la Ⲧⲕⲱⲟⲩ des Égyptiens était la même ville que l'Antœopolis des Grecs (qui y est appelée Ⲁⲛⲧⲏⲩ) et la *Qaou* des Arabes.

Mouthis.

---

(1) Œdip. Ægyptiac. syntagma 1.a, tomus I, cap. V, pag. 44 et 47.

(2) Id., cap. V, nomus X, page 44.

(3) Mss. copt., Bibl. imp., n.° 43, f.° 58 versò. — Appendix, n.° IV.

Mouthis. — Mouthi.

Au nord de Tkôou et sur la rive orientale du Nil, fut une petite ville nommée Mouthis dans les Itinéraires, et dont le nom égyptien fut *Mouth* ou *Mouthi*. Ce nom, comme D'Anville l'a remarqué (1), a une grande analogie avec *Mouthis*, surnom donné à Isis par les Égyptiens (2), et qui, selon Plutarque, avait la valeur de *mère*, *mater*. Mouthis paraît en effet un dérivé du mot ⲙⲁⲩ, qui, en égyptien, signifie *mère*.

Sélinon. — Silin.

Dans une position intermédiaire entre Antœopolis au midi et Lycopolis au nord, se trouvait un lieu nommé *Sélinon* dans les Itinéraires, situé entre la rive orientale du Nil et la chaîne Arabique. Sélinon communiquait avec le fleuve par le moyen d'un canal. Il paraît que le nom primitif de ce lieu fut *Silin*, nom que les habitans du pays lui donnent encore.

Apollinopolis. — Kos-Kam.

Au nord de Tkôou (Antœopolis), sur la rive occidentale du Nil, était une ville peu considérable, qui

---

(1) *Mémoires sur l'Égypte*, page 190.

(2) Plutarque, *de Iside et Osiride*.

fut appelée *petite ville d'Apollon* par les Grecs, afin de la distinguer d'Apollinopolis-Magna (Atbô) et d'Apollinopolis-Parva (Kôs-Varvir). Par une singularité digne de remarque, les Grecs qui ont toujours donné des noms semblables à des villes qui, parmi les Égyptiens, en portaient de bien différens, ont cependant connu cette seconde Kôs sous celui d'Apollinopolis (1). Les Égyptiens la nommaient ⲔⲰⲤ, et lui avaient donné le surnom de ⲔⲀⲘ (2), pour qu'on ne la confondît pas avec les autres Kôs de l'Égypte, et sur-tout avec Kôs-Barbir, *Kôs la brûlante*, située entre Thèbes et Coptos. ⲔⲀⲘ, en égyptien, veut dire *jonc, roseau*, et si ce fut l'acception dans laquelle les Égyptiens le prirent, ⲔⲰⲤ-ⲔⲀⲘ, *Kos-Kam*, équivaudra à *Kos des roseaux*; cependant le mot ⲔⲀⲘ put avoir quelque autre signification que nous ignorons. Quoi qu'il en soit, les Arabes ont conservé fidèlement son nom égyptien ; ils l'écrivent *Koskam*. *Kos-Barbir* et *Kos-Kam* sont l'unique exemple de deux villes portant deux noms semblables en égyptien et en grec.

Abotis.

Cette ville, au nord de Kos-Kam et sur la même rive du fleuve, est appelée ⲦⲀⲠⲞⲐⲨⲔⲎ, *Tapothykè*,

(1) Vansleb, *Histoire de l'église d'Alexandrie*, page 22, dit qu'elle s'appelait en grec *Apollon*.

(2) Mss. copt., Bibl. imp., n.° 17, Saint-Germain, supplément.

en copte (1). Ce nom ne nous paraît point égyptien, et nous n'avons rien de précis sur l'origine de cette ville. Nous croyons cependant que son nom est le même qu'ⲁⲡⲟⲑⲏⲕⲏ, *horreum*, mot grec qu'on trouve quelquefois employé dans les livres coptes. Les Arabes appellent cette ville *Boutidg* ou *Aboutig*.

Hypsélis. — Schôtp.

La position de cette ville grecque correspond à celle qui fut autrefois occupée par une place assez considérable que les Égyptiens connurent sous le nom de ϢⲱⲧⲠ, *Schôtp* (2) : nous ignorons la signification de ce mot. Sous les Romains, Hypsélis conserva le nom de capitale de nome qu'elle portait chez les anciens Égyptiens.

Paphor.

Le village de Paphor, Ⲡⲁⲫⲟⲣ, faisait partie du nome de Schôtp.

Ce lieu se trouve indiqué dans l'Éloge prononcé par Théodore, archevêque d'Antioche, en l'honneur de saint Théodore l'Anatolien (3).

---

(1) Mss. copt., Bibl. imp., n.° 44, f.° 79 versò.

(2) Mss. copt., Bibl. imp., n.° 44, f.° 79. — *Id.*, n.° 17, suppl. Saint-Germain.

(3) Zoëga, *Catalogus msstor. musæi Borgiani.*, pag. 35 et 60.

Lycopolis. — Siòout.

Au nord de Schôtp fut une grande ville, capitale d'un nome, bâtie sur le bord occidental du Nil, et que les Grecs appelèrent Λυκωνπολις, *ville des Loups.* Pour bien entendre cette dénomination, il est nécessaire de remarquer que les auteurs Grecs donnèrent le nom de λυκος à un animal de l'Égypte fort différent du loup, appelé par les Égyptiens Πιοϒωнϣ, *Pioûônsch* (1), animal que les Arabes désignent aujourd'hui sous la dénomination de *Ibn-Aoua*, à cause de son cri lugubre et effrayant. Ce quadrupède est connu en Europe sous son nom persan de *Schakal.* Il habite le désert, et vient pendant la nuit déterrer les cadavres pour les dévorer. On le voit très-fréquemment représenté sur les monumens égyptiens, et sur-tout sur les peintures dont plusieurs momies sont ornées; sa tête, que l'on a prise pour celle d'une huppe (2), surmonte ordinairement le

(1) Joh. X, 12; Math., VII, 5, etc.

(2) Dans la *Scala-Magna*, le père Kircher a donné Κοϒκοϒφατ, *Koukouphat*, comme le nom égyptien de la *Huppe;* Lacroze l'a inséré, sur sa foi, dans son Lexique. Il ne serait pas impossible que Kircher l'eût inventé d'après un passage d'Horus, où cet oiseau est nommé Κουκουφα (lib. I, 55), de la même manière qu'il inséra dans la *Scala-Magna* les mots Μενδнс

sceptre de plusieurs personnages symboliques de la religion égyptienne. Le schakal fut le symbole de la mort, parce que, comme l'observe Macrobe (1), cet *animal enlève et consomme tout, et qu'il choisit les ténèbres pour exécuter ses desseins et ravir sa proie.* Nous espérons, au reste, le prouver d'une manière satisfaisante, lorsque nous traiterons du culte du schakal en Égypte.

Il est à présumer qu'à Lycopolis on nourrissait un schakal dans le sanctuaire de son principal temple, et c'est ce qui fit que les Grecs donnèrent à cette ville le nom de Λυκωνπολις. Les Égyptiens des bas-tems, ayant oublié la signification symbolique du schakal, voulurent justifier le culte apparent de cet

---

et Ⲥⲟⲩϫⲓ, qu'on ne trouve point dans le manuscrit qui a servi de fondement à son travail. Dans les nombreux Vocabulaires égyptiens que nous avons extraits, ce mot ne s'est jamais présenté à nous. On y lit, au contraire, que la huppe était appelée Ⲡⲉⲧⲉⲡⲏⲡ, *Pétépêp* par les Égyptiens (Mss. copt., Bibl. imp., n.° 17, Saint-Germain, supplément), ou bien Ⲭⲁⲣⲁⲡⲏⲡ, *Charapep*, ainsi que nous l'avons lu dans le même manuscrit. Ces deux noms nous semblent avoir plus de rapport avec le cri de la huppe, que celui de Ⲭⲏⲃϩⲃⲟⲩⲓ, que M. Rossi croit avoir été donné à cet oiseau par les Égyptiens, à cause de ce même cri.

(1) Macrobe, *Saturnal.*, lib. I, cap. XVII.

animal, et en conséquence ils dirent que lorsque Horus et Isis se disposaient à livrer le combat au cruel Typhon, Osiris vint des enfers, sous la forme d'un loup ou schakal, et contribua beaucoup à la victoire que remportèrent son fils et son épouse (1). D'autres croyaient que lors de l'invasion des Éthiopiens en Égypte, leur armée fut arrêtée proche de Lycopolis par de grandes troupes de schakals, et repoussée par ces étranges combattans, jusques au-dessus d'Éléphantine (2) : ce fut, dit-on, pour honorer *la valeur* des schakals que les Égyptiens appelèrent cette préfecture *Lycopolitaine*, et cet animal y fut regardé comme sacré. Osiris, métamorphosé en schakal, est une pure fiction, de même que l'expédition de ces habitans du désert contre les Éthiopiens. Quand même ce serait un fait historique, ce que nous ne croyons point, il nous serait facile de prouver que l'introduction du schakal dans les sanctuaires, avait un tout autre motif, et remontait à des tems bien antérieurs à l'irruption des Éthiopiens dans la haute Égypte.

Lycopolis portait indifféremment, chez les Grecs, les noms de Λυκȣ πολις et Λυκων πολις (3), quelquefois Λυκων (4), et même Λυκω, ce qui correspond au

(1) Diodore de Sicile, liv. I, page 79.

(2) Ibidem.

(3) Strabon, liv. XVII.

(4) Stephanus Byzantinus, *de Urbibus et Populis*.

Luporum urbs des Latins (1). Son nom égyptien ne nous paraît point avoir eu cette signification, car ce fut Ⲥⲓⲟⲟⲩⲑ, *Sioouth* (2) en thébain, et Ⲥⲓⲟⲟⲩⲧ, *Sioôut* (3), ou Ⲥⲓⲱⲟⲩⲧ, *Siôout* (4) en memphitique (5). Dans un manuscrit que possède la Bibliothèque impériale (6), on trouve le passage suivant : Ⲓⲱⲁⲛⲛⲏⲥ ⲡⲓⲁⲣⲭⲓⲙⲁⲛⲇⲣⲓⲧⲏⲥ ⲛ̀ⲧⲉ ⲡⲧⲱⲟⲩ ⲛ̀ⲥⲓⲱⲟⲩⲧ : « Jean l'Archimandrite de *la montagne* » *de Siôout.* » La partie de la chaîne Libyque, voisine de Siôout, fut ainsi appelée, comme nous l'avons déjà dit dans notre article sur les montagnes de la haute Égypte.

Nous ne ferons point connaître notre opinion sur la valeur du nom égyptien Ⲥⲓⲱⲟⲩⲧ. Quoique nous puissions offrir sur ce dernier nom des aperçus bien

---

(1) Pline la nomme par son nom grec abrégé *Lycôn*, liv. V, chap. 9.

(2) Mss. copt., Bibl. imp., n.° 44, ancien fonds, f.° 79 rectò.

(3) Mss. copt., Bibl. imp., n.° 46, ancien fonds.

(4) Mss. copt., Bibl. imp., fonds Saint-Germain, supplément, n.° 17, f.° ⲣϥⲃ.

(5) Le père Kircher a cru faussement que Ⲥⲓⲱⲟⲩⲧ était le nom égyptien de Thèbes. Kircher, page 210. — Lacroze, *Lexicon Ægyptiaco-Latinum.*

(6) Mss. copt., Bibl. imp., n.° 62, f.° 143 rectò, fonds du Vatican.

probables, ils ne seraient cependant point exempts de ce doute qui accompagne ordinairement les recherches dénuées de tout fondement certain.

L'emplacement de cette ancienne capitale de préfecture est occupé par une ville arabe, qui est appelée *Asiouth* ou *Osiouth*. Ce nom, très-peu défiguré, est celui qu'elle portait chez les anciens Égyptiens. Il ne diffère en effet de Ϲⲓⲟⲟⲩⲧ, que par la seule addition de l'A (*alif*) initial. Nous en verrons d'autres exemples dans les noms de villes soumis à cet usage des Arabes.

La montagne Libyque, qui se trouve à l'occident de la ville de Siôout, est encore percée d'un nombre immense de grottes profondes dont les parvis et l'intérieur sont couverts d'hiéroglyphes, de figures symboliques, de bas-reliefs, et d'un nombre infini de peintures. Ces grottes ont été creusées dans le roc vif par les Égyptiens, pour y déposer leurs restes après leur mort. On y découvre journellement des momies de la plus grande richesse. Le nombre des Inscriptions hiéroglyphiques qui ornent ces tombeaux est si considérable, selon l'expression d'un célèbre voyageur (1), qu'il faudrait des mois pour les lire, en supposant qu'on en eût la clef, et des années pour les copier.

(1) M. Denon, *Voyage dans la haute et la basse Égypte.*

Tjéli.

Près de Siôout était un poste militaire appelé Ⲧϫⲉⲗⲓ par les Égyptiens (1).

Mankapôt.

A peu de distance au nord-est de *Siôout*, et sur la même rive du Nil, se trouvait un village nommé Ⲙⲁⲛⲕⲁⲡⲱⲧ (2). Sa position est déterminée dans la carte de l'Égypte moderne par D'Anville : ce lieu y est appelé *Mankabad*. Mais la véritable orthographe arabe de ce mot est *Manqabadh*, corruption évidente du nom égyptien *Mankapôt*. Ce dernier signifie *le lieu des Vases* (3).

Manbalôt.

Au nord de Siôout et sur le bord du Nil était la ville de Manbalôt. Quoique ce lieu ne soit point porté sur les listes des anciennes villes égyptiennes que nous ont données les Grecs et les Latins, il n'en existait pas moins sous les rois égyptiens. Le grand nombre de villes qui couvraient l'Égypte, selon le témoignage unanime des anciens, et le petit nombre

(1) Zoëga, *Catalog. manuscriptor. musæi Borgiani*, page 134.

(2) Mss. copt., Bibl. imp., n.° 43, f.° 58 versò.

(3) *Ibidem.*

de celles dont les noms sont parvenus jusques à nous, permettent de chercher à augmenter cette nomenclature intéressante, et c'est avec certitude que Manbalôt doit y être inséré. Voici ce qu'en dit Léon l'Africain : « Les Égyptiens fondèrent cette grande » et *très-ancienne ville ;* détruite par les Romains, » elle commença à se rétablir du tems des Musulmans, mais elle ne s'éleva jamais à ce haut degré de » magnificence où elle s'était vue autrefois, sous les » Égyptiens. De mon tems, on y voyait de hautes et » énormes colonnes, de même qu'un portique, ornés » de sculptures et de caractères de la langue des » Égyptiens. Près du Nil, sont les ruines d'un bel » édifice, qui, selon toute apparence, fut autrefois un » temple (1). »

On ne peut présenter de preuve plus convaincante de l'existence d'une ville dans le haut empire égyptien, qu'un temple et un portique ornés de figures symboliques et de tableaux hiéroglyphiques. C'est là le cas de Manbalôt, comme on vient de le voir.

---

(1) MANFLOTH. *Amplissimam hanc et vetustissimam civitatem AEgyptii condidere ; à Romanis verò destructa, Machumetanorum tempestate restaurari cœpta est, verùm eâ neutiquàm quâ priùs magnificentiâ. Visuntur in eâ nostro sæculo crassœ et eminentes columnœ ac porticus, insculptis œgyptiâ linguâ versibus. Juxtà Nilum rudera sunt insignis cujusdam œdificii quod olim delubrum fuisse constat......* Leo Africanus, *Descriptionis Africœ*, liber VIII.

Son nom arabe est *Manfélouth*, qu'on prononce même aussi *Monfalouth*, et dans lequel Michaëlis croit reconnaître le nom arabe de Memphis, *Menf* ou *Monf*, suivi d'un surnom qu'il dit avoir rapport au *lotus*. Sa conjecture est détruite par le nom que les Égyptiens donnaient à cette ville. C'était ⲙⲁⲛⲃⲁⲗⲟⲧ en dialecte thébain (1), mot dans lequel on reconnaît ⲙⲁⲛ, *formative* des noms de lieux. Le nom égyptien de cette ville signifie la *demeure des Ânes sauvages*, ou l'*endroit où se trouvent les Ânes sauvages*, comme l'explique l'auteur égyptien de la Nomenclature précitée.

Manlau.

Ce bourg ou village était situé dans les environs de Manbalôt. Son nom, orthographié Ⲙⲁⲛⲗⲁⲩ, se trouve compris dans une nomenclature de noms égyptiens de villes rangées par ordre géographique, commençant par l'Éthiopie et finissant par la basse Égypte. Manlau y est placé entre Hermopolis-Magna et Manbalôt, ce qui indique à-peu-près sa véritable position. Le nom arabe de ce lieu est Maoudhî-el-Aschïa, *lieu des Choses*, qui peut être une traduction exacte de l'égyptien Ⲙⲁⲛⲗⲁⲩ. Cependant nous ne serions pas fort éloignés de croire que les Arabes ont été induits en erreur par le mot ⲗⲁⲩ, *claustrum*,

(1) Mss. copt., Bibl. imp., n.° 43, f.° 38 versò.

qu'ils ont peut-être confondu avec le mot thébain ⲗⲁⲁⲩ, *res ;* qu'en conséquence ils ont traduit Ⲙⲁⲛⲗⲁⲩ comme s'il était écrit Ⲙⲁⲛⲗⲁⲁⲩ. Il nous semble aussi que le nom de *Locus claustrorum* convient plus à une ville que celui de *Locus rerum*. Telle est du moins notre opinion.

Cusæ. — Kôs-Kôω.

Cusœ était sur la rive occidentale du Nil et au nord de Lycopolis. Selon les Grecs, on y adorait la *Vénus céleste*, ce qui ne nous paraît pas probable; car il est difficile que les Égyptiens aient jamais eu l'idée d'une divinité qui eût quelque analogie avec Vénus. Mais ce qui est plus conforme à leur religion et à leur caractère, c'est qu'Ælien rapporte (1) qu'on y nourrissait une vache sacrée, de même qu'à Momemphis et à Atharbéchis.

Cusœ, dépouillée de sa désinence latine, donne *Cus* ou *Cous*, qui est son nom égyptien *Kous*, tel qu'on le trouve dans Étienne de Byzance et les manuscrits coptes, où il est orthographié Κωσ, Ⲕⲱⲥ, *Kôs* (2). C'était la troisième ville de la haute Égypte qui portait ce nom. Comme les deux autres avaient des surnoms particuliers (l'une celui de *Berbir*, et

(1) Ælien, *Traité des Animaux.*

(2) Mss. copt., Bibl. imp., n.º 46, ancien fonds.

l'autre celui de *Kam*), la troisième était connue sous le nom spécial de ⲔⲰⲤ-ⲔⲞⲞⲨ, *Kôs-Koô* (1). Les Arabes ont conservé son nom égyptien dans celui de *Qoussïah*.

Tanis-Superior. — Thôni.

Cette petite ville était située sur le bord occidental du canal de *Menhi* et loin du Nil. Les Grecs lui donnèrent le surnom de *Supérieure* pour la distinguer d'une autre Tanis, ville célèbre de la basse Égypte. Mais cette distinction n'exista point parmi les Égyptiens, car il paraît, d'après Kircher, que son nom égyptien fut ⲐⲰⲚⲒ, *Thôni*. Ce savant trouva dans un vocabulaire copte de noms de villes, ⲐⲰⲚⲒ rendu par l'arabe *Tounah*, nom que porte encore cette petite ville chez les Arabes habitans de la haute Égypte. Kircher n'a point cherché à en fixer la position, ce qui était très-facile d'après les données certaines qu'il avait recueillies.

Antinoé. — Bésa.

Cette ville, située sur la rive orientale du Nil, devint sous les Romains une place importante et célèbre par la magnificence de ses monumens, après que l'empereur Hadrien l'eût embellie et appelée

---

(1) Mss. copt., Bibl. imp., n.° 46.

Antinoë (1), du nom de son favori. Mais on croit que sous les Pharaons, elle fut connue sous le nom de *Besa*. Ce fut une place peu importante. Si ce fait était bien prouvé, son nom égyptien pourrait dériver de celui d'une espèce de personnage théologique des Égyptiens, et qui était fort vénéré au témoignage d'Ammien-Marcellin. La ville d'Abydos, dit cet auteur, est située dans la partie la plus reculée de la Thébaïde; c'est-là qu'un oracle d'un dieu, appelé dans le pays *Besa*, prédisait autrefois l'avenir. Les habitans des contrées voisines avaient coutume de lui rendre un culte d'après les anciens rites.

Le nom de cette divinité existe encore parmi les noms propres des Coptes. Il est écrit Ⲃⲓⲥⲁ ou Ⲃⲏⲥⲁ, *Bisa*. C'est ainsi qu'on trouve Ⲁⲃⲃⲁ Ⲃⲓⲥⲁ, *l'abbé Bisa* (2). Dans la Vie de l'abbé Panesniv (3), écrite en Égyptien, il est fait mention de ⲛϭⲓ Ⲃⲏⲥⲁⲙⲱⲛ ⲡⲉⲧϩⲓϫⲉⲛ ⲡⲉϣⲧⲉⲕⲟ, *Bisamon, geolier de la*

(1) Dans les manuscrits coptes, on trouve son nom romain d'Antinoë sous la forme de ⲁⲛⲧⲓⲛⲱⲟⲩ en memphitique (Mss. copt., Bibl. imp., n.° 46. — *Id.*, supp. 17, Saint-Germain), et sous celle de ⲁⲛⲧⲓⲛⲟⲟⲩ en dialecte thébain. (Mingarelli, *Codic. ægyp. reliq.*, frag. VII, page 151).

(2) Lit. bas., page 20, Lacroze, *Lexicon ægypt. lat.*

(3) Publiée par Georgi, dans son livre *de Miraculis sancti Coluthi*, déjà cité.

prison, dans laquelle était renfermé ce saint martyr thébain. Dans ce nom propre, on observe le mot Ⲃⲏⲥⲁ joint à celui d'Amoun, ce qui a produit Ⲃⲏⲥⲁⲙⲱⲛ, dont l'orthographe régulière devrait être Ⲃⲏⲥⲁⲁⲙⲟⲩⲛ. Cette réunion de deux noms de divinités est conforme au goût des Égyptiens ; on en trouve d'autres exemples. Le manuscrit grec du cardinal Borgia, publié par Show, et qui contient une liste d'ouvriers égyptiens, présente deux fois le nom de Σαραπαμμων, dans lequel on reconnaît Αμμων et Σαραπις, divinités dont l'une fut adorée dès la plus haute antiquité par les Égyptiens, tandis que le culte de la seconde fut introduit de force dans l'Égypte, par un des rois de la dynastie des Lagides.

Sjoubouré.

Ⲝⲟⲩⲃⲟⲩⲣⲉ faisait partie du nome de Bisa. Nous avons trouvé le nom de ce bourg dans un fragment contenant les miracles de l'abbé Abraham, et publié en partie par Zoëga (1). On y lit : ⲟⲩⲣⲱⲙⲉ ⲇⲉ ⲡⲉ ϩⲏⲗⲓⲁⲥ ⲛ̀ϫⲟⲩⲃⲟⲩⲣⲉ ⲉ̀ϥⲏⲡ ⲉ̀ⲡⲧⲟϣ ⲛ̀ⲁⲛϯⲛⲟⲟⲩ : « Il fut un homme appelé Élie, de Sjoubouré, du » nome d'Antinoë. »

---

(1) *Catalog. manuscriptor. musæi Borgiani*, page 547.

Terôt.

Sur la rive occidentale du Nil et au nord de Kos-Koô (Cusœ), un canal sortait du fleuve, et suivant le pied de la chaîne Libyque, allait arroser le nome de Crocodilopolis et se jetait dans le lac Mœris. C'est à l'endroit où ce canal prenait naissance, qu'était une ville nommée par les Égyptiens Ⲧⲉⲣⲱⲧ (1). Comme il exista en Égypte plusieurs autres lieux du nom de Terôt, celui dont nous parlons dans cet article fut appelé chez les Arabes *Darouah* ou *Darouth - Ssarban* (2). Ce lieu est aujourd'hui plus connu parmi les Arabes et les voyageurs modernes, sous le nom de *Tarouth-Esschérif*. Chez les anciens Égyptiens, il dut aussi avoir un surnom; peut-être était-ce celui de *Ssarban*, que les Arabes avaient adopté avant que celui d'*Esschérif* eût prévalu dans le pays.

Hermopolis-Magna. — Schmoun.

Hermopolis, bâtie loin du Nil et proche du canal de Menhi, dans la partie Libyque de l'Égypte, tint un des premiers rangs entre les villes de ce royaume. Les

(1) Mss. copt., Bibl. imp., n.° 43, f.° 59 rectò.

(2) *Ibidem.*

Les traditions arabes, d'accord avec les monumens, en font une des plus anciennes villes de l'Égypte. Sous les Pharaons, elle fut le chef-lieu d'un nome (Pthosch) et le siège de son gouvernement. Il paraît que Thoth y était en grande vénération. On y nourrissait un Ibis sacré, emblème de ce personnage symbolique; et comme nous le ferons bientôt voir, ces oiseaux étaient déposés, après leur mort, dans le voisinage de cette capitale de nome.

Sous les rois de race égyptienne, Hermopolis fut une ville très-considérable. De hautes montagnes de décombres, qui se trouvent dans le lieu qu'elle occupa autrefois, donnent une haute idée de son étendue et de sa magnificence. Au milieu des plus déplorables débris, s'élève un superbe portique de 12 colonnes ayant 8 pieds 10 pouces de diamètre. Ce monument, qui servait d'entrée à un vaste édifice dont il annonce la richesse, a soixante pieds de hauteur. Le couronnement, formé de six pierres énormes, est couvert d'hiéroglyphes, ainsi que le haut des chapiteaux des colonnes qui sont canelées jusques vers la moitié de leur hauteur. Sur le fût de celles de la seconde rangée, on voit les arrachemens qui servaient à lier le portique avec le temple dont il faisait partie (1).

Ce fut probablement du culte de Thoth, dans

(1) Voyez M. Denon, *Voyage dans la haute et la basse Égypte.*

cette ville, que les Grecs tirèrent son nom. Croyant toujours reconnaître les divinités de leur pays dans la religion des nations étrangères, ils assimilèrent l'égyptien Ⲑⲱⲟⲩⲧ, *Thôout*, à Ερμης ou Ηρμης, leur dieu de l'éloquence, et nous pouvons dire, avec assurance, que c'est la seule fois que les Grecs aient traduit exactement dans leur langue le nom d'une divinité étrangère. Ceci ne serait plus aussi surprenant si l'on admettait, comme quelques auteurs le pensent, que l'Hermès des Grecs doit son origine au *Thôout* des Égyptiens, ce qui fit que les Grecs donnèrent le nom d'Ηρμηςπολις à la ville dont nous nous occupons.

Quoiqu'ils aient fidèlement traduit *Thôout* par *Hermès*, il ne s'ensuit point qu'ils aient transporté dans leur langue, avec exactitude, le nom égyptien de cette ville. La véritable dénomination sous laquelle on connut en Égypte cette cité célèbre, est celle de Ϣⲙⲟⲩⲛ, *Schmoun* (1), et c'est ce qui a fait dire aux Arabes qui ont l'habitude de tout expliquer, que Schmoun fut bâtie par *Ischmoun*, fils de Missr et frère de *Ssa*, d'*Atrib*, de *Kobt* et d'*Akhmim*, fondateurs de villes qui portèrent ces noms, et que les Grecs connurent sous ceux de *Saïs*, *Athribis*, *Coptos* et *Panopolis*. Quoique dénuée de preuves et même de toute vraisemblance, cette

(1) Mss. copt., Bibl. imp., n.° 44, f.° 79 rectò. — *Id.*, n.° 46. — *Id.*, suppl. n.° 17, fonds Saint-Germain, f.° ⲣϥⲃ, n.° 43, f.° 59 rectò.

tradition porte à croire que Schmoun est une très-ancienne ville, puisque son origine est placée au commencement même de l'Empire égyptien.

Mais la véritable origine du nom de Ϣⲙⲟⲩⲛ ne doit se trouver que dans la langue égyptienne. Il est même très-probable que Ϣⲙⲟⲩⲛ était un nom de divinité. Il nous semble aussi que l'identité de Ϣⲙⲟⲩⲛ et de Ϣⲙⲓⲛ, nom égyptien du Dieu générateur, n'est pas douteuse, ainsi que le croit Jablonski (1). Nous sommes loin cependant de penser, avec le même savant, que Ϣⲙⲓⲛ et Ϣⲙⲟⲩⲛ signifient *huit* ou *huitième*. Ce nom ne nous paraît point convenir à un dieu, et sur-tout à la Divinité créatrice et génératrice. Nous persistons dans notre opinion que *Schmoun* ou *Schmin* (2), et même Ⲭⲙⲓⲙ, sont dérivés de la racine Ϧⲙⲓⲙ, ou d'une racine analogue ayant la valeur de *fervere*, *incalescere ;* et en effet Damascius (3), attribuant aux Phéniciens une tradition qui était en partie d'origine égyptienne, comme le pense Jablonski (4), parle du dieu Εσμουνος (Ϣⲙⲟⲩⲛ), et assure que son nom dérivait ἐπὶ τῆς

(1) Jablonski, *Pantheon Ægyptior.*, tome I, liv. II, chap. 7, page 293 et suiv.

(2) Voyez ci-dessus l'article Panopolis.

(3) *Apud Photium in Bibliothecâ græcâ*, cod. CCXLII, p. 1674, cité par Jablonski.

(4) Jablonski, *Panth. Ægyptior.*, tome I, liv. II, chap. 7, page 296 et suivantes.

θερμη της ζωης, de la *chaleur vitale*. Nous regardons ce passage comme une preuve non-équivoque de notre opinion. Nous aurons l'occasion de revenir sur cette discussion à l'article *Mendès*, dans lequel nous ferons voir que *Schmoun*, de même que *Schmin* et *Schmim*, étaient des noms donnés au Dieu générateur chez les anciens Égyptiens. Ce dieu fut le Παν des Grecs.

Les Arabes ont donné à *Hermopolis* le nom de *Aschmounaïn* ou *Oschmouneïn*, selon la manière de le prononcer. Il est formé de l'égyptien ϢⲘⲞⲨⲚ, avec la simple addition de l'A (alif) initial que nous avons indiquée ailleurs, et la terminaison du duel. Ce nom devrait se traduire régulièrement par *les deux Oschmoun*. La raison de cette particularité nous est inconnue, à moins qu'on ne la veuille trouver dans Khalil Dhahéri, géographe arabe, qui dit : « A la province de *Behnèsa* succède celle » d'*Oschmouneïn* : elle renferme deux grandes villes, » *Oschmouneïn*, qui lui donne son nom, et *Miniet ebn* » *Khasib* (1). » On pourrait croire que les *deux Oschmoun* désignent *les deux grandes villes* (Madinatani) *Oschmoun* et *Miniet ebn Khasib ;* cependant dans le pays même, les ruines de la Schmoun des

(1) Khalil Dhahéri, dans la *Chrestomathie arabe* de M. Sylvestre de Sacy, tome I.er, texte arabe, page 239, et tome II.e, Traduction, pag. 291 et 292.

Égyptiens portent le nom d'*Oschmouneïn*, ce qui détruit l'induction qu'on pourrait tirer du passage précité de Khalil Dhahéri.

Dans un manuscrit égyptien ou copte (1), nous avons observé le nom de cette ville écrit Ϣⲙⲟⲩⲛ ⲃ̄, équivalent du Ϣⲙⲟⲩⲛ ⲥⲛⲁⲩ, *les deux Schmoun*, ce qui semble prouver que l'*Oschmouneïn* des Arabes se présente sous la forme du duel, de même que l'ancien nom égyptien. Mais comme dans les manuscrits on trouve toujours Ϣⲙⲟⲩⲛ, *Schmoun*, et non Ϣⲙⲟⲩⲛ ⲃ̄, *les deux Schmoun*, il est à croire que le Copte qui a écrit la seule nomenclature de noms de villes égyptiennes où on lit ce dernier mot, a été influencé par le nom arabe. Cette nomenclature a induit Jablonski en erreur. Ce savant croit (2) que Ϣⲙⲟⲩⲛ ⲃ̄ signifie *Schmun secunda*, *la seconde Schmoun*; mais nous ferons observer que si la traduction était exacte, le texte aurait dû porter Ϣⲙⲟⲩⲛ ⲙⲁϩ ⲃ̄, ou Ϣⲙⲟⲩⲛ ⲙⲁϩ ⲃ̄ϯ, ce qui signifie véritablement la *seconde Schmoun*, car ⲥⲛⲁⲩ, en langue égyptienne, est le nombre cardinal *deux*, et il devient ordinal par la simple addition de ⲙⲁϩ. Il en est ainsi de tous les autres nombres cardinaux. Par suite de cette fausse interprétation, le même Jablonski

---

(1) Mss. copt., Bibl. imp., n.° 17, suppl. S.t-Germ., f.° ⲣ̄ϥ̄ⲃ̄.

(2) *Pantheon Ægyptiorum*, liv. II, chap. 7, page 298.

suppose que la terminaison du duel *ein* de l'*Oschmouneïn* des Arabes vient de ce que chez les Coptes cette *Schmoun* était surnommée ⲟⲩⲉⲓⲛⲓⲛ, c'est-à-dire la *Schmoun* des Grecs. Il est aisé de voir que cette idée ne repose sur aucun fondement solide.

La ville de Schmoun, comme toutes les grandes villes de l'Égypte éloignées du Nil, avait un port sur ce fleuve, et ce port est une de ses dépendances. Il en est fait mention dans le Martyre de l'abbé Épime. Après avoir raconté la mort de ce saint, l'auteur du Martyre ajoute que lorsque on eut *embaumé* son corps, les serviteurs de Jules *le placèrent dans un petit bateau et le transportèrent jusques dans le port de Schmoun* : ⲁⲩⲉⲣϩⲱⲧ ⲛⲉⲙⲁϥ ϣⲁϯⲛⲉⲙⲣⲱ ⲛ̀ⲧⲉ ϣⲙⲟⲩⲛ. Ce petit port favorisait le commerce intérieur, et nous verrons plusieurs des principales villes de la basse Égypte en avoir un semblable.

Aboussir. — Pousiri.

Au nord-ouest de Schmoun, au-delà du canal de Terôt, sur le penchant de la montagne Libyque, était un bourg du nom de Ⲡⲟⲩⲥⲓⲣⲓ. Il est encore connu dans le pays (1) sous celui d'*Aboussir*, qui n'est autre chose que le nom égyptien écrit à la manière des Arabes.

---

(1) Voyez la carte de l'Égypte moderne de d'Anville.

Stallou.

Ⲥⲧⲁⲗⲗⲟⲩ était un bourg (ϯⲙⲉ) qui fit partie du nome de Schmoun. Il en est question dans un fragment égyptien, en dialecte sâïdique, publié par Zoëga, dans son Catalogue des manuscrits coptes du musée Borgia (1).

Ibiù. — Nhip.

C'EST auprès d'Hermopolis et au nord de Cusæ, que les anciens placent un lieu peu considérable dont le nom fut *Ibeum.* Il est particulièrement cité dans l'Itinéraire d'Antonin, sous le nom d'*Ibiù.* Cet auteur l'indique à vingt-quatre milles au nord de la grande ville de *Thoth* ou *Hermopolis-Magna.* Selon Hérodote, c'était dans cette dernière ville que les Égyptiens transportaient (2) les Ibis qui mouraient dans les diverses parties de l'Égypte, et leurs cadavres embaumés étaient déposés dans un lieu destiné à les recevoir. Mais ce rapport d'Hérodote ne semble pas rigoureusement exact, et il ne doit peut-être s'entendre que des Ibis nourris dans les temples, puisque on trouve dans les catacombes des environs de Memphis un nombre prodigieux de momies de cet oiseau. Une personne dont

(1) *Pars tertia*, num. CCXXV, page 550.

(2) Hérodote, livre II.

le témoignage n'est point suspect, nous a certifié avoir vu dans un de ces souterrains taillés dans le roc, une incroyable quantité de ces oiseaux embaumés, et renfermés dans des vases de terre placés horizontalement l'un sur l'autre, à une hauteur uniforme, contre les parois du souterrain. Après avoir connu l'espace qu'occupait un nombre donné de ces momies, et avoir mesuré l'étendue du souterrain, elle s'assura qu'il en contenait plusieurs millions. Ce fait sera reproduit ailleurs dans tous ses détails, et il semble prouver ce que nous avons avancé, qu'Hérodote n'a pu parler que des Ibis sacrés, lorsqu'il a dit qu'on les transportait à *Hermopolis*. M. Larcher pense que ce n'était pas précisément à *Hermopolis-Magna* qu'on enterrait les Ibis, et qu'ils n'étaient transférés dans cette ville qu'à cause du lieu voisin appelé *Ibeum*, où on les déposait (2). Mais comme dans l'Itinéraire d'Antonin, *Ibiù* est placé à vingt-quatre milles au nord d'Hermopolis, il ne paraît pas naturel qu'on envoyât d'abord les Ibis à Hermopolis, pour les faire rétrograder ensuite vers le septentrion. Pour que cet inconvénient n'existât point, il faudrait nécessairement que le lieu appelé *Ibeum* se trouvât au midi d'Hermopolis et à très-peu de distance de cette ville.

Ibeum tirait son nom de l'Ibis, qui, en égyptien,

(2) M. Larcher, *Traduction d'Hérodote*, tome II, page 305. — Id., *Table géographique*, tome VIII, à l'article *Hermopolis*.

était appelé ϩⲓⲡ, *Hip* (1), d'où les Grecs ont fait Ἶβις, en y ajoutant la désinence grecque ις. Le nom égyptien de l'*Ibeum* des Latins devait être régulièrement Ⲙⲁⲛϩⲓⲡ, *Manhip*, ou simplement Ⲛϩⲓⲡ, *Nhib*, *lieu des Ibis*. On le retrouve dans Étienne de Byzance et dans Suidas, sous la forme grecque de Νίβις, que nous croyons être le nom égyptien d'*Ibeum* qu'ils n'ont point mentionné sous cette dernière forme. En retranchant de ce mot la terminaison grecque ις, on trouve Νιβ, qui est exactement le Ⲛϩⲓⲡ égyptien. Il n'en diffère que par l'absence de H, ϩ, *hori*, que les Grecs ne pouvaient pas exprimer, parce qu'il manquait à leur alphabet. C'est ainsi, par exemple, qu'ils ont écrit ηθ le mot égyptien ϩⲏⲧ, qui signifie *cœur* (2).

Terôt-Schmoun.

Dans les environs de la grande ville de Schmoun, se trouvait un lieu nommé Ⲧⲉⲣⲱⲧ, ainsi que celui dont nous avons parlé ci-dessus. Terôt reçut le surnom de Ϣⲙⲟⲩⲛ, à cause de sa situation dans le voisinage de cette capitale de nome. Il est fait mention de Ⲧⲉⲣⲱⲧ Ϣⲙⲟⲩⲛ dans un fragment

---

(1) Lévitique, chap. XI, 17; Isaïe, XXXIV, 11, du texte égyptien.

(2) Voyez Horus Appollo, liv. I, *hiéroglyphe* 7.e

thébain publié par Zoëga (1). Il ne faut pas confondre ce lieu avec un autre nommé aussi Ⲧⲉⲣⲱⲧ et situé sur le Nil, au midi de Schmoun.

Miniét. — Thmooné.

La ville de *Thmooné* était située sur la rive occidentale du Nil et au nord de Schmoun. Sur son ancien emplacement est aujourd'hui la petite ville de *Miniét*, qui a conservé dans son nom des traces marquées de l'ancienne dénomination égyptienne. Ce fut Ⲧⲙⲟⲟⲛⲉ (2) ou Ⲧⲙⲱⲛⲏ (3) en dialecte thébain, et Ⲑⲙⲟⲛⲏ (4) en memphitique. Ces différens mots désignent une *demeure*, un *lieu* où l'on s'arrête, et dérivent de la racine thébaine, baschmourique et memphitique ⲙⲏⲛ, *manere*. Il est hors de doute que le mot arabe *Miniét* (par abréviation *Mit*) si fréquemment donné aux villages de l'Égypte, dérive de ⲙⲟⲛⲏ, *mansio*, pluriel ⲙⲟⲛⲱⲟⲩⲓ, *mansiones*.

Il y eut en Égypte plusieurs villes du nom de Thmooné; mais les Égyptiens en distinguaient deux principales : l'une dans la haute Égypte (c'est celle dont nous venons de parler), et l'autre dans l'Égypte

(1) *Catalogus manuscriptorum copticorum musœi Borgiani*, pars 3.a, page 549.

(2) Mss. copt., Bibl. imp., n.° 44, f.° 80 rectò.

(3) *Id.*, n.° 43, f.° 59 rectò.

(4) *Id.*, n.° 17, supplément Saint-Germain.

inférieure. La première porta le surnom de *Bafis* ; celui de *Téni* fut propre à la seconde (1).

Théodosiopolis. — Touhô.

Touhô fut la capitale d'un nome situé au nord de celui de Schmoun. Dans la Notice de l'Empire, et dans quelques autres ouvrages, il est fait mention de *Théodosiopolis* ou de *Théodosiana*, comme d'une ville de la haute Égypte qui se trouve placée parmi celles de l'Heptanomide. Un manuscrit copte nous a donné sa position, qui, jusques ici, n'était pas fixée. On y trouve (2) mentionné ⲐⲈⲨⲆⲰⲤⲒⲞⲨ, *Theudôsiou*, correspondant au nom arabe *Thahha*, ville qui est en effet au nord d'Hermopolis, à l'extrémité méridionale du canal de *Bathen*, et par conséquent dans la partie Libyque de l'Égypte. Quoique nous présentions d'abord cette ville avec un nom grec, comme elle en eut aussi un parmi les Égyptiens, il en résulte d'abord qu'elle exista long-tems avant Théodose ; en second lieu, que le nom de *Théodosiopolis* ne lui fut donné que par les Grecs, qu'il ne fut en usage que parmi eux et parmi les Romains, et que dans le pays son nom fut toujours celui qu'elle porta chez les anciens Égyptiens. Nous pensons

---

(1) Vansleb, *Histoire de l'Église d'Alexandrie*, page 23.

(2) Mss. copt., Bibl. imp., n.° 44, f.° 79 rectò, n.° 43, f.° 59. — Voyez aussi le P. Vansleb, *Histoire de l'église d'Alexandrie*, page 25.

qu'il en fut de même pour toutes les autres villes de l'Égypte. Le nom égyptien de *Théodosiopolis* était Ⲧⲟⲩϩⲟ, *Touho* (1), ou bien Ⲧⲟⲩϩⲱ, *Touhô* (2), qu'on trouve employé indifféremment. Quant à sa valeur, Ⲧⲟⲩϩⲟ signifie *demeure*, et c'est un verbe égyptien qui veut dire *addere*, *adjicere*, *apponere*. Le nom arabe *Tahha* n'est évidemment qu'une corruption de ce dernier.

Pershousch.

Pershousch dépendait du nome de Touhô. Le nom de ce lieu se trouve dans un manuscrit copte, écrit dans un dialecte égyptien qui tient le milieu entre le *Thébain* et le *Baschmourique*, et faisant partie de la riche collection du cardinal Étienne Borgia. Il contient un récit très-intéressant du voyage de Paul et de son disciple Ézéchiel, dans les montagnes de la haute Égypte, pour y visiter de saints Anachorètes. Dans le mont *Pscheshépohé*, ils trouvèrent un hermite épuisé par les rigueurs de la pénitence. — Quel est ton nom? lui dit Paul. — Il répond : Je me nomme *Phib*, et je suis de Ⲡⲣϭⲟⲩϣ, *Pershousch*,

(1) Mss. copt., Bibl. imp., n.° 44, f.° 79 rectò. — Id., n.° 47, supplément Saint-Germain, f.° ⲣⲙⲃ.

(2) Mss. copt., Bibl. imp., n.° 17, supplément Saint-Germain, f.° ⲣϥⲃ; — n.° 43, f.° 59 rectò.

dans le nome de Touhô (1). Nous n'avons trouvé le nom de *Pershousch* mentionné dans aucune des nomenclatures arabes des villes et des bourgs de l'Égypte que nous avons été à même de consulter.

Nikafar.

Le manuscrit copte le plus riche de tous en notions géographiques (2), nous a fourni le nom du village de Ⲛⲓⲕⲁⲫⲁⲣ placé à près de trois lieues au-dessous de *Touhô*. Nous ne le regarderons point comme égyptien. Nous le croyons au contraire une corruption du nom arabe de ce village appelé *Beni-Mohammad-el-Kifour*. Il est évident que Ⲛⲓⲕⲁⲫⲁⲣ est le mot arabe *Kifour* écrit en lettres coptes, et l'addition même de l'article pluriel ⲛ̄ⲓ en est une preuve convaincante.

Cynopolis. — Kais.

Ce lieu est cité par Vansleb, comme ayant été un évêché de l'église copte (3), et cet estimable

---

(1) Ⲡⲉϫⲉ ⲡⲁⲉⲓⲱⲧ ⲛ̄ⲁϥ ϫⲉ ⲛ̄ⲓⲙ ⲡⲉ ⲡⲉⲕⲣⲁⲛ ⲁϥⲟⲩⲱϣϥ ⲉϥϫⲱⲙⲙⲟⲥ ϫⲉ ⲫⲓⲃ ⲡⲉ ⲡ̈ⲁⲣⲁⲛ ⲁⲩⲱ ⲁⲛ̄ⲁⲕ ⲟⲩⲣⲙ̄ⲡⲣϭⲟⲟⲩϣ ϩⲙ̄ ⲡ'ⲧⲁϣ Ⲧⲟⲩϩⲱ. Zoëga, *Catalogus manuscriptorum musæi Borgiani, codices sahidici*, page 367.

(2) Mss. copt., Bibl. imp., n.° 17, supplément, page ⲣϥⲃ̄.

(3) *Histoire de l'église d'Alexandrie*, page 22.

voyageur pense que *Kaïs*, qu'il écrit *Keis*, était l'ancienne *Cusa*. On a vu précédemment que Cusa portait en égyptien le nom de *Kos-Koô*, et était située bien plus au midi que *Kais*. Vansleb place cette dernière proche de *Béhnécé* ou *Bahnéca*. Dans le Martyre de saint Épime, l'auteur dit : ϩⲉⲣⲟⲕⲉⲗⲗⲓⲁⲛⲟⲥ ϩⲱⲟϥ ⲁⲩⲁⲓϥ ⲛ̀ϩⲏⲅⲉⲙⲱⲛ ⲉ̀ⲅ̅ ⲡⲟⲗⲓⲥ ϯⲡⲟⲗⲓⲥ ϩⲛⲏⲥ ⲛⲉⲙ ϯⲡⲟⲗⲓⲥ ⲡⲉⲙϫⲉ ⲛⲉⲙ ϯⲡⲟⲗⲓⲥ ⲕⲁⲓⲥ : « *Héracellianus fut investi du* » *gouvernement* de trois villes : la ville d'*Hnés*, celle » de *Pemsjé*, et celle de *Kais*. » La position des deux premières nous est parfaitement connue ; et comme Kais devait nécessairement être dans leur voisinage, nous l'avons cherchée aux environs de ces deux places. Nous croyons l'avoir retrouvée dans un village arabe bâti sur la rive occidentale du Nil, un peu au-dessus de *Beni-Mohammad-el-Kifour*, et appelé *El-Gis*, nom dans lequel on reconnaît celui de ⲔⲀⲒⲤ peu altéré. On ne doit donc point confondre ⲔⲀⲒⲤ avec la ville de Saïs en basse Égypte, comme semble le croire le P. Georgi (1).

La position que nous assignons à ⲔⲀⲒⲤ est justifiée par un manuscrit copte de la Bibliothèque impériale (2), qui contient une nomenclature des

---

(1) *De miraculis sancti Coluthi*, præfatio, page LII, nota *a*.

(2) Suppl., n.° 17, Saint-Germain.

villes de l'Égypte disposées géographiquement, et dans laquelle Ⲕⲁⲓⲥ (1) est placée entre Ⲛⲓⲕⲁϥⲁⲣ, ou *Beni-Mohammad-el-Kifour* et la ville de *Pemsjé*, Ⲡⲉⲙϫⲉ. On y trouve aussi son nom arabe qui est *El-Qis*, que nos voyageurs modernes ont écrit *El-Gis*, corruption de Ⲕⲁⲓⲥ. Ce nom égyptien s'écrit aussi Ⲕⲟⲉⲓⲥ, *Koeis* (2). C'est la *Cynopolis* des anciens géographes grecs et latins. Ce dernier nom n'a aucun rapport avec le nom égyptien de cette ville.

Tamma.

Ce lieu faisait partie du nome de Kaïs, comme on le voit dans le récit que fait Ézéchiel, de son voyage avec Paul son maître. Ces deux saints personnages rencontrèrent dans la montagne de Méroéit un Anachorête qui leur dit s'appeler ⲡⲁⲩⲗⲉ ⲟⲩⲣⲙ̄ⲧⲁⲙⲙⲁ ϩⲙ ⲡⲧⲟϣ Ⲕⲟⲉⲓⲥ : « Paul de Tamma, dans le » nome de Koeis (3). »

Oxyrynchus. — Pemsjé.

La ville d'*Oxyrynchus* fut une des plus considérables de la haute Égypte. Les Grecs lui donnèrent le nom

(1) F.° ⲣϥⲇ̄.

(2) Mss. copt., Bibl. imp., n.° 46, ancien fonds.

(3) Zoëga, *Catalog. mss. musæi Borgiani, codic. salud.*, page 368.

d'Ὀξύρυγχος, à cause d'un poisson de ce nom qu'ils croyaient y être adoré. Cette opinion est peu vraisemblable, et nous pensons qu'il en était à Oxyrynchus comme à Latopolis, c'est-à-dire qu'on ne vénérait pas plus le poisson *Latus* que l'*Oxyrynchus*. On a vu qu'à Sné (Latopolis) on adorait le grand dieu Amoun, et non pas un poisson.

Oxyrynchus était à deux lieues de la chaîne Libyque, entre le canal de Menhi et cette même chaîne. Cette ville fut appelée Πεⲙϫε, *Pemsjé*, chez les Égyptiens (1). Ce nom corrompu par les Arabes se retrouve encore sur les lieux, car *Behnésé* ou *Bahnasa* ne diffère, à notre avis, que très-peu de *Pem-sjé*, et l'identité entre ces deux noms existe plutôt dans le son que dans l'orthographe, ce qui doit arriver nécessairement si les Arabes ne donnèrent un nom à l'*Oxyrynchus* des Grecs qu'en l'entendant prononcer par les Égyptiens. Telle est du moins notre opinion.

M. Ignace Rossi ne connaissant point le nom de Πεⲙϫε, sous lequel Oxyrynchus était désignée chez les Égyptiens, s'est efforcé de le retrouver dans le *Bahnasa* ou le *Bahnésa* des Arabes. Il le prononce *Behensa* (2), contre l'usage reçu et la ponctuation de

(1) Mss. copt., Bibl. imp., n.° 44, f.° 79 rectò. — Id., n.° 46, ancien fonds. — Id., suppl. n.° 17, fonds de Saint-Germain, etc.

(2) Rossi, *Etymologiæ ægyptiacæ*, page 39.

de plusieurs manuscrits, et croit qu'il est formé des deux mots égyptiens ⲃⲉϩⲓ, *lime* (1), et ϣⲁⲓ, *nez, narine*, d'où il forme Ⲃⲉϩⲓⲛ̄ϣⲁⲓ, dont il ne donne point le sens. Il a par ce moyen évité une difficulté, puisqu'il n'aurait pu obtenir de ce mot composé que *lime de la narine*. On ne voit point quel rapport cela peut avoir avec le nom d'Oxyrynchus, en supposant même que ce dernier, qui signifie *nez pointu*, soit l'exacte traduction du nom égyptien Ⲡⲉⲙϫⲉ.

Le père Georgi, persuadé que le nom égyptien d'*Oxyrynchus* était Ⲡⲉⲙϫⲉ, comme il l'a trouvé dans plusieurs manuscrits coptes, présente une étymologie qui nous paraît plus naturelle. Il pense que ce mot doit s'écrire Ⲡϩⲉⲙϫⲉ, *Phemsje* (2), qui, selon lui, a la valeur de ὀξύς, *acutus* (3). Cette correction régulière vient à l'appui de notre opinion, que le nom de cette ville, que les Arabes écrivent *BHNSA* et

---

(1) Ce mot signifie aussi *fer*, car nous l'avons trouvé interprété par *El-Hhadid* dans un vocabulaire copte-arabe (n.° 17, suppl. Saint-Germain).

(2) Dans ce mot le P ne doit pas être lié à l'H, qui n'est qu'une aspiration, et l'on doit prononcer comme s'il y avait *P-Hemsjé*.

(3) Dans les dictionnaires égyptiens que nous avons consultés, nous n'avons trouvé que ⲡϩⲉⲙϫ, qui veut dire ὄξος, *vinaigre*; il se peut que le P. Georgi ait rencontré Ⲡϩⲉⲙϫⲉ comme signifiant *aigu, pointu*.

prononcent *Bahnèsa*, est dérivé de Πϩⲉⲙϫⲉ, *BHAMSJA*, comme le prononçaient les Coptes. Alors il est probable que les Grecs auront cherché à traduire le nom de Πϩⲉⲙϫⲉ par Ὀξυρυγχος, et auront ensuite supposé qu'il dérivait du culte d'un poisson du Nil nommé *Oxyrynchus*.

Kanesch.

Ce bourg faisait partie du nome de *Pemsjé* (Oxyrynchus). Dans les actes de saint Épime (1), il est fait mention de ⲡⲓϩⲟⲣ ⲡⲓⲇⲓⲁⲕⲱⲛ ⲛ̀ⲧⲉ ⲕⲁⲛⲉϣ : *Pihor, le diacre de Kanesch*, bourg dépendant de la juridiction de *Pemsjé*.

Tôsji.

Ⲧⲱϫⲓ se trouvait aussi dans la préfecture de Pemsjé. Les mêmes Actes en contiennent la preuve. Ce mot Ⲧⲱϫⲓ exprime l'idée de *plantation*. Nous ignorons jusqu'à quel point il peut convenir à une ville.

Psénêros. — Pschénérô.

Étienne de Byzance fait mention du bourg de Ψενηρος. Nous pensons que ce bourg est le même que celui de Ϣⲉⲛⲉⲣⲱ, *Schénérô*, ou Πϣⲉⲛⲉⲣⲱ,

(1) Mss. copt., Bibl. imp., n.° 66, fonds du Vatican.

Pschénérô, cité dans les Actes de saint Épime. La valeur de ce nom égyptien ne nous est point connue d'une manière certaine.

Terbe.

Le village de Ⲧⲉⲣⲃⲉ paraît avoir aussi dépendu de la ville de Pemsjé (1). Le mot thébain Ⲧⲉⲣⲃⲉ nous semble correspondre au memphitique ϯⲉⲣⲃⲓ, qui signifie *lieu où l'on demeure*, *habitatio*, *mansio*.

Nehrit.

La ville de Nehrit se trouvait au nord de Schmoun.

Dans les Actes d'un hermite nommé Ⲃⲉⲛⲟϥⲉⲣ, *Bénofer*, ou Ⲟⲩⲉⲛⲟϥⲉⲣ, *Ouenofer* (2), ce saint raconte l'histoire de sa vie à un anachorète nommé *Paphnouti*; on y remarque le passage suivant : ⲟⲩⲟϩ ⲛⲁⲓϣⲟⲡ ⲡⲉ ϧⲉⲛ ⲟⲩⲁⲃⲏⲧ ⲙ̀ⲙⲟⲛⲁⲭⲟⲥ ϧⲉⲛ ⲡⲑⲟϣ ϣⲙⲟⲩⲛ ϧⲉⲛ ⲫⲙⲁⲣⲏⲥ ⲥⲁⲃⲟⲗ Ⲛⲉϩⲣⲓⲧ : « J'ai habité un monastère du nome de *Schmoun* » (Hermopolis-Magna) dans le *Maris* (la haute » Égypte), au-dessus de *Nehrit*. » La position du lieu appelé *Nehrit* n'est indiquée que d'une manière vague. Ce texte nous apprend seulement que le nome

(1) Mss. copt., Bibl. imp., n.° 66, fonds du Vatican.

(2) Zoëga, *Catalogus codic. copticor. musæi Borgiani; Codic. memphitici*, page 15. (Ouenofer est saint Onuphre).

de Schmoun se trouvait au midi de Nehrit, qui, par conséquent devait appartenir à une préfecture voisine située vers le nord. Nous avons en effet trouvé sa position dans le nome de Ⲡⲉⲙϫⲉ, l'*Oxyrynchus* des Grecs. L'état des provinces et des villages de l'Égypte, publié par M. Silvestre de Sacy (1), fait mention, dans celle de Bahnésa, d'un bourg appelé *Ihrit* en arabe. Ce mot n'est que l'égyptien Ⲡⲉϩⲣⲓϯ privé de l'article ⲡ, ce qui donne Ⲉϩⲣⲓϯ, dont les Arabes ont fait *Ihrit*. Ce mot égyptien peut dériver de ϩⲣⲱϯ, *pressoir*. C'est la seule racine égyptienne que nous connaissions, à laquelle on puisse le rapporter.

Pankôleus.

C'ÉTAIT aussi dans le nome de Pemsjé ou d'Oxyrynchus qu'était le lieu appelé *Pankôleus*, comme on le voit par le Martyre de Ⲁⲡⲁ Ⲉⲡⲓⲙⲉ ⲡⲓⲣⲉⲙⲡⲁⲛⲕⲱⲗⲉⲩⲥ ϧⲉⲛ ⲡⲑⲟϣ ⲡⲉⲙϫⲉ, *Apa Épime, habitant de Pankôleus, dans le nome de Pemsjé* (2). Ce nom ne nous paraît point égyptien. C'est probablement un mot grec défiguré, ou, si toutefois il est égyptien, ce que nous ne croyons point, nous pensons qu'il est étrangement corrompu.

---

(1) *Traduction d'Abd-Allatif*, page 685.

(2) Mss. copt., Bibl. imp., n.° 66, fonds du Vatican.

Sjelbah.

Ϫⲉⲗⲃⲁϩ était aussi un village qui dépendait de la ville de Pemsjé, l'Oxyrynchus des Grecs. Le passage suivant du même martyrologe nous donne sa position. Ceux qui portaient le corps de saint Épime étaient conduits par un ange qui les mena à ⲡⲁⲛⲕⲱⲗⲉⲩⲥ ⲥⲁⲣⲏⲥ ⲛ̀ⲟⲩⲙⲁ ⲉ̀ϣⲁⲩⲙⲟⲩϯ ⲉ̀ⲣⲟϥ ϫⲉ ⲡϫⲉⲗⲃⲁϩ, *Pankôleus, au midi d'un lieu appelé Sjelbah.* L'on voit par-là que *Sjelbah* ou *Psjelbah* était au nord de Pankôleus, et par conséquent dans le nome de Pemsjé.

Heracléopolis. — Hnês.

CETTE grande ville fut la capitale d'un nome, et était située dans une île assez considérable formée par le Nil à l'orient, et le canal de Menhi à l'occident : une branche de ce canal, aboutissant au Nil près de Iséum, la bornait au nord-ouest ; un troisième canal, tiré du Menhi au Nil, la terminait au midi. Cette île, ayant à-peu-près une figure triangulaire, est coupée vers sa partie occidentale par un canal qui, se dirigeant du midi au nord, se termine à Bousir.

(1) Mss. copt., Bibl. imp., n.° 46, f.° 47 versò.

C'est près de ce canal et vers l'extrémité septentrionale de celui de *Bathen*, qu'était située Héracléopolis.

Il est à présumer que le principal temple de cette ville fut consacré au *Dieu Fort*, ou à un personnage symbolique exprimant *la puissance de Dieu*, et que les Grecs ont dit avoir porté en langue égyptienne le nom de *Sem* ou de *Chom*, qui sont évidemment les mots égyptiens ϫⲉⲙ, *Sjem*, et ϫⲟⲙ, *Sjom*, *force*, nom qui se retrouve encore chez les Coptes, comme un des surnoms de Dieu. Dans une liste des surnoms qu'on donnait à Dieu chez les Égyptiens du moyen âge, se trouve ⲡϫⲥ ⲛ̀ϭⲟⲙ, *Psjoeis-an-Shom* (1), ce qui, en langue égyptienne, signifie le *Seigneur de la Force*, et est aussi interprété par l'arabe *Rabb-el-Qaouet*, le *Maître de la Force*. L'emblème de cette attribution de la Divinité était un petit animal appelé *Ichneumon;* c'était l'ennemi des crocodiles. Il devait en être ainsi, car le crocodile étant le symbole de Typhon, *le mal physique et moral*, celui du Dieu Fort qui arrête et comprime le mal dans le monde, devait être un animal qui, comme l'Ichneumon, fût continuellement en guerre avec le crocodile. Il détruisait en effet les œufs de ce redoutable amphibie, selon l'opinion des anciens Égyptiens.

---

(1) Mss. copt., Bibl. imp., n.° 46, f.° 47 versò.

D'après toutes ces considérations, les Grecs crurent devoir donner à cette ville le nom de Ηρακλεους πολις (1) ou de Ηρακλεου πολις (2), à cause d'Hercule qui, dans leur religion, était le Dieu de la Force.

Mais le nom égyptien d'Héracléopolis n'avait aucun rapport avec ϫⲱⲙ, *Sjom*, ni *Hercule*. Ce fut ϩⲛⲏⲥ, *Hnés* ou *Hnas* ; et cela est hors de doute, puisque deux manuscrits coptes nous apprennent que ϩⲛⲏⲥ et l'Ηρακλεου πολις des Grecs (qui est écrit ϩⲣⲟⲕⲗⲉⲟⲩ et ⲁⲣⲉⲕⲗⲉⲥⲱⲙ dans ces mêmes manuscrits) appartiennent à la même ville, et correspondent au nom arabe *Ahnas* qu'elle porte encore dans le pays (3); outre cela, Héracléopolis était située à l'occident de l'île, ce qui convient parfaitement à Ahnas.

Le nom de cette ville est quelquefois orthographié ϩⲛⲉⲥ, *Hnes* (4), et même ⲉϩⲛⲉⲥ (5), d'où est venu l'arabe *Ahnas*, dans lequel on remarque l'A (alif) initial que les Arabes ont coutume de placer, comme nous l'avons fait voir ailleurs, devant les noms des villes de l'Égypte, et sur-tout devant ceux qui commencent par une consonne, comme Ⲥⲛⲏ, *Sna*,

---

(1) Strabon, liv. XVII.

(2) Étienne de Byzance, *de Urbib. et Popul.*

(3) Mss. copt., Bibl. imp., n.° 44, f.° 79 rectò, ancien fonds. — N.° 43, f.° 59 rectò.

(4) Mss copt., Bibl. imp., n.° 17, suppl. S.t-Germ., f.° ⲣϥⲃ.

(5) Mss. copt., Bibl. imp., n.° 44, ancien fonds.

Ⲭⲙⲓⲙ, *Chmim*, Ϣⲙⲟⲩⲛ, *Schmoun*, qu'ils ont écrit *Asna*, *Achmim*, *Aschmoun*, et en cela ils imitaient les anciens Égyptiens que nous croyons avoir ajouté une voyelle au commencement d'un mot dont les deux premières lettres étaient des consonnes. C'est ainsi que leurs descendans prononçaient les noms de ⲡⲛⲟⲩϯ, *Pnouti*, et de ⲡϭⲟⲓ̅, *Psjoïs*, *Abnoudi* ou *Apnouti* (1), et *Ibschoïs* ou *Ipsoïs* (2). Selon la même règle, les Égyptiens prononçant Ϣⲙⲟⲩⲛ, *Aschmoun*, Ⲥⲛⲏ, *Asna*, et Ϩⲛⲏⲥ, *Ahnas*, il s'ensuit que les Arabes, en écrivant ces mêmes noms *Aschmoun*, *Asna* et *Ahnas*, adoptèrent la manière dont il les entendaient prononcer, et que, par la suite, les Coptes écrivirent Ⲉϩⲛⲉⲥ pour Ϩⲛⲉⲥ, de la même manière que ⲉⲙⲕⲁϩ, ⲉⲙⲛⲟⲧ, ⲉⲙⲧⲟⲛ, ⲉⲙϫⲱⲗ, ⲁⲙⲣⲉ, ⲉⲙⲃⲟⲕⲓ, ⲉⲛⲧⲏϫ, ⲉⲛⲭⲁⲓ, et une foule d'autres étaient mis à la place de ⲙ̀ⲕⲁϩ, *affliction*, ⲙⲛⲟⲧ, *mamelle*, ⲙ̀ⲧⲟⲛ, *repos*, ⲙ̀ϫⲱⲗ, *oignon*, *cæpæ* (3), ⲙ̀ⲣⲉ, *panetier*, ⲙ̀ⲃⲟⲕⲓ, *grosse*, ⲛ̀ⲧⲏϫ, *zizanie*, ⲛ̀ⲭⲁⲓ, *chose*.

---

(1) Lacroze, *Lexicon ægyptiaco-latinum*, page 62.

(2) *Ibidem*, page 174.

(3) Le mot écrit ⲉⲙϫⲱⲗ dans Lacroze, se trouve sous la vraie forme de ⲙ̀ϫⲱⲗ dans le Vocabulaire copte n.° 17, suppl. Saint-Germain, de la Bibliothèque impériale, ainsi que dans l'Ancien Testament, nombr. XI, 5.

Le prophète Isaïe fait mention d'une ville d'Égypte appelée *Hhnss, Hhanass* (1), dont le nom ressemble exactement à celui de la ville de *Hnés*. Le texte hébreu porte : *Car ses chefs étaient à Tanis, et ses envoyés étaient parvenus à Hhanass* (2). On pourrait croire que *Hhanass* n'est autre chose que ϨⲚⲎⲤ, c'est-à-dire *Héracléopolis;* cependant il faut observer premièrement, que la version arabe ne fait aucune mention de Hhanass, et qu'on y lit : « *Parce que les » envoyés* (ou les anges) *sont à Ssaân* (Tanis), » *chefs cruels* (3); » secondement, le Targoum porte *Tahhaphnes*, au lieu de *Hhanass*, ce qui indique la ville que les Grecs nommèrent *Daphnès* en basse Égypte. Le grec s'accorde avec l'arabe, et on y lit : *Chefs cruels*, Αγγηλοι πονιροι, au lieu de, *et sont parvenus jusques à Hanass*. Nous pensons que le nom de Hhanas du texte hébreu n'est qu'une corruption de Tahhaphnès. La signification du nom égyptien d'Héracléopolis, ϨⲚⲎⲤ, a échappé à nos recherches.

Pouschin et Phannisjôït.

Dans plusieurs manuscrits égyptiens, on lit les noms des lieux de ⲠⲞⲨϢⲒⲚ, *Pouschin*, et de ⲪⲀⲚⲚⲒϪⲰⲒⲦ,

(1) Ce mot est écrit par un *het*, un *noun* et un *samech*.

(2) Voici le texte en lettres françaises : KI HIOU BTZAN SRIOU OUMALAKIOU HHNSS IGIAOU, Isai. xxx, 4.

(3) Voici le texte arabe : *Liannahou Iakounou Bissâan Malaïkatoun Rouousaou Aschraroun.*

Phannisjôït, et l'histoire du martyre de saint Jean porte : Ⲫⲁⲛⲛⲓⲥϫⲱⲓⲧ ϧⲉⲛ ⲧⲭⲱⲣⲁ ⲙ̀ⲡⲟⲩϣⲓⲛ (1), « Phannisjôït dans le canton de Pouschin ; » ce qui prouve évidemment que Phannisjôït devait être dans le voisinage de *Pouschin*, puisqu'il dépendait de cette dernière ville. La position de ces deux lieux nous était inconnue; mais après de nombreuses recherches, nous avons enfin trouvé qu'ils s'appliquaient naturellement aux deux villages arabes *Bousch* et *Zaitoun*, qui sont tous les deux situés dans l'île d'Ϩⲛⲏⲥ (Héracléopolis).

Le nom de *Bousch* ne diffère en effet de l'égyptien Ⲡⲟⲩϣⲓⲛ, *Pousch-in*, que par la finale que les Arabes ont très-souvent retranchée dans les noms égyptiens de villes qu'ils ont adoptés. C'est ainsi qu'ils ont écrit Ⲃⲟⲩⲥⲓⲣⲓ, Ϫⲁⲛⲓ, *Abousir* et *Ssân*, en supprimant l'I final ; et la syllabe ⲉⲛ se trouve également omise dans *Schabas* ou *Schabbas*, orthographe arabe de l'égyptien Ϫⲁⲡⲁⲥⲉⲛ, *Sjapasen*.

Mais une preuve irrécusable que ⲡⲟⲩϣⲓⲛ correspond incontestablement à *Bousch*, se trouve dans Ⲫⲁⲛⲛⲓⲥϫⲱⲓⲧ, *Phannisjôït*, qui, comme nous l'avons dit, doit être le nom égyptien du village appelé *Zaitoun*. Ce mot, en langue arabe, désigne les *olives*, et il nous est facile de prouver que ce n'est que la

---

(1) Mss. copt., Bibl. imp., n.° 69, fonds du Vatican, page 40.

traduction exacte du nom égyptien ⲫⲁⲛⲛⲓϫⲱⲓⲧ. Ce dernier signifie, à la lettre, *le lieu des olives.* Écoutons maintenant Strabon, et nous verrons que le seul endroit de l'Égypte où croissaient les oliviers, était dans l'île d'Héracléopolis :

« Après la préfecture d'Aphroditopolis, dit ce » célèbre géographe, on trouve celle d'Héracléopolis » située dans une grande île ; à droite, vers la Libye » et près du nome Arsinoïte, est un canal qui a deux » embouchures et qui coupe une partie de l'île. Cette » préfecture est la plus remarquable de toutes par » son aspect, sa fertilité et sa disposition ; seule elle » fournit des olives, et est plantée d'arbres hauts et » robustes. Si quelqu'un en recueille bien l'huile, il » en obtient d'une qualité supérieure ; mais si on » néglige d'y apporter les soins nécessaires, toute » celle qu'ils recueillent, quoique en grande quantité, » est imprégnée de mauvaise odeur. Le *reste de* » *l'Égypte manque d'oliviers*, si ce n'est qu'on en » trouve dans les jardins aux environs d'Alexandrie ; » ceux-ci produisent bien des olives, mais on n'en » peut pas retirer de l'huile. »

On ne peut douter, après la lecture de ce passage, que l'île d'Héracléopolis ne fût renfermée dans les bornes que nous lui avons assignées précédemment (1).

---

(1) Voyez *Héracléopolis*, page 309.

Le territoire le plus voisin d'*Aphroditopolis* est en effet cette grande île qui réunit toutes les circonstances que Strabon indique dans sa Géographie ; et la situation d'*Ezzaitoun* dans cette même île, nous prouve évidemment que c'est là l'île d'Héracléopolis, que ⲫⲁⲛⲛⲓϫⲱⲓⲧ est le nom égyptien du village arabe d'*Ezzaitoun*, et que *Bousch* fut autrefois nommé Ⲡⲟⲩϣⲓⲛ par les Égyptiens.

L'extrême rareté des oliviers en Égypte était sans doute la véritable raison qui fit donner le nom de ⲫⲁⲛⲛⲓϫⲱⲓⲧ, *Phannisjôït*, au seul endroit du royaume où ils se trouvaient. Leur existence dans ce lieu situé dans la préfecture de *Hnas*, Ϩⲛⲏⲥ (Héracléopolis), n'est pas douteuse, et elle serait prouvée par ce seul nom égyptien, à défaut même du témoignage de Strabon.

Phannisjôït fut sans doute le seul endroit de l'Égypte qui produisit des oliviers du tems que les rois de race égyptienne gouvernèrent le royaume. Le grand bas-relief d'Éléthya, dont nous avons parlé précédemment, n'offre aucune représentation de la culture de cet arbre, quoique on y trouve minutieusement sculpté tout ce qui a quelque rapport avec la chasse, la pêche et l'agriculture des anciens Égyptiens. Il nous paraît même probable qu'après l'époque où vivait Strabon, et où ces oliviers existaient encore en Égypte, on cessa de les y cultiver, puisqu'il semble, d'après une *Description de la Terre* (1), écrite en grec sous les empereurs Constantius et Constans, qu'on n'y en voyait plus alors : « Toute la terre d'Égypte, dit l'auteur de cet » Opuscule (2), est *couronnée* par un fleuve qu'on » appelle le Nil qui arrose toute sa surface. Ce pays » abonde en toute sorte de fruits, *ανσυ ελαιου*, *excepté* » *en olives.* »

Phannisjôït devait être le lieu où croissaient les oliviers, à moins que ce ne fût dans ce village qu'on déposait la récolte des olives, pour la répandre de là dans le reste de l'Égypte : étant situé sur les bords du Nil et au midi de Ⲡⲟⲩϣⲓⲛ, on pouvait facilement les embarquer pour les préfectures de la haute Égypte au midi, et pour Memphis et la basse Égypte vers le nord. Il est assez remarquable que les oliviers, arbres qui aiment jusques à un certain point le voisinage de la mer, s'en trouvaient en Égypte à une très-grande distance. Enfin, Diodore de Sicile (3) nous apprend que ce fut Thoth qui, chez les Égyptiens, découvrit l'olivier, et qu'on a tort de dire que ce fut Minerve. Nous n'entrerons ici dans aucune discussion pour appuyer ou contredire l'auteur grec ; car il est inutile de répéter que ce

---

(1) Εξηγησις ολου Του Κοσμε και των εθνων : *Expositio totius mundi et gentium*, edente Jacobo Gothofredo ; Genève, 628.

(2) Page 16.

(3) Diodore de Sicile, livre I, 15.

ne fut ni Thoth ni Minerve, puisque ces deux personnages sont fictifs et symboliques.

Pouoh-Anniaméou, Tkemen et Phouôit.

Dans l'histoire du Martyre de saint-Épime, il est fait mention d'un village appelé Ⲫⲟⲩⲟϩ ⲛ̀ⲛⲓⲁⲙⲏⲟⲩ, c'est-à-dire la *demeure des Bouviers* (1). Le père Georgi, qui a donné quelques fragmens du texte égyptien de ce manuscrit, a rapporté un passage où il est fait mention du lieu dont nous parlons. Il l'a imprimé d'après le manuscrit qui portait Ⲫⲟⲩⲟϩ-ⲛ̀ⲛⲓⲁⲛⲉⲩ, *Phouohannianeu* (2), corruption évidente de la vraie leçon Ⲫⲟⲩⲟϩ ⲛ̀ⲛⲓⲁⲙⲏⲟⲩ, qu'on lit quelques lignes au-dessus dans le même texte. *Phouoh-Anniaméou* était situé à l'occident du Nil (Ⲥⲁⲡⲉⲙⲉⲛⲧ ⲙ̀ⲫⲓⲁⲣⲟ), et par conséquent dans la partie Libyque de l'Égypte. Le passage suivant va nous indiquer sa position. L'empereur Dioclétien avait nommé Hérokélianus gouverneur des villes de Hnès, Pemsjé et Kaïs (Héracléopolis, Oxyrynchus et Cynopolis), et Sébastianus, *duc* de la haute Égypte. Arménius, gouverneur d'Alexandrie, leur remit saint Épime, afin de le conduire en haute Égypte; mais pendant leur navigation, le vent leur

(1) Mss. copt., Bibl. imp., n.° 66, fonds du Vatican.

(2) Georgi, *de Miraculis sancti Coluthi*, præfatio, page CXXII.

manqua près de *Phouoh-Anniaméou.* Les deux gouverneurs firent apporter d'un temple voisin de ce village une statue d'Apollon, pour forcer les Chrétiens à l'adorer. Ils ordonnèrent de chercher et de leur amener tous les Chrétiens du voisinage. On conduisit à leur barque Ⲁⲡⲁ Ⲥⲁⲣⲁⲡⲓⲱⲛ ⲡⲓⲡⲣⲉⲥⲃⲩⲧⲉⲣⲟⲥ ⲛ̀ⲧⲉⲫⲟⲩⲟϩ ⲛ̀ⲛⲓⲁⲙⲏⲟⲩ ⲛⲉⲙ ⲱⲣⲓⲱⲛ ⲡⲓⲡⲣⲉⲥⲃⲩⲧⲉⲣⲟⲥ ⲛ̀ⲧⲉⲡϭⲱⲙ ⲛ̀ⲧⲕⲉⲙⲏⲛ ⲛⲉⲙ ⲁⲃⲓⲱⲛ ⲫⲏⲉⲧⲟⲓ ⲁ̀ⲫⲉ ⲉ̀ⲧⲕⲉⲙⲉⲛ ⲛⲉⲙ ⲉⲩⲇⲉⲙⲱⲛ ⲡⲓⲣⲉⲙⲫⲟⲩⲱⲓⲧ ⲛⲉⲙ ⲡⲉⲧⲥⲓⲣⲓ ⲡⲓⲣⲉⲙ ϯⲗⲟϫ ⲛⲉⲙ ϩⲁⲛ ⲕⲉⲙⲏϣ ⲛ̀Ⲭⲣⲏⲥⲧⲓⲁⲛⲟⲥ ⲧⲏⲣⲟⲩ ⲛ̀ⲧⲉ ⲡⲓⲙⲁ ⲉⲧⲉⲙⲙⲁⲩ : « Apa Sarapion, prêtre de » Phouoh-Anniamêou; Orion, prêtre du jardin de » Tkemen; Abiôn, chef de Tkemen; Eudemôn, de » Phouôit; Petsiri, de Tilosj, et une multitude de » Chrétiens de cet endroit. » Le village de Tilosj dépendait de la préfecture de Tpih (Aphroditopolis); par conséquent Phouoh-Anniaméou, Phouôit et Tkemen devaient être voisins de ce nome. Tkemen qui, sous l'empereur Dioclétien, était un poste militaire, se trouvant en effet dans le nome de *Hnès* (1) (Héracléopolis), à l'occident de cette ville, il s'ensuit nécessairement que Ⲫⲟⲩⲟϩ ⲛ̀ⲛⲓⲁⲙⲏⲟⲩ et *Phouôit* appartenaient à la préfecture de Hnès, ou à celle de Tpih qui lui est contiguë. Cependant, comme il

---

(1) *De Miracul. sancti Coluth., præfatio*, page CXCI.

est dit expressément dans le Martyre de saint Épime, que *Phouoh-Anniaméou* était situé sur la rive occidentale du fleuve, elle dut appartenir au nome de Hnès (Héracléopolis), puisque cette préfecture consistait en une île bornée à l'est par le Nil, et que le nome de Tpih (Aphroditopolis) occupait la rive orientale. Phouôit devait dépendre aussi de Hnès, puisque Hérokélianus et Sébastianus étant sur le bord occidental du Nil, avaient donné ordre de faire venir devant eux les Chrétiens des lieux environnans.

Naui.

Le village de ⲚⲀⲨⲒ dépendait de Hnès, et faisait partie de son nome. Ce lieu est mentionné dans le Martyre de saint Lakarôn (1). Les Arabes le connurent sous le nom de *Naouai*, et le rangèrent parmi les villages de la province d'Oschmounaïn (2).

Schbenti.

ϢⲂⲈⲚϮ dut aussi faire partie du même nome. C'est ce qu'on peut induire d'un passage du même manuscrit.

(1) Mss. copt., Bibl. imp., n.º 68, fonds du Vatican.

(2) *État des provinces de l'Égypte*, publié par M. de Sacy, à la suite de sa Traduction d'Abd-Allatif, page 697, n.º 101.

Nilopolis. — Pousiri.

CETTE ville, voisine de la préfecture d'Héracléopolis, était placée loin du Nil dans le milieu des terres (1). Son nom de Νειλος πολις lui fut donné par les Grecs, parce que ses habitans avaient pour le Nil une grande vénération. Cependant ce respect était commun à tous les Égyptiens en général; il est à croire, malgré cela, que les Nilopolites se distinguaient par une dévotion toute particulière envers le Nil auquel ils avaient consacré un temple dans leur ville (2). Le nom grec de *Nilopolis* nous paraît exprimer à-peu-près la valeur de son nom égyptien, qui fut, selon nous, Ⲡⲟⲩⲥⲓⲣⲓ, *Pousiri* ou *Bousiri*, parce que nous ne balançons point à placer cette ancienne ville égyptienne au lieu appelé encore aujourd'hui *Boussir* ou *Aboussir*. C'est à Ⲡⲟⲩⲥⲓⲣⲓ ou *Nilopolis* que venait aboutir un canal, qui, selon Strabon, coupait à l'occident l'île d'Héracléopolis. De l'avis des autorités les plus respectables de l'antiquité, Osiris n'était autre chose que *le Nil*, et non *le Soleil*, comme on le croit généralement; c'est ce que nous démontrerons dans notre Traité sur la Religion égyptienne. Nous ferons observer

(1) Ptolémée, liv. IV.

(2) Étienne de Byzance, *de Urbibus et Populis* verbo Νειλος.

seulement ici que l'on ne peut méconnaître le nom d'*Osiris* dans Ⲡⲟⲩⲥⲓⲣⲓ, *P-ousiri*, et il est facile de voir qu'il n'en diffère que par l'absence de l'article masculin ⲡ des anciens Égyptiens.

Isidis-Oppidum. — Naïsi.

Il y avait en Égypte deux villes de ce nom qu'il ne faut pas confondre ; l'une, celle de la basse Égypte, était placée dans le voisinage de *Busiris* et de *Sebennytus;* l'autre, celle dont nous parlons maintenant, exista sur la rive occidentale du Nil, en face de l'île de *Hnas* (Héracléopolis), dont elle n'était séparée que par un canal qui, passant par Ⲡⲟⲩⲥⲓⲣⲓ (Nilopolis), communiquait à l'ouest avec le nome Crocodilopolite, et au midi avec *Hnas* et les deux grands canaux connus aujourd'hui sous les noms de *Menhi* ou *Bahhr-Iousef* et *Bathen.* Sa position porte à croire qu'elle dépendait de Pousiri.

L'emplacement de la ville d'Isis est de nos jours occupé par *Zaoyyéh*, qui semble conserver quelques traces de son ancienne dénomination. Nous croyons que si les Grecs traduisirent avec précision le nom égyptien de cette position, elle dut être connue parmi les naturels du pays, sous celui de Ⲡⲁⲏⲥⲓ, *Païsi*, ou de Ⲑⲁⲏⲥⲓ, *Thaïsi*, mots qui ont la valeur de *Isiacus* et *Isiaca*, ou bien sous celui de Ⲛⲁⲏⲥⲓ,

Naïsi qui a la même valeur, et qui, comme on le verra, fut aussi le nom égyptien de la *ville d'Isis* de la basse Égypte.

Crocodilopolis. — *Piom.*

VIS-A-VIS l'île de *Hnas* (Héracléopolis), une ouverture de la chaîne Libyque conduit dans une vallée étroite, ayant environ deux lieues de longueur, qui s'élargit ensuite et forme un vaste bassin de près de cinquante lieues de tour (1). C'est là que se trouvait le nome appelé *Crocodilopolite* par les Grecs, et *Piom* par les Égyptiens. Il fut un des plus étendus, et peut-être même le plus fertile de tous ceux de l'Égypte.

La partie occidentale de cette préfecture était bornée par un lac d'une vaste étendue, dont nous parlerons plus bas.

Crocodilopolis, sa capitale, était placée non-loin des bords de ce lac, et située sur le principal canal qui, du Nil, communiquait avec le lac; son étendue paraît avoir été très-considérable. Elle fut probablement ornée de temples qui n'existent plus; un obélisque de près de soixante pieds de hauteur (2) et quelques anciens débris peu remarquables attestent l'antique

(1) M. Jomard, *Mémoire sur le lac de Mœris*, page 2.

(2) Paul Lucas, 1.er *Voyage*, tome II, page 62.

existence de ce chef-lieu de préfecture. On y nourrissait des crocodiles sacrés dans des réservoirs construits à cet effet (1), et de cette circonstance les Grecs prirent occasion de donner à cette ville le nom de Κροκοδειλωνπολις. Étienne de Byzance (2) rapporte une autre origine de cette dénomination. Il dit qu'un cavalier étant tombé dans le lac, il fut pris par un crocodile et transporté sur la rive opposée; et qu'à cause de cet événement, le maître du cheval, dont le nom n'est point connu à cause d'une lacune qui se trouve dans le texte d'Étienne de Byzance, mais qu'on croit être Ménès, donna le nom du *Crocodile* à la ville capitale et à la préfecture. Cette fable absurde est démentie par le silence que gardent sur ce fait les auteurs anciens les plus estimés.

Hérodote nous apprend que les Égyptiens donnaient aux crocodiles le nom de Χαμψαι (3). Dans l'article *Tachompsos* (4) nous avons fait voir que cette orthographe n'est point contraire aux règles de la langue égyptienne, quoique dans les livres coptes on trouve toujours ⲙ̀ⲥⲁϩ, *Amsah*, lorsqu'on veut désigner ce redoutable amphibie. Si les Grecs avaient exactement traduit le nom égyptien de la capitale du

---

(1) Hérodote, livre II.

(2) *De Urbibus et Populis.*

(3) Hérodote, livre II, §. LXIX.

(4) Voyez ci-dessus, page 152.

Piom, nous le trouverions écrit dans les livres coptes ⲐⲀⲘⲤⲀϨ, *ville des Crocodiles ;* mais ici, comme il arrive presque toujours, le nom grec n'a aucun rapport avec le véritable nom égyptien de cette ville, qui fut Ⲡⲓⲟⲙ, comme on le trouve dans divers manuscrits coptes (1), ou bien Ⲫⲓⲟⲙ (2), par la simple mutation de l'article ⲡ, en l'article ⲫ.

Il a la même origine que le nom de Ⲡⲓⲟⲙ ou Ⲫⲓⲟⲙ que porta le nome Crocodilopolite, comme nous allons le voir. Le nom de *Medineh-Fayyoum* que les Arabes lui donnent, n'est que l'altération du nom égyptien de cette ville.

Le mot Ⲡⲓⲟⲙ est purement égyptien. Il désigne tous les grands amas d'eau ; il est principalement appliqué à la mer. L'origine de cette dénomination égyptienne se trouve naturellement dans l'état physique de la contrée qui la portait ; car on ne doit point oublier que le mot Ⲡⲓⲟⲙ désigne en même tems la préfecture et sa ville capitale. Le nome de Piom était en effet le mieux arrosé de toute l'Égypte, et dans aucun autre, on ne trouvait en si grande quantité l'eau, qui est la *mère* de tout, dans l'opinion

(1) Mss. copt., Bibl. imp., n.° 44. — *Ibid.*, n.° 46. — *Ibid.*, n.° 17, supplément Saint-Germain.

(2) Mss. copt., Bibl. imp., n.° 43, f.° 59 rectò.

des Égyptiens (1). C'est sans doute à son grand lac, et au nombre immense de canaux qui le traversaient dans tous les sens, que le nome dut le nom de Ⲡⲓⲟⲙ. Le mot *Fayyoum*, sous lequel les Arabes connaissent cette préfecture, ne doit point être regardé comme une corruption du mot Ⲡⲓⲟⲙ. Il conserve, à notre avis, une ancienne orthographe de cette dénomination, laquelle, grammaticalement, est bien plus régulière que *Piom* des livres coptes. Le mot *Fayyoum* en lettres coptes donne Ⲫⲁⲓⲟⲙ, *Faiom*, qui désigne en langue égyptienne un endroit *aqueux*, *marécageux* ou *plein d'eau*. On disait Ⲫⲁⲓⲟⲙ pour ⲡⲑⲟϣ ⲛ̀ⲓⲟⲙ ou ⲡⲕⲁϩⲓ ⲛ̀ⲓⲟⲙ, *le nome* ou *le pays aqueux*.

Sous les Lagides, Crocodilopolis prit le nom d'Arsinoë qu'elle porte quelquefois dans les livres coptes; mais dans ce cas on trouve à côté le nom de Ⲡⲓⲟⲙ pour la désigner plus particulièrement. Le nom grec est écrit Ⲁⲣⲥⲉⲛⲱⲉ (2), nous l'avons même trouvé écrit Ⲁⲣⲥⲉⲛⲓⲕⲟⲛ (3); mais, sous cette dernière forme, il paraît désigner plutôt le nome entier de *Piom* que la ville seule. Dans le texte égyptien de l'Inscription

---

(1) On ne peut qu'être frappé de l'analogie qui existe entre les mots ⲙⲱⲟⲩ, *Môou* et ⲙⲁⲩ, *Mau* ou *Maou*, dont l'un signifie *aqua* et l'autre *mater*.

(2) Mss. copt., Bibl. imp., n.° 43, f.° 59 rectò.

(3) Mss. copt., Bibl. imp., n.° 44.

de Rosette, le nom grec Αρσινοη, est écrit Ⲁⲣⲥⲏⲛⲉⲥ (1), qui a quelques rapports d'orthographe avec le copte Ⲁⲣⲥⲉⲛⲱⲓⲉ.

Le père Kircher, dans sa *Chorographia Ægypti*, donne à Crocodilopolis le nom de Ⲥⲩⲭⲓ, *Sychi*, qu'il assure désigner en égyptien le Crocodile. Mais ce mot ne se trouve dans aucun texte ni dans aucun vocabulaire copte. Kircher seul l'a inséré dans sa *Scala-Magna*, et tout porte à croire qu'il est de son invention.

Sounhôr.

La belle et fertile province de Piom devait nécessairement renfermer un nombre considérable de villes. Les anciens géographes grecs et latins n'ont parlé que de la capitale du nome, et ont passé sous silence les noms des autres lieux de sa dépendance. Mais celui que quelques-uns de ces lieux portent encore dans le pays, nous met à même de les rétablir dans leur orthographe égyptienne, tel est Sounhôr.

Cette ville était à l'occident de celle de Piom, et bien plus voisine du lac que cette dernière. Kircher trouva son nom égyptien écrit Ⲥⲟⲩⲛϩⲱⲣⲓ dans un manuscrit copte (2); nous pensons cependant qu'il devait être écrit Ⲥⲟⲩⲛϩⲱⲣ, et non Ⲥⲟⲩⲛϩⲱⲣⲓ; le premier de ces deux mots est réellement un nom

(1) Lignes 2, 4, 6 et 24.

(2) Lacroze, *Lexicon ægyptiaco-latinum*, page 96.

égyptien, par lequel on désignait la *canicule;* il est en effet composé de ⲥⲟⲩ pour ⲥⲓⲟⲩ, *astre*, de l'article du génitif ⲛ̀, et de ϩⲱⲣ, qui signifie un *chien*. Ce mot prouve encore que Lacroze a eu tort de placer ⲟⲩϩⲱⲣ, *canis*, dans son Lexique, tandis qu'il aurait dû l'écrire simplement ϩⲱⲣ.

Tpih-Schalla.

DANS les nomenclatures des villes des provinces de l'Égypte, que les Arabes ont formées, on trouve, comme appartenant à celle de Piom, un lieu nommé *Atfihh-Schalla* (1). Ce nom, qui n'est point arabe, indique nécessairement une ancienne position portant ce nom long-tems avant l'invasion des Musulmans en Égypte. On retrouve en effet dans le nom que les Arabes lui donnent, celui de Ⲧⲡⲏϩ que nous verrons plus bas (2) être le nom égyptien de l'Aphroditopolis des Grecs et de l'*Athfihh* des Arabes.

Quant au nom de *Schalla* que porte aussi la Tpih du Piom, on doit peut-être le regarder comme un surnom donné à ce lieu par les Égyptiens, afin de le distinguer de la capitale du nome Aphroditopolite, appelée aussi Tpih et située dans son voisinage.

---

(1) *État des provinces de l'Égypte à la suite de la traduction d'Abd-Allatif*, par M. de Sacy; province du Fayyoum, n.° 12, page 680.

(2) Voyez ci-après, page 332.

Lac de Mœris.

DANS la partie occidentale de la préfecture de Piom, était un lac d'une vaste étendue et qui lui servait de frontière du côté de la Libye. Situé au sud-ouest et à dix schœnes au-dessus de Memphis, ce lac contribua à améliorer l'agriculture du nome Crocodilopolite, du territoire de Memphis, de Hnès et d'une partie de l'Égypte moyenne. On doit le regarder comme un réservoir qui remédiait en quelque sorte à une trop grande élévation des eaux, ou à un débordement insuffisant.

Selon les anciens historiens, le pharaon Mœris l'aurait fait creuser de main d'homme. Mais ce lac ayant près de quarante lieues de tour et une profondeur assez considérable, il s'en suivrait que les Égyptiens, en le creusant, auraient enlevé plus de onze cent milliards de mètres cubes de terre, ce qui ne peut se supposer (1). Il est plus naturel de croire, comme tout concourt à le prouver (2), que la province de *Piom* était un marais, semblable au Delta

---

(1) M. Jomard, *Mémoire sur le lac de Mœris, dans la Description de l'Égypte*, tome I.er; *Antiquités, Mémoires*, page 97.

(2) *Ibidem.* Nous renvoyons pour plus de détails à l'excellent Mémoire précité de M. Jomard, où ce savant voyageur discute ou combat avec autant de clarté que de justesse les diverses opinions qui ont été émises sur le lac de Mœris.

avant son desséchement. Cette opinion est en quelque sorte suggérée par le nom égyptien même de ce nome que nous avons vu signifier *aqueux, plein d'eau*, et Strabon l'appuie en disant que le lieu où est le lac Mœris fut autrefois une vaste campagne (1). Le pharaon Mœris profita sans doute de la disposition naturelle d'une partie de cette province; ayant fait tirer un canal du Nil, et l'ayant amené à travers les sables et les rochers jusques vers la partie occidentale de ce nome, il l'inonda et forma ainsi un lac d'une très-grande utilité. Il dessécha les autres parties du pays, en fit une nouvelle et riche province, et s'acquit ainsi de justes titres à la reconnaissance de ses sujets.

Le grand canal tiré du Nil par Mœris, traversait la gorge étroite qui conduit de la vallée de l'Égypte dans la province de Piom, et se divisait ensuite en deux branches principales de trois cents pieds de large, aboutissant au bas-fond qui fut couvert par le lac.

Vers son milieu, s'élevaient au-dessus des eaux deux pyramides d'une grande hauteur, surmontées d'un colosse assis sur un trône. Hérodote, qui rapporte ce fait (2), croit que ces deux monumens prouvent que le lac avait été creusé de main-d'homme. Mais, comme le fait observer M. Jomard dans son excellent

---

(1) Strabon, liv. XVII.

(2) Hérodote, liv. II, §. CXLIX.

Mémoire (1), elles ont pu être bâties dans le bas-fond avant qu'il fût occupé par les eaux qui ont formé le lac.

L'importance de cette entreprise de Mœris, était justifiée par son utilité; en formant ce lac, ce monarque eut pour but de préserver une partie de l'Égypte moyenne des effets d'une inondation insuffisante. Lors de la crue des eaux, le lac se remplissait par les canaux et s'élevait au plus haut niveau que le débordement pût atteindre. Lorsque le Nil décroissait, le lac était fermé par des digues et des écluses, et conservait les eaux jusques au solstice d'hiver qu'on ouvrait les digues pour les faire écouler par deux embouchures. Ce lac suppléait ainsi au manque d'élévation dans les eaux du fleuve.

Le nom de Mœris que porte ce lac, lui vient du pharaon, qu'on croit l'avoir formé en totalité ou en partie. Le nom de ce roi, écrit tantôt Mœris (2) et tantôt Myris (3), répond à l'égyptien Ⲙⲁⲣⲏ, *Mari*, Ⲙⲏⲓⲣⲏ, *Mêiri*, ou Ⲙⲟⲓⲣⲏ, *Miri*, qui signifie en grec Ηλιοδωρος, *Don du Soleil.*

Les Coptes ou Égyptiens du moyen âge ne lui ont pas conservé le nom du pharaon *Mêiri*. On ne trouve jamais dans leurs livres ⲡⲓⲁⲓϣⲉⲛ ⲙ̀ⲙⲟⲓⲣⲏ, *le lac de Mœris*, pour désigner le lac du nome Crocodilopolite.

---

(1) Page 98.

(2) Hérodote, liv. II.

(3) Diodore de Sicile, livre I.

Mais on y lit constamment ϯⲗⲩⲙⲛⲏ ⲛ̀ⲧⲉ ⲫⲓⲟⲙ, *le lac du Phiom*. C'est ainsi, par exemple, que dans l'histoire de la translation des os de plusieurs martyrs, faite le 5 du mois de méchir, on lit ⲛ̀ϫⲉ ϩⲁⲛⲥⲁⲛⲕⲁⲡ ⲉ̀ⲃⲟⲗϧⲉⲛ ⲫⲑⲟϣ ⲫⲓⲟⲙ, — ⲁⲩⲫⲟϩ ϩⲓϫⲉⲛ ϯⲗⲩⲙⲛⲏ ⲛ̀ⲧⲉ ⲫⲓⲟⲙ, « des tisserands du nome » de Phiom, — s'en retournèrent vers le *lac de* » *Phiom* (1). » Ce passage semble prouver que le lac ne porta peut-être point le nom de *Mœris*, et que ce sont les Grecs seuls qui le lui donnèrent pour le désigner. Les noms des grandes divisions de l'Égypte ont rapport à des choses générales, et il se peut que, d'après ce principe, les anciens habitans du nome désignassent le Mœris par le simple nom de *Lac*, comme dans toute l'Égypte ⲫⲓⲁⲣⲟ, *le fleuve* signifiait *le Nil*.

Aphroditopolis. — Tpih.

Au nord de la préfecture de ϩⲛⲏⲥ, *Hnès*, se trouvait celle d'*Aphroditopolis* ou de la *ville de Vénus*, qui touchait à Achantus, dans le territoire de Memphis.

La capitale du nome Aphroditopolitain était dans la partie arabique de l'Égypte, et par conséquent à

(1) Zoëga, *Catalogus manuscriptor. musœi Borgiani*, page 96.

l'orient du Nil. Cette ville, bâtie près de la chaîne Arabique (1), nourrissait dans son temple un bœuf sacré, dont la couleur était blanche, ce qui le distinguait d'Apis, de Mnévis, et probablement aussi de tous les autres taureaux sacrés de l'Égypte, *Onouphis*, *Pacis*, *Neut*, etc.

Son nom égyptien fut Ⲧⲡⲏϩ, *Tpih* (2), qu'on écrivait aussi Ⲡⲉⲧⲡⲓⲉϩ, *Petpiéh* (3), et d'où s'est formé l'arabe *Athfihh*, qui ne diffère de Ⲧⲡⲏϩ que par la simple mutation du ⲡ égyptien en F, et par l'*alif* que les Arabes ont ajouté au commencement de ce nom, addition qui leur est ordinaire, comme on l'a pu voir jusqu'ici. Quoïque la valeur du mot égyptien ⲡⲏϩ nous soit inconnue, nous présumons, non sans quelque fondement, que le nom d'Αφροδίτης πόλις que les Grecs donnèrent à cette ville, ne ressemblait en rien, quant au sens, au nom égyptien Ⲧⲡⲏϩ.

Tilosj ou Tisjol.

Des religieux du couvent fondé par saint Pakhom, à Tabennisi, entre lesquels on remarquait Théodore, partirent de leur retraite pour se rendre à Alexandrie,

(1) Strabon, liv. XVII, page 809. — Sonnini, *Voyage en Égypte*, tome III, pag. 29, 30.

(2) Mss. copt., Bibl. imp., n.° 44, ancien fonds.

(3) Mss. copt., Bibl. imp., n.° 17, supplément, fonds de Saint-Germain.

auprès du Patriache (1). Ces pères s'étant embàrqués sur le Nil, arrivèrent à Antinoë (2); ⲁⲩⲱ ⲁⲩⲥϭⲏⲣ ϩⲓ ⲡⲉⲩϫⲟⲓ ⲉ̀ⲡⲥⲁⲙⲡⲉⲙϩⲓⲧ, *ils dirigèrent ensuite leur barque vers le septentrion* (3), et parvinrent enfin ⲉ̀ⲡⲧⲟⲟⲩ ⲛ̀ϯⲗⲟϫ, *au mont de Tilosj*. Ce mot, sur lequel le père Mingarelli resta très-incertain, est évidemment le nom propre d'une montagne et d'une ville; nous le trouvons inséré dans une de nos listes des villes égyptiennes, extraites des manuscrits coptes. Ce dernier mot offre une grande singularité dans son orthographe. Il est écrit, comme on peut le voir dans l'Appendix (4), ϯⲗⲟϫ ou ϯϫⲟⲗ indifféremment. On remarquera sans doute que ce mot écrit ⲗⲟϫ offre parfaitement l'inverse de ϫⲟⲗ. Cette transposition de lettres n'est pas sans exemple, et Barthélemy l'avait déjà remarquée (5); nous développerons ailleurs les causes de cette irrégularité.

Dans notre Nomenclature copte-arabe de villes égyptiennes, ϯⲗⲟϫ est placé entre Ⲡⲉⲧⲡⲓⲉϩ (Aphroditopolis) et Memphis; par conséquent elle

---

(1) Mss. copt. en dialecte thébain, publié par Mingarelli, *Ægyptior. cod. reliquiæ Biblioth. Nanianæ*, frag. VIII, page CLI.

(2) *Ibid.*, page CLXV.

(3) *Ibid.*

(4) *Appendix*, n.° I.

(5) *Académie des inscriptions*, *Mémoires de littérature*, tome XXXII, page 220.

devait se trouver au nord de la première et au midi de la seconde. Le nom arabe qui correspond à l'égyptien ϯϫⲟⲗ ou ϯⲗⲟϫ, est *Dalass*, qui n'en est qu'une corruption légère. *Dalass* se trouve mentionné dans l'État des provinces et des villages de l'Égypte, publié par M. Silvestre de Sacy, à la suite de sa traduction d'Abd-Allatif, comme faisant partie de la province de *Bahnésa* (Ⲡⲉⲙϫⲉ, *Oxyrynchus.*) Cette position ne convient point parfaitement à notre ϯⲗⲟϫ, puisqu'il est hors de doute qu'il fut au nord de Ⲧⲡⲏϩ, et non au midi de cette ville. Si *Dalass* est de la province de *Bahnésa*, il faut donc croire que dans l'Égypte il y eut deux ϯⲗⲟϫ, et nous fixerons la position de celui que nous connaissons, sur la rive orientale du Nil, dans un lieu appelé *Sol*, selon la carte d'Égypte que M. Olivier a mise dans l'Atlas de son voyage, au septentrion de Tpih, entre le Nil et la montagne Arabique (1). ϯⲗⲟϫ, *Tilosj* était le nom d'une ville et celui de la partie de la chaîne Arabique voisine de cette ville. C'est sans doute pour cela que dans le fragment thébain dont nous avons parlé ci-dessus, il est question de Ⲡⲧⲱⲟⲩ ⲛ̀ϯⲗⲟϫ, *la montagne de Tilosj*. Au reste, la position que nous assignons à Tilosj est justifiée par le voisinage du

---

(1) On trouve placé au même endroit, dans la carte d'Égypte de Robert de Vaugondy (1753), un village nommé *El-Soel*, ce qui nous paraît répondre à l'égyptien *Tisjol*, en observant que l'article égyptien est remplacé par l'article arabe.

couvent où habita saint Antoine que visitèrent, dans leur voyage, les religieux de *Tabennisi* dont nous avons parlé.

Le mot ϯⲗⲟϫ ou ϯϫⲟⲗ est évidemment égyptien. Il exprime, de même que le nom thébain Ϫⲟⲗϫ̅ⲗ̅ que les Romains ont écrit *Silsilis*, un *empêchement*, un *défilé*. Il paraît que la montagne, au pied de laquelle était situé Tpih (Aphroditopolis), se rapprochait du Nil et formait un passage étroit ; c'est ce que les Égyptiens ont exprimé en donnant à ce lieu le nom ϯⲗⲟϫ ou Ϫⲟⲗ, dérivés de la racine ϫⲟⲗ, *abnegare, circumdare, impedire.*

Pémé.

Cette ville se trouvait entre Nilopolis et Memphis. *Bamha*, village de la province de Dgizéh, paraît avoir conservé des traces de ce nom, en supposant que ce ne soit point là le véritable nom égyptien de *Pémé*. Nous ignorons la position exacte de ce lieu.

Memphis. — Memfi.

Les révolutions plus ou moins désastreuses qui bouleversent les Empires, celles sur-tout qui amènent un changement total dans la forme du gouvernement, influent toujours sur le sort des capitales. C'est à une révolution semblable que Memphis doit son origine.

Après

Après la destruction du gouvernement théocratique auquel les Égyptiens furent soumis dès leur origine (1), ils eurent un roi, et dès-lors le Gouvernement fut entièrement monarchique. Ménès, chef de la première dynastie, porta ses vues vers la moyenne et la basse Égypte, et entreprit divers ouvrages pour améliorer le sort de ces contrées. Parmi ceux qu'il exécuta, on compte la fondation de Memphis (2).

Dans la partie de l'Égypte où cette capitale fut construite, le Nil coulait entièrement au pied de la montagne sablonneuse, connue sous le nom de montagne Libyque, et partageait ainsi fort inégalement la vallée. Ménès ayant fait creuser un nouveau lit, le détourna et le dirigea de manière qu'il se trouva à égale distance des deux chaînes de montagnes ; et ce fut dans le lit même que le Nil venait d'abandonner qu'il jeta les fondemens de Memphis (3). Mais pour mettre la nouvelle ville à couvert des dangers qu'elle pouvait courir dans le cas où le Nil, par un effort extraordinaire, reprendrait son ancien cours, il fit construire une forte digue à quatre lieues environ au sud de Memphis. Par les ordres du même prince, on creusa au nord et à l'ouest de la ville un lac dans

---

(1) Synesius, *Epistolæ*, pag. 198, 259, etc.

(2) Hérodote, liv. II, §. XCIX.

(3) *Ibidem*.

lequel se rendaient les eaux surabondantes du débordement. Cette circonstance rendait sa position très-forte.

Le fils et le successeur de Ménès, Athotis I.er, bâtit un palais à Memphis, et vint y fixer sa cour (1); les grands de l'État imitèrent le souverain, et cette ville devint dans la suite presque égale à Thèbes en grandeur et en magnificence, parce que les rois qui montèrent sur le trône après Athotis I.er, firent pour la plupart un séjour habituel à Memphis. Ces monarques en agirent ainsi, et demeurèrent rarement à Thèbes par de puissans motifs de politique. La forme monarchique ayant été introduite dans le gouvernement égyptien contre le gré des colléges des prêtres, ceux-ci cherchèrent à reprendre le degré de puissance que leur avait fait perdre ce changement dans l'administration de l'État. Ils tâchèrent à cet effet de s'emparer de l'esprit des rois, et ce fut sans doute pour se soustraire à leur influence trop directe, que ces monarques habitèrent Memphis dans le but de s'éloigner de Thèbes, chef-lieu de la *hiérarchie* égyptienne.

L'étendue de Memphis fut très-considérable; elle surpassa probablement celle de la ville d'Alexandrie, quoique Strabon dise que Memphis était la seconde ville de l'Égypte après cette capitale de l'Empire des

(1) Manetho, *apud* Georg. Syncell. *chronograph.*

rois grecs. Mais ce géographe ne compare ces deux cités fameuses que sous le rapport de la population (1), et l'infériorité de Memphis à cet égard ne peut surprendre, puisque Strabon indique qu'elle était ruinée en grande partie (2).

Diodore de Sicile nous apprend que la circonférence de Memphis fut portée, sous le pharaon Uchoréus qui l'agrandit, à cent cinquante stades (3), évalués par d'Anville à six lieues et un quart. Si cette évaluation est exacte, il en résulte que dans cette indication Diodore s'est servi du stade de 600 au degré (4). Mais il est hors de doute que cette ville s'accrut encore d'avantage, et que son circuit fut plus étendu, puisque Abd-Allatif qui écrivit dans le VII.e siècle de l'hégire (5), lui assigne un bien plus grand diamètre. Ce médecin de Bagdad vivait dans le beau tems de la littérature arabe; ses ouvrages donnent une haute idée des connaissances qu'il possédait, et il a fait usage dans ses écrits de la plus saine critique. Dans la suite de notre travail, nous

---

(1) Strabon, liv. XVII, page 807.

(2) *Ibidem.*

(3) Diodore de Sicile, liv. I.er, page 46.

(4) Voyez les *Observations sur la manière de considérer et d'évaluer les anciens stades itinéraires*, que M. Gossellin a placées en tête du tome I.er de la traduction française de Strabon; Paris, Imprimerie impériale, 1805, in-4°.

(5) XIII.e de J. C.

aurons souvent occasion de le citer ; et son témoignage est d'autant plus imposant, que témoin occulaire de tout ce qu'il rapporte, il n'avance que des faits incontestables, n'étant influencé par aucun esprit de système (1).

Voici le rapport d'Abd-Allatif, sur l'étendue de la seconde capitale de l'Égypte : « *Les ruines de Memphis occupent actuellement une demi-journée de chemin en tout sens.* Cette ville était florissante » au tems d'Abraham, de Joseph et de Moïse, et » *long-tems avant eux* (2). » Ce passage indique évidemment que Memphis s'agrandit encore après Uchoréus, et qu'en supposant même que par une demi-journée de chemin, il ne veuille entendre que *trois lieues*, ce qui est la moindre évaluation d'une *demi-journée* de marche ; il est hors de doute que Memphis, du tems qu'elle fut ravagée par Cambyse, avait au moins neuf lieues de circonférence.

Memphis était située au pied du mont *Psammi-us*, nom que portait en Égypte la partie de la chaîne Libyque voisine de cette ancienne capitale. *Psammius* est évidemment un mot égyptien, qui peut dériver de la racine ϫⲟⲙ, *Sjom, fortitudo*. Peut-être que ϫⲟⲙ, combiné avec ⲙⲁ ou ⲙⲟⲓ, *dare*, peut avoir formé,

---

(1) Nos citations sont puisées dans l'excellente traduction de sa *Relation d'Égypte*, faite sur l'original arabe, par M. Silvestre de Sacy qui a si bien mérité des Lettes orientales.

(2) *Abd-Allatif*, liv. I.er, chap. IV, page 185.

par la mutation ordinaire des voyelles, ⲡϫⲟⲙⲙⲟⲥ, ou un mot approchant du *Psammios* des Grecs, mot qui aurait eu cette valeur : *dans fortitudinem, défense, boulevart.*

La position de cette ville immense fut long-tems inconnue en Europe ; on savait qu'elle avait existé au-dessus du Delta et dans la partie moyenne de l'Égypte ; mais le lieu qu'elle avait occupé n'était pas fixé d'une manière incontestable.

On a cru pendant long-tems que Memphis avait été là où est bâti de nos jours Fosthath ou le Vieux-Kaire. Le nom de *Massr* donné à cette dernière ville a beaucoup contribué à propager cette opinion. Le mot *Massr* s'applique en Égypte à la capitale du royaume, et comme le séjour des gouverneurs de l'Égypte était à Fosthath avant que le calife Môez-Lidin-Illah eût ordonné à son grand-visir Dgihauher, de bâtir la ville appelée le Grand-Kaire par les Européens, les savans modernes qui ont cherché à fixer la position de Memphis, ont cru que le nom de *Massr* donné à Fosthath, désignait le véritable lieu où Memphis fut autrefois. Mais ces auteurs ont négligé le témoignage de l'antiquité qui place Memphis sur la rive occidentale du Nil, et non sur le bord oriental où se trouve Fosthath ou le *Vieux-Kaire.*

Une observation qui leur a échappé, parce que la plupart de ces écrivains n'étaient point à portée d'avoir une connaissance exacte des auteurs orientaux, c'est que le nom arabe *Massr* a été donné à trois villes biens différentes. *Massr* seul, ou *Massr-el-Qahirah* (Massr la victorieuse) désigne le *Grand-Kaire*, ville qui de nos jours est le siége du gouvernement de l'Égypte ; *Massr-el-Atiqah* ou *Massr-el-Atiq* (l'ancienne Massr), doit s'entendre de *Fosthath* ou *le Vieux-Kaire* bâti par Amrou-ben-Alâss, lors de l'invasion des Arabes musulmans en Égypte, et qui fut la métropole du royaume avant la fondation du *Grand-Kaire ;* enfin *Massr-el-Qadimah* (l'antique Massr) est le nom que les Arabes donnent dans leurs écrits à Memphis, capitale de l'Égypte sous les Pharaons.

Dès l'instant que, guidés par le secours des anciens auteurs, il fut reconnu que Memphis devait avoir existé à l'ouest du Nil, on s'attacha à fixer sa position sur la rive occidentale du fleuve. L'opinion qui prévalut d'abord fut celle du docteur Shaw. Ce voyageur s'efforça de prouver que *Djizah* (ou Gizèh) petite ville située vis-à-vis le Vieux-Kaire, et par conséquent à l'ouest du Nil, était le lieu où fut autrefois la ville de Memphis (1). Mais un passage de Pline détruit entièrement ce système. Ce célèbre naturaliste dit expressément que les pyramides se trouvaient placées entre Memphis et le Delta (2). D'après

(1) Voyage de Shaw, chap. IV.

(2) *Sitæ sunt (pyramides) inter Memphim oppidum et quod appellari diximus Delta.* Pline, *Hist. natur.*, liv. XXXVI, ch. 16.

cela Memphis devait être au sud de ces mêmes pyramides, et comme Djizah se trouve au contraire au nord de ces monumens, il est évidemment impossible que Memphis ait occupé l'emplacement actuel de Djizah.

Le sentiment du docteur Shaw a été combattu et réfuté par le chevalier Bruce (1) qui, d'accord avec le docteur Pococke (2) et adoptant son opinion, pense que Memphis occupa jadis la place des deux villages arabes situés au sud de Djizah et des pyramides, et nommés *Métrahenny* et *Mohannan* par ces deux voyageurs, quoique leur véritable orthographe soit *Moniéh-Rahinéh* et *Mokhnan* (3). Le célèbre géographe d'Anville donne à Memphis à-peu-près la même position.

Dans la mémorable expédition des Français en Égypte, les savans qui en faisaient partie, s'occupèrent avec ardeur des recherches qui pouvaient procurer des lumières sur les points les plus intéressans de l'Histoire des anciens Égyptiens. On ne négligea point de s'assurer de la position exacte de Memphis. Le général en chef Menou, par une lettre

---

(1) *Voyage aux sources du Nil*, *en Nubie* et *en Abyssinie*, tome I.er, chap. III, page 59 et suiv., traduction de Castera, in-4.°

(2) Vol. I, chap. 5.

(3) *État des provinces et des villages de l'Égypte*, imprimé à la suite de la traduction française d'Abd-Allatif, par M. Silvestre de Sacy, page 676, n.° 127, et page 677, n.° 148.

adressée à l'Institut d'Égypte le 30 nivôse an IX, chargea Messieurs Lepère, architecte, et Coutelle, membre de la commission des arts, de la direction des travaux à entreprendre pour les recherches archœographiques qu'on se proposait de faire sur le sol des environs du Kaire. En conséquence de cette invitation, l'Institut d'Égypte arrêta qu'une commission composée de Messieurs Fourier, Champy, Lepère et Geoffroy, rédigerait une instruction pour servir de guide à ceux qui seraient chargés de ces recherches. Les commissaires s'étant adjoint M. Coutelle, présentèrent à l'Institut d'Égypte un rapport circonstancié relatif aux divers points des provinces du Kaire et de Djizah, sur lesquels devaient être dirigés les travaux. Le plan général de cette excursion scientifique était de visiter avec une scrupuleuse attention, 1.° les pyramides de Djizah; 2.° celles de Sakkarah; 3.° les puits des momies; 4.° de retrouver et de fouiller l'emplacement de Memphis (1).

Nous rapporterons ici les instructions données dans ce rapport, relativement à la recherche de la situation de Memphis et des principaux points de

(1) Nous avons extrait tous ces détails du n.° 104 du *Courrier de l'Égypte*, journal imprimé au Kaire dans les années VI, VII, VIII et IX de la république, pendant le séjour de l'armée française en Égypte. Cette collection précieuse étant d'une extrême rareté, nous nous ferons un devoir d'en citer plusieurs morceaux intéressans dans le cours de notre ouvrage.

son enceinte. « Arrivés sur le terrein de Memphis, » l'un des premiers objets que doivent se proposer » nos collègues, est la recherche du *Sérapeum*. Ce » temple paraît avoir été destiné à deux usages : au » rapport de Pausanias, il était consacré à l'inhu- » mation du dieu Apis ; et si l'on en croit à Sozo- » mène et Jablonski, il renfermait aussi le nilomètre » que les prêtres allaient consulter, dans le com- » mencement de l'inondation, pour en prédire les » progrès : Strabon nous dit positivement que ce » monument était placé dans les sables. Ces témoi- » gnages historiques fournissent quelques indices sur » la position de ce temple ; car dès qu'il était bâti » au milieu des sables et consacré à la sépulture du » bœuf Apis, il devait avoir été élevé sur le roc dont » la surface est sablonneuse ; et puisque les eaux » de l'inondation pouvaient se répandre dans ses » parties souterraines, on doit en chercher les traces » sur le bord oriental de la montagne (1). » Le Sérapeum (Σεραπειον) était situé, comme nous l'avons vu ci-dessus, au milieu des sables ; et, du tems de Strabon, on trouvait dans ses environs des sphynx couverts par les sables du désert, les uns jusques à la tête, les autres jusques vers le milieu du corps (2). Ces monumens semblent prouver que le Sérapeum

(1) Courrier de l'Égypte, n.° 105.

(2) Strabon, liv. XVII, page 807.

était un édifice bâti sous les Pharaons, et cependant il est reconnu que le culte de Sérapis ou mieux *Sarapis*, ne fut introduit en Égypte que sous les Ptolémées, et long-tems après la chûte des dynasties royales de race égyptienne. Il se peut néanmoins que le monument destiné à un nouvel usage, ait pris, dans les tems postérieurs à Cambyse, le nom de *Sérapeum*; c'est, à notre avis, la seule manière d'expliquer ces deux faits contradictoires.

Les commissaires n'oublièrent point de fixer l'attention des savans sur le lieu où s'élevait autrefois le grand temple de Phtha à Memphis. « Un des » derniers objets dont il est sur-tout essentiel de » s'occuper, est une détermination rigoureuse de » tout l'emplacement de Memphis. Il est possible, » jusques à un certain point, de suivre le prolon- » gement de quelques rues principales, de retrouver » les places publiques, et de déterrer plusieurs des » débris du temple de Vulcain; nous n'avons encore » ni description de ces ruines ni dessin de leur aspect.

» Une des dernières recherches à tenter, ce serait » de sonder l'ancien sol de Memphis jusqu'à ce qu'on » ait trouvé la terre formée par les dépôts du Nil; on » acquerrait ainsi quelques données qui pourraient » servir de bases à des conjectures sur la haute anti- » quité de cette ville célèbre.

» On pourrait aussi faire usage de l'instrument que » le citoyen Conté, notre collègue, veut bien faire

» exécuter dans ses atteliers de mécanique, et sonder
» en plusieurs endroits les buttes et les ruines qui
» attestent la grandeur de cette ancienne capitale.
» La sonde indiquerait les lieux où sont enfouis, en
» plus grande quantité, les débris des temples et des
» palais qui en faisaient l'ornement. »

Ce plan sagement conçu donnait de grandes espérances, et les lumières de ceux qui devaient être chargés de son exécution, faisaient attendre des résultats importans; quelques circonstances ne permirent pas de l'exécuter dans tout son ensemble, mais on obtint cependant, pour résultat, la certitude que les débris de Memphis existaient incontestablement à Mokhnan et à Moniéh-Rahinéh, ainsi que l'avaient pensé Pococke et le chevalier Bruce.

Les anciens s'étant très-peu étendus sur la description de Memphis, des palais et des temples qui embellissaient cette capitale, séjour ordinaire des rois, leur silence fait regretter de n'avoir aucune connaissance positive à cet égard. Nous allons rapporter ce que divers écrivains et voyageurs orientaux ou européens nous ont appris sur les ruines de cette ville fameuse. Si cet exposé ne satisfait point entièrement, il donnera du moins une idée approximative de la magnificence et de la somptuosité des édifices renfermés dans cette antique cité royale.

Il est impossible de n'être point frappé de la différence qui existe entre l'état actuel des ruines de

Thèbes et de celles de Memphis. A Thèbes, des temples immenses, des obélisques énormes encore assis sur leurs bases, des colosses, des sphynx, des palais qui, par la solidité de leur construction et les masses dont ils sont formés, ont résisté au torrent destructeur des siècles et aux efforts de l'ignorance, attestent encore la vaste étendue de cette ville fameuse, tandis que Memphis, bien moins ancienne qu'elle, n'offre aujourd'hui à l'œil du voyageur, que de tristes débris qui ne se lient à aucun plan général. La cause de cette différence se présente d'elle-même à l'observateur.

Située dans la partie la plus reculée de l'Égypte, Thèbes était à couvert des invasions des anciens arabes Bédouins, connus sous le nom de Pasteurs; et du tems de l'expédition de Sabbakon, roi de l'Éthiopie, contre le pharaon Bocchoris, cette ville n'était déjà plus la première de l'Égypte; et si, à cette époque, les Éthiopiens exercèrent des ravages sur une ville, ce fut sans doute sur Memphis, séjour de l'infortuné Bocchoris. Mais les vues de Sabbakon paraissent n'avoir pas été les mêmes que celles de Cambyse. Dans son invasion de l'Égypte, le monarque éthiopien déploya un grand caractère, il fut humain, et veilla au bien-être des hommes qu'il avait soumis par ses victoires (1). Les Perses, au contraire,

(1) Hérodote, liv. II, §. CXXXVII, CXXXVIII et CXXXIX.

sous la conduite du fils de Cyrus, s'emparèrent de l'Égypte. Memphis souffrit beaucoup du passage de ce prince ambitieux, et ce fut lui qui porta le premier coup à la grandeur de cette capitale.

La fondation d'Alexandrie par Alexandre, enleva à Memphis une grande partie de sa population. Du tems de Strabon, elle était tellement diminuée, que le palais des rois, monument immense, n'était plus qu'un déplorable monceau de décombres (1). Dans la suite, vers la 19.e année de l'hégire (2), Memphis fut prise par les Arabes, sous la conduite d'Amrou-ben-Alâss. Il n'est pas surprenant qu'une ville qui fut ainsi dévastée, même long-tems après l'époque de sa splendeur, n'ait offert, pendant plusieurs siècles, que les restes déplorables de sa magnificence, et que ces restes eux-mêmes aient bientôt disparu. Depuis très-long-tems on a abandonné les canaux qui, déchargeant les eaux du débordement dans le lac environnant Memphis au nord et à l'ouest, empêchaient le Nil de déposer annuellement une couche de limon dans l'enceinte même de la ville. On conçoit alors que lorsque les temples furent détruits et les monumens renversés, le Nil les eut bientôt couverts de ses dépôts successifs. Les sables de la

---

(1) Strabon, liv. XVII.

(2) Vers l'an 639 ou 640 de J. C.

Libye, empiétant ensuite sur un terrein abandonné et inculte, ont achevé d'ensevelir ces ruines imposantes.

Abd-Allatif, écrivain arabe, dont nous avons parlé, les vit dans le XIII.[e] siècle. Frappé de leur magnificence, il en a fait une description qui en donne la plus haute idée. Son rapport étant le plus ancien qui soit parvenu jusqu'à nous, le caractère et la réputation de l'auteur inspirant d'ailleurs toute confiance, nous croyons devoir citer ici ce qu'il en a dit dans sa *Relation de l'Égypte*, d'après la traduction française que vient de publier mon illustre maître M. Silvestre de Sacy, infatigable dans ses précieux travaux.

« Malgré l'immense étendue de cette ville et la » haute antiquité à laquelle elle remonte, nonobs- » tant toutes les vicissitudes des divers gouver- » nemens dont elle a successivement subi le joug, » quelque efforts que différens peuples aient faits » pour l'anéantir, en en faisant disparaître jusqu'aux » moindres vestiges, effaçant jusqu'à ses plus légères » traces, transportant ailleurs les pierres et les maté- » riaux dont elle était construite, dévastant ses édi- » fices, mutilant les figures qui en faisaient l'ornement; » enfin, en dépit de ce que quatre mille ans et plus » ont dû ajouter à tant de causes de destruction, ses » ruines offrent encore aux yeux des spectateurs

» une réunion de merveilles qui confond l'intel- » ligence, et que l'homme le plus éloquent entre- » prendrait inutilement de décrire. Plus on la consi- » dère, plus on sent augmenter l'admiration qu'elle » inspire; et chaque nouveau coup-d'œil que l'on » donne à ses ruines, est une nouvelle cause de » ravissement. A peine a-t-elle fait naître une idée » dans l'ame du spectateur, qu'elle lui suggère une » idée encore plus admirable; et quand on croit en » avoir acquis une connaissance parfaite, elle vous » convainc au même instant que ce que vous aviez » conçu est encore bien au-dessous de la vérité.

» Du nombre des merveilles qu'on admire parmi » les ruines de Memphis, est la chambre ou niche, » que l'on nomme *la Chambre-Verte*. Elle est faite » d'une seule pierre de neuf coudées de haut sur huit » de long et sept de large. On a creusé dans le milieu » de cette pierre une niche, en donnant deux coudées » d'épaisseur, tant à ses parois latérales qu'aux parties » du haut et du bas : tout le surplus forme la capacité » intérieure de la chambre. Elle est entièrement cou- » verte, par dehors, comme par dedans, de sculp- » tures en creux et en relief, et d'inscriptions en » anciens caractères. Sur le dehors, on voit la figure » du soleil dans la partie du ciel où il se lève, et un » grand nombre de figures d'astres, de sphères, » d'hommes et d'animaux. Les hommes y sont repré- » sentés dans des attitudes et des postures variées :

» les uns sont en place, les autres marchent ; ceux-ci » étendent les pieds, ceux-là les ont en repos ; les » uns ont leurs habits retroussés pour travailler, » d'autres portent des matériaux ; on en voit d'autres » enfin qui donnent des ordres par rapport à leur » emploi....... Cette niche était solidement établie » sur des bases de grandes et massives pierres de » granit ; mais des hommes insensés et stupides, dans » le fol espoir de trouver des trésors cachés, ont » creusé le terrein sous ces bases ; ce qui a dérangé » la position de cette niche, détruit son assiette, et » changé le centre de gravité des différentes parties » qui, étant venues à peser les unes sur les autres, » ont occasionné de légères fêlures dans le bloc. » *Cette niche était placée dans un magnifique temple* » *construit de grandes et énormes pierres assem-* » *blées avec la plus grande justesse et l'art le plus* » *parfait.* »

On ne saurait méconnaître dans cette description une chapelle monolythe de basalte vert, couverte d'hiéroglyphes, en observant que ce qu'Abd-Allatif appelle *le Soleil*, est le globe ailé, qui est répété jusques à trois fois sur le fronton de ces petits temples d'une seule pierre. M. Silvestre de Sacy a également reconnu une chapelle monolythe dans la citation d'Abd-Allatif, qui est encore confirmée par Makrizi. « On voyait à Memphis, dit ce célèbre » historien et géographe arabe, une maison de

cette

» cette pierre dure de granit, sur laquelle le fer » ne mord point : elle était d'une seule pièce. On » voyait dessus des figures sculptées et de l'écri- » ture; sur *la face de la porte étaient des figures de » serpens qui présentaient leur poitrail* (1). » Ces serpens sont les mêmes que ceux qu'on appelle *Agathodæmons*, et qui surmontent ordinairement le haut de la partie antérieure des chapelles monolythes, en présentant de face la partie la plus large de leur corps. Cet ornement symbolique s'observe également sur la chapelle qui renferme la figure d'Isis, représentée au centre de la *Table Isiaque*. Ceux qui ont quelque habitude des monumens égyptiens en seront convaincus, non-seulement à l'inspection de la Table Isiaque même, mais encore par les copies qu'en ont données Æneas-Vicus, Pignorius et Caylus, malgré que ces *Agathodæmons* aient été défigurés dans les gravures que nous citons. Le temple d'Ombos présente aussi, sur les murs d'entre-colonnement, des frises composées d'*Agathodæmons* (2).

La chapelle monolythe de Memphis fut brisée vers l'an 1449 de l'ère vulgaire.

Ces chapelles monolythes furent, chez les anciens Égyptiens, le tabernacle de la Divinité. Elles étaient

---

(1) Voyez la traduction d'Abd-Allatif, note 65.e du chapitre IV, où M. de Sacy rapporte ce passage.

(2) Voyez ci-devant page 168.

placées au fond du sanctuaire, dans la partie la plus reculée des temples, et renfermaient un animal vivant, symbole du dieu qu'on y adorait. Il n'est pas prouvé qu'on y ait placé des statues.

Les ruines voisines du monolythe de Memphis étaient celles d'un temple, comme le dit Abd-Allatif; il donne une grande idée de son étendue et de sa magnificence, en parlant des pierres énormes avec lesquelles ses murs étaient construits. « Les pierres » provenues de la démolition des édifices, continue » ce célèbre médecin, remplissent toute la surface » de ces ruines : on trouve en quelques endroits des » pans de murailles encore de bout, construites de » ces grosses pierres dont je viens de parler; ailleurs, » il ne reste que les fondemens, ou bien des mon- » ceaux de décombres. J'ai vu l'arc d'une porte très- » haute, dont les deux murs latéraux ne sont formés » chacun que d'une pierre; et la *voûte* supérieure (1), » qui était d'une seule pierre, était tombée au-devant » de la porte. »

Ces détails auxquels on en pourrait ajouter bien d'autres, suffisent sans doute pour prouver que ce temple était un des principaux de Memphis. Nous pensons que ce fut en effet le plus grand et le plus magnifique de cette capitale, celui de Phtha : voici les preuves sur lesquelles notre opinion est fondée.

---

(1) Les Égyptiens n'ont jamais fait de *voûte*. Abd-Allatif veut parler du couronnement de la porte.

Il est impossible que le plus grand monument de Memphis, celui que plusieurs rois s'étaient plus à embellir, eût disparu entièrement, tandis qu'il aurait encore resté des débris très-considérables d'un temple inférieur en grandeur à celui de Phtha. Il est plus naturel de penser que ce dernier aura subsisté même après l'anéantissement des autres édifices de la ville. A ces considérations, nous allons ajouter des faits positifs. Écoutons Diodore de Sicile : « Sésoosis (le » même que Séthosis - Ramessès) fit placer dans le » temple de Vulcain (Phtha) qui est à Memphis, *sa* » *statue* et celle de sa femme, ayant *trente coudées* » *de haut*, et celles de ses enfans, *de vingt coudées;* » chacune était *d'une seule pierre* (1). » Voici maintenant ce qu'Abd-Allatif a vu dans les ruines du temple où se trouvait la *Chambre-Verte* ou la *chapelle monolythe* dont nous avons parlé plus haut.

« Quant aux figures d'idoles que l'on trouve parmi » ces ruines, soit que l'on considère leur nombre, » soit qu'on ait égard à *leur prodigieuse grandeur*, » c'est une chose au-dessus de toute description et » dont on ne saurait donner une idée; mais ce qui » est encore plus digne d'exciter l'admiration, c'est » l'exactitude dans leurs formes, la justesse de leurs » proportions et leur ressemblance avec la nature. » Nous en avons mesuré une qui, sans son piédestal,

---

(1) Diodore de Sicile, liv. I.

» avait *plus de trente coudées*. Sa largeur, du côté » droit au côté gauche, portait environ dix coudées, » et du devant au derrière elle était épaisse en pro- » portion. Cette statue était d'une seule pierre de » granit rouge. Elle était recouverte d'un vernis rouge, » auquel son antiquité semblait ne faire qu'ajouter » une nouvelle fraîcheur..... Il y a quelques-unes de » ces figures que l'on a représentées tenant dans la » main une espèce de cylindre d'un empan de dia- » mètre, qui paraît être un volume..... La beauté du » visage de ces statues, et la justesse de proportion » qu'on y remarque, sont ce que l'art des hommes » peut faire de plus excellent, et ce qu'une substance » telle que la pierre peut recevoir de plus parfait. Il » n'y manque que l'imitation des chairs et du sang..... » J'ai vu deux lions placés en face l'un de l'autre, » à peu de distance ; leur aspect inspirait la terreur. » On avait su, malgré leur grandeur colossale et » infiniment au-dessus de la nature, leur conserver » toute la vérité des formes et des proportions ; ils » ont été brisés et couverts de terre. »

Ces divers passages d'Abd-Allatif prouvent l'importance du monument qui était accompagné de si riches décorations. On ne peut méconnaître dans les figures colossales que décrit notre savant arabe, les statues des fils de Séthosis-Ramessès, et dans celle de *trente coudées et d'un seul bloc de granit rouge*, celle de ce héros même qui, selon Diodore de Sicile, avait aussi trente coudées et était formée d'une seule pierre. Les deux lions dont parle Abd-Allatif occupaient probablement, comme ceux de l'île de Philæ, l'entrée principale du temple, ou bien ils faisaient partie d'une allée de lions; et semblable à celles de sphynx, qui conduisent au temple de *Dieu créateur* à Thèbes, elle précédait celui de Phtha à Memphis.

On sera surpris peut-être d'entendre Abd-Allatif vanter la beauté des formes des statues égyptiennes. Accoutumés à voir des monumens égyptiens d'une très-petite proportion et travaillés avec peu de soin et une extrême négligence, ou bien ne possédant que quelques fragmens de bas-reliefs symboliques, les savans de l'Europe n'ont pu avoir jusques ici que des idées obscures et défavorables de l'art de la sculpture chez les Égyptiens. On a cherché à fixer le degré de perfection auquel ils l'avaient porté, d'après des bas-reliefs religieux qui étaient exécutés selon un type convenu dont les artistes ne pouvaient nullement s'écarter. On a eu dès-lors une opinion peu avantageuse de l'habileté des sculpteurs égyptiens, et l'on n'a pas fait cette réflexion bien naturelle, qu'il n'était pas raisonnable d'attribuer à l'ignorance des artistes, les formes vicieuses qu'on remarque ordinairement dans le peu de figures humaines que possèdent les divers cabinets de l'Europe, lorsque ces mêmes artistes ont saisi, d'une manière admirable, le caractère et le bel idéal des animaux qu'ils ont sculptés de ronde bosse. C'est sur les lions du capitole, sur les sphynx et les statues des temples de Thèbes, qui seront publiés dans la *Description de l'Égypte*, qu'il faut étudier la sculpture égyptienne. C'est à la vue de ces monumens que les idées qu'on s'est faites de l'art égyptien se rectifieront, et qu'on appréciera la correction de dessin et le savoir d'exécution des Égyptiens, lorsqu'ils ont pu s'abandonner entièrement à l'impulsion de leur génie. On aura une connaissance approximative de ces perfections, en étudiant le torse de basalte noir donné par S. M. L'EMPEREUR ET ROI au Cabinet des Antiques de la Bibliothèque impériale. Il a été gravé dans le premier volume du bel ouvrage publié, sous le titre de *Monumens inédits*, par M. Millin, si connu par ses utiles travaux, et que je cite ici avec d'autant plus de plaisir, que j'ai par là l'occasion de lui témoigner publiquement ma vive reconnaissance pour toutes les bontés qu'il a eues pour moi, et pour les ressources considérables que j'ai trouvées auprès de lui et dans sa riche et nombreuse bibliothèque.

Abd-Allatif donne encore quelques renseignemens sur l'état de Memphis à l'époque où il la visita, particulièrement sur les murailles de cette ville qui furent bâties en petites pierres et en briques (1). Il parle

---

(1) Abd-Allatif, traduction de M. Silvestre de Sacy, liv. I, chap. IV, page 190.

ensuite du soin que les souverains musulmans prirent pour conserver ces restes précieux de l'antiquité. Mais la sordide avarice des hommes a bravé la défense des rois, et renversé les monumens qui avaient résisté aux siècles et aux révolutions.

Long-tems après Abd-Allatif, quelques voyageurs ont visité les ruines de Memphis, et n'y ont rien trouvé de remarquable. M. Bruce a vu des monceaux peu considérables de décombres (1) dans la partie de l'emplacement de cette capitale qu'il a visitée vers l'année 1769 ou 1770.

A l'époque de la campagne des Français en Égypte, le général de division Dugua parcourut les provinces du Kaire et de Djizah. Dans une lettre datée du 10 pluviôse an VIII, et adressée au médecin en chef de l'armée d'orient, M. Desgenettes, il rend un compte assez étendu de son voyage archéologique (2). Le général Dugua partit le 25 frimaire an VIII, accompagné de MM. Fourier et Costaz, et des généraux Reynier et Leclerc, pour se rendre aux pyramides de Djizah. Ils y restèrent jusques au 26 du même mois, pour laisser le tems à M. Nouet de déterminer la direction d'une des faces de la grande pyramide, et

---

(1) *Voyage aux sources du Nil*, chap. III, page 56.

(2) Cette lettre a été insérée dans le *Courrier de l'Égypte*. Nous en extrairons les notions qu'elle offre sur l'état actuel des ruines de Memphis.

ils se rendirent ensuite à Sakkarah. Voici la relation du voyage sur les ruines de Memphis, donnée par M. le général Dugua : « Nous partîmes de Sakkarah le » 27, pour aller à une lieue de-là visiter Métrhainé » (Mit-Rahinéh), où, d'après des renseignemens » que j'avais pris, j'avais la certitude de retrouver » les ruines de Memphis. En y arrivant, nous eûmes » la conviction que nous étions sur le sol de cette » ancienne capitale de l'Égypte, par la quantité » de blocs de granit couverts d'hiéroglyphes, et de » figures qui se trouvent autour et dans une espla- » nade environnée de monceaux de décombres *qui* » *ont trois lieues de circuit*. S'il nous était resté quel- » ques doutes, ils se seraient évanouis à la vue des » débris d'un des colosses qu'Hérodote dit avoir été » élevés par Sésostris devant une des entrées du » temple de Vulcain. Le poignet de ce colosse que » le citoyen Coutelle a fait enlever, annonce que la » statue entière devait avoir quarante-cinq pieds de » haut.

» Le citoyen Jacotin a relevé le plan de ces ruines » et leur position géographique ; les artistes se sont » empressés de dessiner les morceaux de sculpture et » les vues que ce site leur offrait ; et tout le monde » revint au Kaire, se promettant de faire de nouvelles » promenades aussitôt que l'occasion s'en présen- » terait. »

Tel est l'état actuel de cette antique ville, fondée

par le premier roi d'Égypte, et embellie par ses successeurs. Ce fut sans doute sous les 3.e, 4.e, 6.e, 7.e et 8.e dynasties royales qu'elle fut ornée de ces monumens somptueux qui faisaient de Memphis la rivale de Thèbes en grandeur et en magnificence. Ce fut sur-tout à la 4.e race, aux pharaons Souphis Ier, Souphis II, et à Mankherès leur successeur, qu'elle fut redevable de sa splendeur. Ces rois élevèrent dans les environs ces énormes édifices, les pyramides, qui excitèrent l'admiration de l'antiquité, et dont le souvenir est inséparable de celui de cette célèbre capitale.

Son nom grec Μέμφις, n'est qu'une corruption très-légère du nom qu'elle porta chez les Égyptiens. Plusieurs philologues ont essayé de le donner dans sa véritable orthographe, et ont été plus ou moins heureux. Le P. Kircher fut le premier qui voulut en retrouver la valeur. Il supposa, contre toute vraisemblance, que ce nom s'écrivait en égyptien Ⲙⲱⲛϥⲫϯ, mot qu'il prononce *Monphta* (1). Il le dérive de ⲙⲱⲟⲩ, *eau* (qu'il écrit vicieusement ⲙⲱⲩ) et de ⲫϯ, *Dieu*, ce qui, selon lui, donne *eau de Dieu*. Il étaye son sentiment de raisons futiles, il ne cite aucune bonne autorité qui puisse l'appuyer, et c'est de Ⲙⲱⲛϥⲫϯ qu'il croit que les Grecs ont fait Μέμφις.

(1) *Œdipus Ægyptiacus*, tome Ier; *Chorographia Ægypti*, chap. IV, page 26.

Avant que d'opposer les monumens littéraires de l'Égypte aux conjectures de Kircher, nous ferons aussi connaître l'opinion de Jablonski sur l'orthographe et la valeur du mot Μέμφις chez les anciens Égyptiens.

Ce savant philologue (1) pense qu'on l'écrivit ⲙⲉϩ ⲛⲟⲩϥⲓ sous les Pharaons, mot qu'il interprète par *pleine de biens*. Cette étymologie se rapproche du véritable sens que nous allons donner ici.

Dans la première liste de noms égyptiens de villes, que nous avons extraite d'un manuscrit copte (2), on trouve trois villes qui portent le nom de *Ménouf* (Memphis) ; la première est *Ménouf l'inférieure*, dont le nom égyptien fut Ⲡⲁⲛⲟⲩϥ ϧⲏⲧ ; la seconde *Ménouf la supérieure ;* la troisième enfin, et la plus méridionale, fut Ⲙⲉϥⲓ, *Méfi*, qui, selon le copte auteur de notre Nomenclature géographique, *est l'antique capitale* (3) *de l'Égypte*. On ne doit donc pas confondre Ⲙⲉϥⲓ, véritable nom de Memphis, avec les deux Ⲡⲁⲛⲟⲩϥ dont nous parlerons dans la suite.

C'est sous le nom de MÉFI que cette capitale est désignée dans le texte égyptien de l'inscription de Rosette, *ligne cinquième*, où ce nom se lirait deux fois, si une fracture de la pierre n'avait fait disparaître le premier.

---

(1) Jablonski, *Opuscula*.

(2) Mss. copt., Bibl. imp., supplément Saint-Germain, n.° 17.

(3) *Hia-Massr-el-Qadimah*.

Les Arabes ont inventé une fable pour expliquer le nom égyptien Ⲙⲉϥⲓ donné à Memphis. Ils disent qu'un roi appelé *Massar* alla s'établir dans la partie inférieure de l'Égypte, accompagné de 30 hommes *qui bâtirent une grande ville* qu'ils appelèrent *Mafè*, c'est-à-dire *Trente*. Cette supposition trouve son origine dans l'analogie que les Arabes ont cru voir entre Ⲙⲉϥⲓ, nom égyptien de Memphis, et le mot copte ⲙⲁⲡ, *trente*. Ce sentiment des Arabes ne peut être soutenu par cette légère similitude ; et d'ailleurs quand on veut tout expliquer, on ne doit pas être difficile sur les moyens qu'on emploie.

C'est évidemment de Ⲙⲉϥⲓ, ou plutôt de Ⲙⲉⲙ̀ϥⲓ, *Memphi*, que s'est formé le grec Μεμφις. Dans son Traité d'Isis et d'Osiris, Plutarque nous donne à-peu-près la valeur de ce nom égyptien. Selon lui, il veut dire ορμος αγαθων, *port*, *refuge*, *demeure des bons*. Nous pensons qu'il dérive de ⲙⲁ, *locus*, et de la racine ϥⲓ, *conserver*, et par suite *être bon*. On en forma Ⲙⲁϥⲓ, *Mafi*, ou Ⲙⲉϥⲓ, Ⲙⲁⲙ̀ϥⲓ, Ⲙⲁⲛ̀ϥⲓ, Ⲙⲉⲙ̀ϥⲓ (1) et Ⲙⲉⲛ̀ϥⲓ, mots qui, dans la langue des Égyptiens, désignent *un lieu bon* réunissant plusieurs avantages. Ce nom orthographié Ⲙⲉⲙ̀ϥⲓ, forma Μεμφις chez les Grecs ; écrit et prononcé Ⲙⲉⲛ̀ϥⲓ, il donna naissance à Μενφις et Μενφειλες qu'on trouve

(1) Ézéch. XXX, 13, etc.

sur les médailles grecques frappées en Égypte (1). On le trouve aussi écrit Ⲙⲉⲙⲃⲉ, ⲙⲉⲛⲃⲉ, par corruption de Ⲙⲉⲙϥⲓ et de Ⲙⲉⲛϥⲓ (2).

Dans le texte hébreu des livres saints, Memphis porte les noms de *Nouf* et de *Mouf* (3), et ce sont encore des mots équivalant, par leur signification, aux précédens. Ils dérivent comme eux de la racine ϥⲓ, et ne sont que les adjectifs ⲙⲟⲩϥⲓ et ⲛⲟⲩϥⲓ, *bon*. Nous ignorons si Ⲧⲡⲁⲙⲫⲉⲗⲓⲁ, *Tpamphélia* (4), en arabe *Massr* ou *Missr*, doit s'appliquer

(1) Zoëga, *Numi Ægyptii imperatorii ;* Romæ, 1807, in-4°.

(2) Mss. copt., Bibl. imp., n.° 44, f.° 79 rectò.

(3) Hos. IX, 6; Ézéchiel, XXX, 13, etc. La seule différence qui existe entre Ⲙⲉⲙ̀ϥⲓ ou Ⲙⲉⲛ̀ϥⲓ, et Ⲙⲟⲩϥⲓ ou Ⲛⲟⲩϥⲓ, ne vient que des préfixes ⲙ̀ et ⲛ̀ qu'on emploie indifféremment pour la formation des adjectifs de la langue égyptienne. Le mot ⲛ̀ⲟⲩϥⲓ se trouve orthographié NIΦ-US, sur les Abraxas, au lieu de XNOΥΦIC ou XNOΥMIC, *la bonne intelligence.* M. Marcel dit dans *la Décade Égyptienne* (tome III, page 154), qu'il a trouvé dans un vocabulaire copte le nom de Memphis écrit Ⲙⲟϥ; nous ne l'avons jamais rencontré sous cette forme, qui n'est qu'une corruption de Ⲙⲟⲩϥⲓ, de même que Ⲡⲁⲛⲟⲩϥ se trouve pour Ⲡⲁⲛ̀ⲟⲩϥⲓ.

(4) Mss. copt., Bibl. imp., n.° 43, f.° 59; — 44, f.° 79 versò.

à Memphis ou à l'Égypte entière. Ce mot est tellement altéré que nous ne pouvons en donner une explication certaine.

Telles sont les notions que nous avons pu réunir sur la ville de Memphis, sur sa position, son étendue, ses monumens et son nom égyptien. L'importance du sujet doit faire excuser la longueur de cet article.

Busiris. — Pousiri.

Au nord-ouest de Memfi et à une très-petite distance de cette capitale, était le village de Busiris, Βȣσειϱις. Son nom est purement égyptien ; et semblable à celui de la Busiris, proche de Hnass, il contient le nom d'Osiris, ⲟⲩⲥⲓⲣⲓ, précédé de l'article ⲡ des anciens Égyptiens, ce qui a formé le mot Ⲡⲟⲩⲥⲓⲣⲓ, qu'ils prononçaient *Bousiri*, dont les Grecs ont fait Βȣσειϱις.

Les Arabes connaissent ce lieu sous son nom primitif, auquel, selon leur usage, ils ont ajouté un A, comme nous l'avons déjà fait remarquer souvent; ils disent *Aboussir*. C'était au village de Pousiri que demeuraient des hommes habitués à monter sur le sommet des pyramides.

SECTION TROISIÈME.

Des nomes du Maris ou la haute Égypte.

Après avoir fait connaître les différentes villes situées dans l'Égypte supérieure, il nous reste, pour rendre ce travail plus complet, à désigner celles de ces villes qui furent les chefs-lieux des nomes. Nous avons déjà dit que dès les plus hauts tems de son existence politique, l'Égypte entière fut divisée en préfectures auxquelles les Égyptiens donnaient le nom de Ⲡⲑⲟϣ, *Pthosch*, et que la haute Égypte, qui comprend la Thébaïde et l'Égypte moyenne, contenait vingt-six de ces gouvernemens. Chacun d'eux portait le nom de sa ville principale; les livres coptes ne nous ont point présenté vingt-six Pthosch de la haute Égypte, désignés par les noms de vingt-six villes de la même contrée; mais il est hors de doute que les anciennes capitales de nomes, indiquées comme telles par les historiens grecs et latins, le furent sous les rois de race égyptienne; leur témoignage à ce sujet, fournit des preuves très-admissibles, et nous les avons recueillies.

Une seule fois nous avons suppléé au silence des auteurs grecs, latins et coptes, par les monumens existans sur l'emplacement d'une ville de la haute Égypte; son étendue démontre qu'elle dut avoir une prééminence notable sur plusieurs autres villes qui l'avoisinaient.

Ainsi, le titre de chef-lieu de nome, donné aux vingt-six villes désignées sous cette dénomination dans le tableau suivant, est justifié ou par les livres coptes, ou par les écrivains grecs et latins (quoique du tems des Grecs, la plupart de ces villes fussent ruinées), ou par les monumens, et le plus souvent par le concours de ces autorités diverses également respectables.

§. I.er — *Nomes de la Thébaïde.*

Les anciens géographes font commencer la Thébaïde à un lieu nommé par eux *Castellum-Thebaïcum* ou *Thebaïca-Phylace*, qui répond au *Terôt* des Égyptiens, le *Tarouth-Esschèrif* des Arabes et des voyageurs modernes; ils la terminent à Phylæ. Mais dans cette limitation, les Grecs n'étaient point d'accord avec les anciens Égyptiens, puisqu'il est prouvé que la partie de l'Égypte que ceux-ci désignaient proprement sous le nom de Thébaïde, ne contenait que dix préfectures (1), tandis que la Thébaïde des Grecs en contenait treize bien distinctes. Il faut donc procéder à une nouvelle nomenclature de nomes; et cela est d'autant plus nécessaire que les géographes grecs et latins ne

---

(1) *Suprà*, pag. 71 et 72.

donnent à ce qu'ils appellent *Thébaïde* et *Heptanomide*, c'est-à-dire à la haute Égypte, que vingt-quatre nomes. Cette division ne peut pas s'appliquer à la Thébaïde et à l'Égypte moyenne des Pharaons, qui en contenaient vingt-six (1). Il faut encore remarquer que le nome *Antinoïte* des Grecs n'exista point sous les rois égyptiens, et que par-là le nombre des préfectures égyptiennes de la haute Égypte qui furent connues des Grecs, est réduit à vingt-trois. Les vingt-six préfectures égyptiennes peuvent être fixées dans l'ordre suivant.

Le nome le plus méridional de la haute Égypte fut, selon les Grecs, celui d'Ombos, *Ambo* des Égyptiens; les grands monumens que renfermait cette ville, ne laissent aucun doute à cet égard. Il est donc certain que la ville de *Souan* (Syène), fut de sa dépendance, ainsi que l'*île sainte de Pélach* (Philæ).

Le nome égyptien d'*Atbô* (Apollinopolis-Magna), fut connu des Grecs, sous le nom d'*Apollopolitès*, ou plutôt d'*Apollônopolitès*. *Sjolsjel* (Silsilis), *Pithom* (Toum), Éléthya et Hiéraconpolis, étaient probablement compris dans le *Pthosch d'Atbô*.

Après ce nome, les anciens géographes d'Europe nomment celui d'Hermonthis, l'*Ermonth* des Égyptiens, et supposent par-là que la grande ville de *Snê* (Latopolis)

(1) *Suprà*, pag. 71 et 72.

(Latopolis) dépendait du nome d'Apollinopolis-Magna, *Atbô*, ou de celui d'Hermonthis. Mais *Sné*, ville très-ancienne, dans laquelle on admire encore un des plus grands temples de l'Égypte et l'un des chefs-d'œuvre de l'architecture égyptienne, ne fut jamais sous la juridiction d'aucune autre capitale de nome. Ses monumens qui égalent en magnificence ceux d'*Atbô*, et qui surpassent ceux d'Hermonthis, prouvent assez qu'elle fut elle-même un chef-lieu de préfecture; les livres coptes la désignent expressément comme telle; nous citerons seulement le passage suivant de la vie et des institutes de saint Pakhôm : ⲛ̄ⲉ ⲟⲩⲟⲛ ⲟⲩⲁⲓ ⲇⲉ ϫⲉ ⲡⲁϧⲱⲙ ϧⲉⲛ ⲡⲑⲟϣ ⲥⲛⲏ : « Il y avait un homme dans la préfecture de » Snê (*Pthosch-Snê*) (1). » Il existe aussi deux médailles grecques du nome de Latopolis, *Sné*; il est donc hors de doute que *Sné* fut le chef-lieu d'un des Pthosch ou nomes de la Thébaïde. *Chnoubi*, *Phnoum* et *Asphoun* (Aphroditopolis), en firent partie. Il doit donc être placé immédiatement après celui d'*Atbô*. Au nome de *Sné* succédait, en allant toujours vers le nord, celui d'*Ermonth* (Hermonthis), qui renfermait les villes de *Touphi* (Tuphium) et de *Touôt* (Crocodilopolis).

La grande *ville d'Amoun* (Thèbes) formait elle seule deux préfectures. La partie orientale de cette

(1) Mss. coptes, Bibl. imp., Vatican, n.° 69.

capitale, partie appelée Diospolis par les Grecs, en composait une connue chez les anciens sous le nom de *Thebarum-Nomus;* le second nome comprenait l'autre partie de Thèbes, située sur la rive occidentale du Nil, et était nommé *Patourès*, *Phaturitès*, *Tathyrites*, *Pathurès* et *Phatrouss*, noms dont l'orthographe est si incertaine, qu'il nous est impossible de désigner leurs véritables élémens, et de déterminer leur signification.

Le nome de *Keft* (Coptos), qui renfermait la ville de *Kôs-Birbir* (Apollinopolis-Parva), succédait au nome Thébain et au nome Phaturitès. Celui de *Tenthôri* (Tentyris) le suivait immédiatement, et se composait du territoire de *Pampan* (Pampanis), de *Thmounsehons*, et autres lieux dont les noms ne nous sont point parvenus. *Tabennisi* (Tabenna), *Schènésêt* (Chœnoboscia), *Pboôu* (Bopos), *Thbêou*, *Bershôout*, *Psjôsj* et *Tpourané*, dépendaient du nome de *Hô*, la *Diospolis-Parva* des Grecs.

Les nomes d'Ambô, d'Atbô, de Snê, d'Ermont, de Naamoun (partie orientale de Thèbes), le nome Phaturitès (partie occidentale), et ceux de Keft, de Tenthôri et de Hô, ne complètent point les nomes de la *Thébaïde* des Égyptiens, puisque nous n'en nommons que neuf. Le dixième se plaçant à la suite de celui de Hô, on s'arrête naturellement sur Abydos. En effet, quoique cette ville n'ait point été désignée comme chef-lieu de préfecture, ni par les Grecs, ni par les écrivains coptes, on croira facilement qu'elle a eu ce titre, si l'on considère sa splendeur primitive et sa magnificence, sous les rois de race égyptienne. Abydos, au rapport de Strabon, fut dès les premiers tems, une *grande ville* et la *seconde après Thèbes.* Lorsqu'il la vit, elle n'était plus qu'un misérable village (1). La ville la plus considérable de l'Égypte, après l'immense capitale de cette contrée, fut donc et dut être le chef-lieu d'une nomarchie sous le gouvernement égyptien.

Le silence des géographes grecs et des auteurs coptes, à cet égard, ne prouve point contre cette opinion, car il est en effet très-facile de l'expliquer. C'est un fait constant qu'Abydos fut une des plus grandes villes de l'Égypte; il est également reconnu que du tems d'Auguste, elle n'était plus qu'un petit village (2). Il résulte de ces deux faits bien certains, que par suite des révolutions politiques, ou par toute autre cause, la ville d'Abydos étant déchue de sa splendeur à une époque très-reculée, elle cessa dès-lors d'être le chef-lieu d'un nome, et n'en conserva plus le titre. Un changement aussi funeste pour cette ville ayant eu lieu sous les rois de race égyptienne, il n'est pas étonnant que les Grecs, et sur-tout les Coptes, n'aient pas fait mention de son ancien titre.

(1) Strabon, liv. XVII, page 813.

(2) Strabon, *loco citato.*

Telle est du moins notre opinion. Les monumens qu'on admire encore au milieu des débris ensevelis de cette ville, servent à l'appuyer. Abydos fut donc la capitale du dixième nome de la Thébaïde.

§. II. — *Nomes de l'Égypte moyenne.*

Les Grecs ont connu quinze des nomes qui composaient l'Égypte moyenne des anciens Égyptiens ; ce sont l'Oasite premier, le Thinite, le Panopolite, l'Antœopolite, l'Aphroditopolite premier, l'Hypselite, le Lycopolite, l'Hermopolite, le Cynopolite, l'Oxyrynchite, l'Oasite second, l'Héracléopolite, l'Arsinoïte, l'Aphroditopolite second, et le nome de Memphis. Ces nomes, chez les Grecs, prenaient tous leur nom de celui de leurs villes capitales appelées par les Égyptiens Ouahé, Psci, Schmin, Tkôou, Atbô, Schôtp, Siôout, Schmoun, Koéïs, Pemsje, Ouahé, Hnês, Piom, Tpêh et Memfi.

Mais, sous les anciens Égyptiens, cette seconde division du Maris contenait seize nomes. Les Grecs n'en ayant connu que quinze, il manquerait une préfecture pour compléter la géographie de cette contrée. Les livres coptes viennent ici à notre secours. C'est par eux que nous avons découvert la seizième préfecture de l'Égypte. Ce fut celle qui, chez les Égyptiens, porta le nom de *Touhô*, sa capitale. Il est fait mention du ⲡⲧⲟϣ ⲧⲟⲩϩⲱ, *nome de Touhô*, dans un manuscrit du musée Borgia, que nous avons cité plus haut, à l'article *Pershousch* (1). Ce manuscrit, dont la langue tient beaucoup du dialecte baschmourique, porte ⲡⲧⲁϣ ⲧⲟⲩϩⲱ, selon les règles de ce même dialecte, qui change en ⲁ les ⲟ de plusieurs mots memphitiques et thébains.

Le nome de Touhô doit être placé entre celui de Schmoun (Hermopolis) et celui de Koéïs (Cynopolis). Nous avons déjà dit (2) que les Grecs connurent la ville de Touhô sous le nom de *Théodosiospolis*, mais ils ne lui donnèrent jamais le titre de capitale de nome qu'elle porta évidemment chez les anciens Égyptiens.

Telles furent les préfectures du Maris. Il nous reste maintenant à présenter le tableau de ces vingt-six nomes, en commençant par les dix préfectures de la *Thébaïde propre*, que suivront les seize de l'Égypte moyenne. Ces divers nomes sont disposés dans le tableau suivant, selon leur ordre géographique, du midi au nord. Nous placerons en regard les villes de la dépendance de chacun d'eux.

---

(1) page 300.

(2) page 299.

Nomes du Maris comprenant la Thébaïde et l'Égypte moyenne.

§. I. Thébaïde.

Nomes.	*Villes* (1).
I. *Nome d'Ambô*	1. Ambô. 2. Souan. 3. Pilakh. 4. *Éléphantine.* 5. Souan-Ampèment.
II. *Nome d'Atbô*.......	6. Atbô. 7. Sjolsjel. 8. Pithom. 9. *Hieracônpolis.* 10. *Éléthya.*
III. *Nome de Snê*.......	11. Snê. 12. Chnoubi. 13. Asfoun. 14. Phnoum.
IV. *Nome d'Ermont*	15. Ermont. 16. Touphi. 17. Touôt.
V. *Nome de Naamoun*..	18. Naamoun, ou la partie orientale de Thèbes.

(1) Les noms grecs dont on n'a pu trouver l'équivalant égyptien, sont imprimés en lettres italiques.

Nomes.	*Villes.*
VI. *Nome Phatourite* ...	19. Le *Memnonium*, ou la partie occidentale de Thèbes.
VII. *Nome de Keft.*	20. Keft. 21. Papê. 22. Kôs-Birbir. 23. *Contra-Coptos.*
VIII. *Nome de Tenthôri.* .	24. Nitenthôri. 25. Pampan. 26. Thmounschons.
IX. *Nome de Hô*.......	27. Hô. 28. Tabennisi. 29. Schénèsêt. 30. Pbôou. 31. Thbêou. 32. Bershoout. 33. Tpourané. 34. Psjôsj.
X. *Nome d'Abydos*....	35. *Abydos*, ancienne capitale de nome dont la juridiction n'est pas connue.

§. II. *ÉGYPTE MOYENNE.*

XI. *Nome Ouahé*......	36. Ouahè, l'*Oasite* 1.er des Grecs.
XII. *Nome de Psoï*....	37. Psoï. 38. Psenhôout.

Nomes.	Villes.
XIII. *Nome de Schmin* . .	39. Schmin. 40. Thmoui-Ampanèhêou. 41. Plévit. 42. Tsminé. 43. Schenalolêt. 44. Atrêpé.
XIV. *Nome d'Atbô*.	45. Atbô. 46. Phbôou-Tsjêli.
XV. *Nome de Tkôou* . . .	47. Tkôou. 48. Mouthi. 49. Silin. 50. Kos-Kam.
XVI. *Nome de Schôpt*. . .	51. Schôpt. 52. *Abotis*. 53. Paphor.
XVII. *Nome de Siôout* . .	54. Siôout. 55. Tjêli. 56. Mankapôt. 57. Manbalôt. 58. Manlau.
XVIII. *Nome de Schmoun*.	59. Schmoun. 60. Kôs-Kôo. 61. Thôni. 62. Bêsa. 63. Sjoubouré. 64. Térôt. 65. Pousiri. 66. Stallou. 67. Térôt-Schmoun.

Nomes.	*Villes.*
XIX. *Nome de Touhô*...	68. Touhô. 69. Nhip. 70. Thmooné. 71. Pershousch.
XX. *Nome de Kaïs*....	72. Kaïs. 73. Tamma.
XXI. *Nome de Pemsje*...	74. Pemsje. 75. Kanesch. 76. Tôsji. 77. Pschénérô. 78. Terbe. 79. Ehrit. 80. *Pankôleus.*
XXII. *Nome Ouahé 2e*...	81. Ouahé-Ampemsjé (1).
XXIII. *Nome de Hnês*...	82. Hnês. 83. Pouschin. 84. Phannisjôït. 85. Phouoh-Anniamêou. 86. Tkemen. 87. Phouôït. 88. Naui. 89. Schbenti.

(1) Les deux Oasis que nous indiquons, formaient, selon les Grecs, deux nomes de l'Égypte supérieure. Nous les avons placés dans ce tableau, quoique nous n'en ayons point fait mention dans notre description du Maris. Il en sera parlé dans le chapitre *des dépendances naturelles de l'Égypte*, dans lequel nous avons réuni toutes les Oasis.

Nomes.	Villes.
XXIV. *Nome de Piom* . .	90. Piom. 91. Sounhôr. 92. Tphih-Schalla. 93. Pousiri. 94. Naêsi.
XXV. *Nome de Tpih*. . . .	95. Tpih. 96. Tilosj. 97. Pémé.
XXVI. *Nome de Memfi*. .	98. Memfi. 99. Pousiri.

Fin de la haute Égypte.

ERRATA.

TOME Ier.

PAGE 53, lignes 5, 6, 19, 22, etc., Lybie, Lybique; *lisez* Libye, Libyque.

104, ligne 16, parmi les Pères; *lisez* de Pères.

186, ligne 13, 35,000 mètres; *lisez* 3,500 mètres.

204, ligne 15, colonnes; *lisez* colosses.

233, ligne 15, *Baz-Alschahin, épervier des brebis;* lisez *Baz*, *Alschahin*, *épervier*, *faucon*. Nous n'avions point saisi le véritable sens du mot *Alschahin* que nous croyions arabe, mais qui appartient originairement à la langue persanne, où il signifie *Faucon*. Cette importante correction est due à l'extrême bienveillance de M. Silvestre de Sacy qui a bien voulu nous la communiquer.

234, note 2, πρβτ̄τερος; *lisez* πρεσβτ̄τερος.

311, ligne 20, qui commencent par une consonne; *lisez* qui commencent par deux consonnes.

319, ligne 14, du jardin; *lisez* de la forteresse.

TOME IIe.

PAGE 133, note 2, Phaleb; *lisez* Phaleg.

317, ligne 8, ⲉⲧⲛ̄ⲟⲩⲉⲧ; *lisez* ⲉⲧⲟ̄ⲩⲉⲧ.

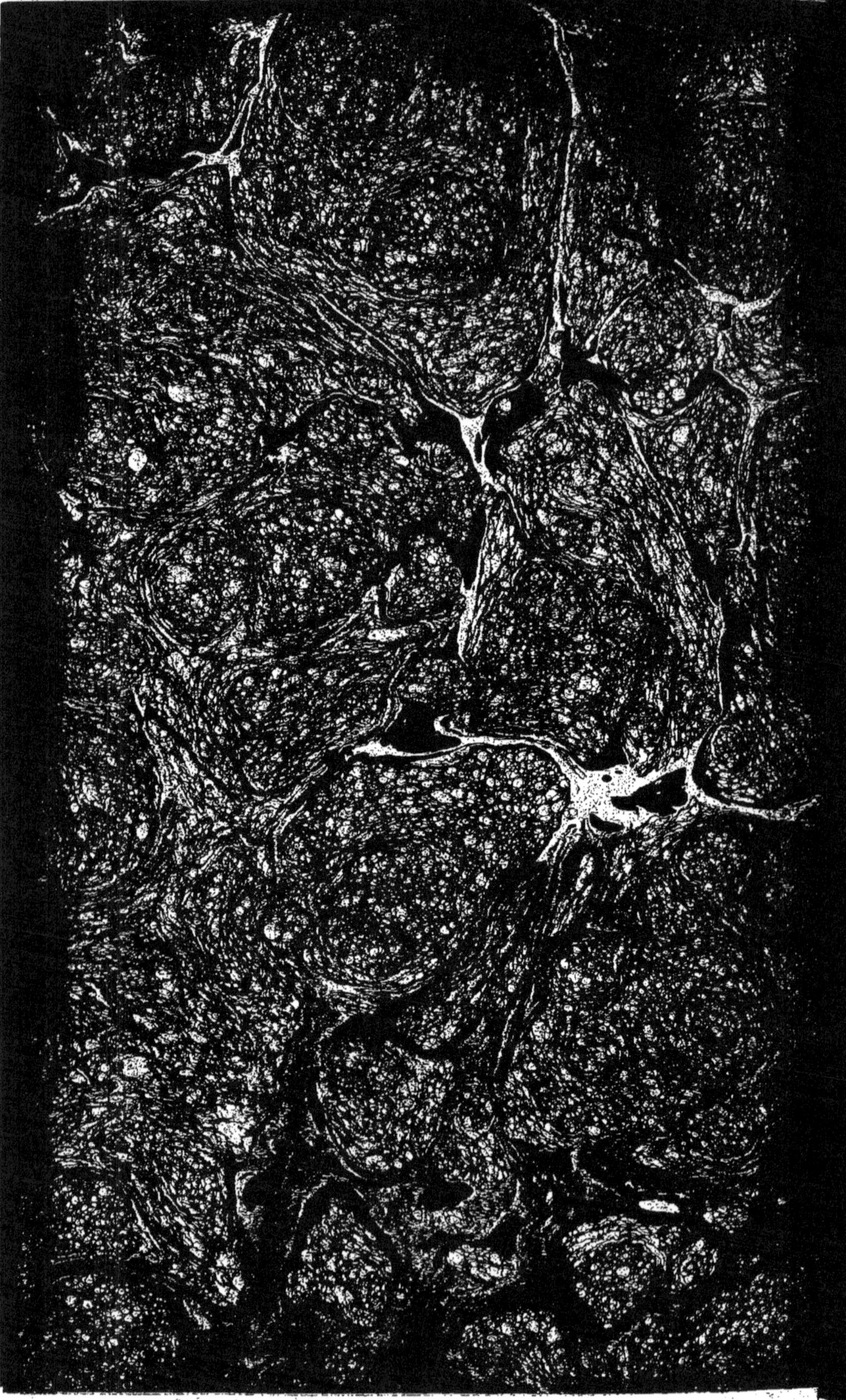

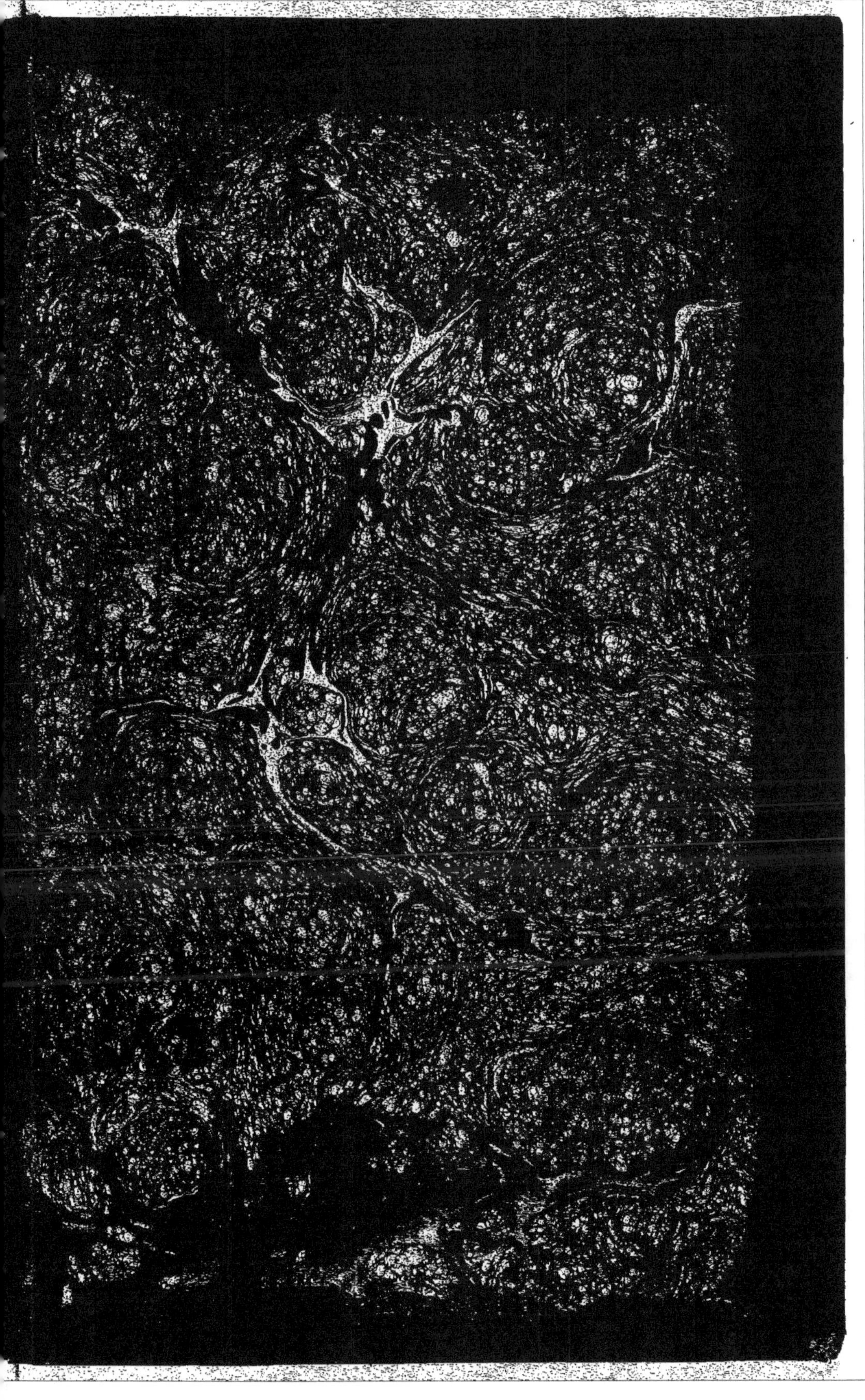

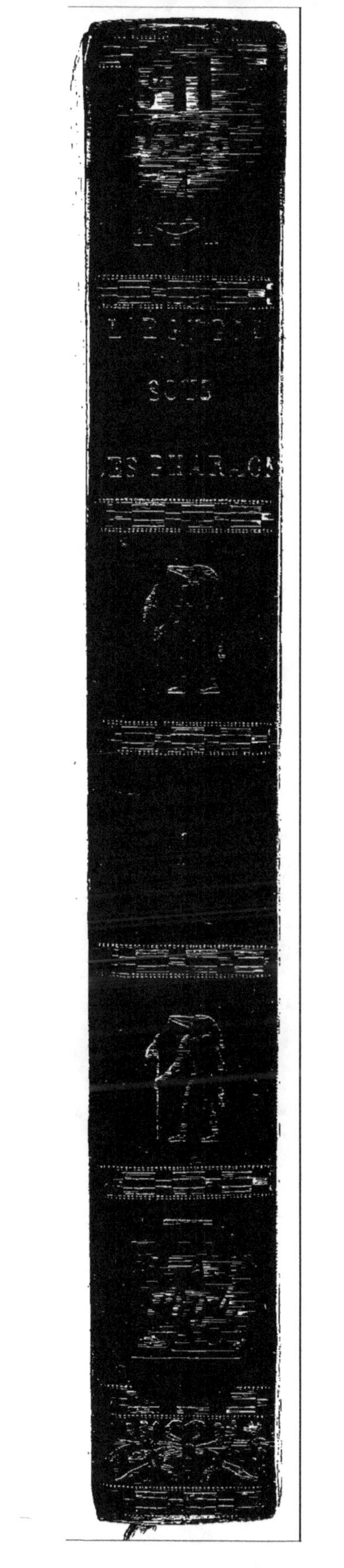

www.ingramcontent.com/pod-product-compliance
Lightning Source LLC
LaVergne TN
LVHW020559110826
845149LV00002B/308

* 9 7 8 2 0 1 1 3 3 1 8 0 9 *